혁신의 시간

기업혁신 전문가의
양극화 탈출 전략

혁신의 시간

이성우 지음

안티쿠스
ANTIQUUS

혁신의 시간

- 기업혁신 전문가의 양극화 탈출 전략

발행일 | 초판 1쇄 2021년 6월 20일
지은이 | 이성우
펴낸이 | 김종만·고진숙
펴낸곳 | 안티쿠스
책임편집 | 김종만
북디자인 | 디노디자인
CTP출력·인쇄 | 천일문화사
제본 | 대흥제책
물류 | 문화유통북스
출판등록 | 제300-2010-58호(2010년 4월 21일)
주소 | 03021 서울시 종로구 자하문로 41길 6, 가동 102호
전화 | 02-379-8883
팩스 | 02-379-8874
이메일 | mbook2004@naver.com

값은 뒤표지에 있습니다.

ISBN 978-89-92801-44-7 03330

Ⅱ. 물질문명에 억압받고, 피폐해지고, 무기력해진 우리의 정신

III. 생각을 바꾸면 행동이 바뀌고 나라가 좋아진다

서문

국민을 위한 혁신이 필요하다

"그럴 줄 알았다." 일상에서 자주 듣고 또 자주 하는 말이다. 무심코 말하는 경우가 많지만 말뜻을 헤아려 보면 다분히 방관적이고 나는 책임이 없고 당사자에게 모든 책임이 있다고 전하는 뉘앙스가 강하다. 안 될 줄 알았으면 하기 전에 미리 결과를 알려주면서 예방을 할 수 있도록 해야 하는 것이 정상적인 방법인데 일이 잘못 되고 나서야 훈수두듯이 그럴 줄 알았다고 하면 비아냥거리는 것밖에 안 된다.

어느덧 환갑이 되었다. 나이가 60대가 되면서 세상이 돌아가는 이치를 안다는 '이순'이 되었다. 지난 10년은 태어나면서 부여받은 임무가 무엇인지 안다는 '지천명'의 시기였다. 돌이켜 보니 나의 출생의 미션은 혁신을 통해 세상의 변화에 기여하라는 것이었다. 기업에서 30년을 넘게 전산화, 정보시스템 구축 및 경영혁신을 추진하면서 많은 실패와 성공 경험을 통해 서양의 경영기법에 동양의 철학을 접목시켜 한국식 경영 모델들을 만들었다. 『동의보감 주역에서 찾은 경영이야기』(2014, 안티쿠스)에서는 음양오행 사상과 기업의 가치사슬Value Chain을 결합하여 가치사슬 모델을 상호 견제하고 균형을 이루는 프로세스 순환 모델을 만들었다. 『경영, 사람을 벤치마킹하다』(2016, 안티쿠스)에서는 기업의 경영도 사람의 인생살이처럼 순환을 하면서 성장하거나 몰락하는 과정을 '기업 순환론'으로 정리하였다. 또한 일상생활에서 마주치는 원리가 기업의 경영과도 일맥 상통하는 다양한 사례들과 함께 생활 속의 경영을 소개하였다.

은퇴 후 지역사회와 공공기관을 접하면서 조직의 운영 및 관리 수준이 생각보다 매우 심각한 수준에 있음을 확인하면서 우리 사회의 낙후된 사고와 일 처리 방식을 어떻게 개선할 수 있을지 고민하게 되었다. 처음에는 기업의 생리와 환경이 공공기관 및 일반사회에 적용할 수 있을지 의문이 생기기도 하였다. 그러나 사람들을 만나고 프로젝트를 추진하면서 상대방의 용어에 대해 이해하기 시작하다 보니 사용하는 언어만 다를 뿐 조직 관리, 일하는 방법 등은 다를 것이 없었다. 기업에 적용했던 혁신의 사상과 기법을 사회에 적용이 가능함을 확인하고 방법을 만들어 가고 있다.

이때 "그럴 줄 알았다."는 말이 다시 떠올랐다. 나름대로 혁신을 어떻게 해야 하는지를 알고 있으면서 사회 전반에 퍼져 있는 불합리한 것을 없애고 혁신을 하지 않으면 사회가 잘못될 줄 알면서도 방관적으로 보고 있으면 안 되겠다는 생각이 들었다. 조만간 재정 위기가 올 것이고 인구 감소는 현실화 되었고 그에 따라 경제는 활력을 잃어 새로운 성장동력을 만들 힘조차 버거워할 것이다. 그런데 다가 올 위기를 준비하는 모습은 보이지 않는다. 지금까지 그래왔듯이 앞으로도 잘 될 거라는 막연한 기대로 변화를 제대로 보려고 하지도 않는다. 사회 전반에 혁신이 필요한 시기이지만 혁신 얘기를 꺼내면 다들 싫어한다. 문제는 방치된 상태에서 시간만 흘러간다.

지금 이대로 간다면 큰코다칠 것이 불을 보듯 환하게 드러난다. 기업에 몸 담고 있는 동안 호황이면 불황을 대비해야 한다고 하고 불황이면 불황이라 허리띠를 졸라 매야 한다면서 끊임없는 위기의식을 고취하고 피곤하게 하였다. 그러나 이런 준비를 한 기업들은 위기가 도래했을 때 당황하지 않는다. 위기가 닥쳐도 정신을 잃지 않는다. 호랑이한테 물려가도 정신만 차리면 산다고 했다. 우리 사회가 수많은 문제들을 어디부터 풀어야 할지 정리도 하지 못하고 있는 상황에서 어떤 순서로 어떻게 준비해야 하는지 기업 혁신 경험을 토대로 정리하였다.

식스시그마 기법 중 SIPOC(Supplier, Input, Process, Output, Customer)를 활용하여 프로세스 차원에서 사회 현상을 분석하고 정리하였다. 균형성과표Balanced Scorecard를 사용하여 사회 문제 개선을 위한 이해 관계자들의 역할과 책임을 구분하고 견제와 균형을 통해 상호 협력하는 방법을 제시하였으며 전략지도Strategy Map을 응용하여 변화의 순서 및 우선순위와 전개과정을 요약하였다. 상기 기법에 관심이 있거나 알고 있는 분들은 해당 그림만 참조하여도 대략적인 개념과 내용을 쉽게 이해할 수 있을 것이다.

식스시그마 하면 3.4ppm을 떠올리며 백만 개당 3.4개의 불량만을 만들어내는 것으로 이해하고 있다. 제조 현장에만 국한하면 제품의 결함을 없애는 작업에 초점을 맞추기 때문에 맞는 말이다. 그런데 결함을 없앤다는 것이 무형의 일을 처리하는 사무환경에 적용하게 될 경우 오류를 줄이는 것으로 설명될 수 있다. 처음부터 제대로 일을 하지 않아 다시 반복해서 일을 하거나 다른 부서에 악영향을 끼쳐 전체 업무를 재작업해야 하는 일들이 발생하기 때문에 사무 환경에서 일하는 사람들이 스트레스를 받고 협력이 잘 안 되는 것이다.

사무환경의 공통적인 특징은 수많은 사람들과 부서 간 균형 있는 발전과 협력이 필요한 것이다. 그래야 업무의 오류를 없애고 신속하고 결점이 없는 일 처리가 가능해 진다. 불합리한 것, 안 해도 되는 낭비를 줄이는 것이 식스시그마의 본질이다. 공공기관에서 진행하는 행정 업무나 사회 각 분야에서 진행되는 일들은 유형의 제품을 만드는 것이 아니라 무형의 서비스를 제공하는 사무 간접 부문에서 진행하는 일들과 맥락이 같다. 그렇기 때문에 기업에서 업무를 혁신했던 방법을 사회 전반에 적용하는 것이 가능한 것이다.

관리를 잘하기로 유명한 기업이 있다. 관리를 잘한다는 것은 계획을 세우고 실행을 하면서 진행과정을 꼼꼼히 관찰하고 문제가 발생하면 신속히 피드백을 하여 차질이 발생하는 것을 줄이도록 조치를 취하는 것을 철저히 준수하는 것이다. 많은 기업들이 진행과정을 확인하고 피드백과 함께 조치를 취하는 것을 잘 못하고 있다. 계획조차 수립하지 못하고 천수답과 같은 경영을 하기도 한다. 같은 문제들이 반복해서 일어나고 실수도 재현되기 때문에 경쟁력을 확보하지 못하는 것이다.

현상유지를 잘하는 조직은 일을 잘한다고 할 수 없다. 누구나 할 수 있는 것을 그대로 유지하는 것이다. 개선을 계획하고 실행하여 성과를 낼 수 있도록 하는 것이 일을 잘하는 것이다. 과거나 지금이나 변함없이 그대로 일을 하는 것은 시간의 흐름과 세상의 변화 속에서 뒤처지고 있는 것이므로 일을 잘하는 것이 아니고 못하는 것이다. 대표적인 조직이 공공기관이다. 주민들이 민원을 제기해도 가급적 안 하는 방향으로 이유들을 제시하고 포기하게 만들거나 민원인들이 해결해 가지고 오면 승인이나 하겠다는 사고를 가지고 있다. 이런 구태의연한 업무처리 방식의 문제들을 개선해야 한다.

식스시그마의 기본적인 문제해결 방법은 다음과 같다. 먼저 문제의 본질이 무엇인지 이해하는 것이 매우 중요하다. 문제를 정의하고, 측정하고, 분석하고, 개선하고, 유지관리 하는 단계가 식스시그마의 대표적 과정이다. 우리 동양이 가지고 있는 오행이라는 사고와 같다. 어떤 일을 시작하고, 발전시키고, 변환하여, 정리하고, 마무리하는 다섯 단계와 일맥상통한다. 민생과 관련된 사회 일들이 상기 과정대로 전개되고 관리될 수 있다면 우리의 민생은 더 이상 방치되지 않고 하나씩 문제들이 개선되어 갈 것이다. 이런 기대를 가지면서 우리 사회의 문제들을 혁신하는 방향을 제시하고자 한다.

현재 우리가 겪고 있는 양극화, 헬조선 등의 문제들의 근본 원인이 무엇인지 알아야 한다. 문제를 정확히 이해하고 있다면 반은 해결된 것이나 다름 없다. 현재는 이러한 모습인데 미래는 어떻게 바뀌야 하는지 목표 설정이 용이해 지기 때문이다. 문제에 대한 원인분석이 되면 원인별 상관관계와 인과관계를 통해 해결 방안도 쉽게 찾을 수 있다. 사회 문제들은 하나의 문제에 하나의 해결과 같이 단순하지가 않다. 문제와 해법들이 서로 얽혀 있다. 그래서 서로 영향을 주는 상관관계나 인과관계를 이해하는 것이 중요하다. 다음은 개선을 하는 것이다. 각각의 원인들에 대한 해결 방안을 각각의 이해관계자들이 자신들의 역할 및 책임을 공감하고 해결할 때 성공 가능성이 높아진다.

그 동안 우리는 사건이 발생하면 당장 조치하는 것에 익숙해져 있다. 해결이 아니다. 해결이라고 하면 근본 원인을 찾아내서 개선하고 표준화 하여 재발을 방지하도록 하는 과정까지 포함된다. 그러나 이렇게 하기에는 시간이 걸린다. 이를 참지 못하고 즉시 조치하라고 강요하였다. 근본 원인분석 없이 조치를 취하다 보니 편법이 등장한다. 일단 고장이 사라지면 모두 잊어 버린다. 잦은 편법과 임기응변식 처리는 표준이 없게 된다. 같은 사건들이 잊을 만하면 다시 발생하는 악순환을 경험했다. 그러나 달라지지 않았었다. 이제는 달라져야 한다. 근본적인 원인부터 파악하고 제대로 마무리하면서 앞으로 나가야 한다. 앞만 보고 달려가는 것이 아니라 뒤도 돌아 보면서 가야 한다.

눈부신 경제 성장을 이루면서 물질문명의 이기에 익숙해진 우리는 이제는 그것에 억압당하면서 정신이 혼미해져 있다. 정신을 차려야 한다. 무한경쟁으로부터 야기되는 교육의 문제, 실업 문제, 인구 감소 문제, 정치 문제, 갈등과 분열, 자아 상실 그리고 양극화 문제의 해법은 우리의 인식 전환이 선행되어야 시작할 수 있다. 생각이 바뀌어야 행동을 바꿀 수 있다. 바뀐 행동이 반복되면 습관으로 굳어지면서 변화에 성공하는 것이다. 개인이 변하고 사회가 변화면 나라가 좋아지게 된다.

대한민국의 주인은 국민이라고 헌법에 보장되어 있다. 국민이 주인이라고 정신차리고 권리를 주장해야 한다. 의무는 이미 충실히 하고 있다. 주인의 권리를 대리인들이 자신들의 것으로 착각하고 남용하면서 주인들의 삶을 힘들게 하고 있는 것이다. 국가의 주인인 국민들은 고객으로서 정부의 서비스에 하자가 있으면 클레임을 걸고 해결해 줄 것을 강력하게 요구해야 한다. 우리가 마트에서 제품을 구입한 후 문제가 발생하면 콜센터에 연락하여 교환이나 해결을 요구한다. 공급이 부족하던 시절에는 하염없이 기다려야 했다. 지금은 공급이 넘친다. 그러니까 기업들마다 속도 경쟁을 한다. 신속히 방문하여 해결해 주거나 제품을 교환해 주기까지 한다. 고객의 소리에 귀 기울이고 대응한다.

이제부터 행정의 서비스에 대해서도 고객으로서 당당하게 주장하고 결함을 만들어내는 행정 절차 등에 대해서 개선을 요구해야 한다. 그래야만 민관 협치가 가능해진다. 관이 민간보다 우위에 있고 문제를 감출 수 있다면 먼저 나서서 해결해주지 않는다. 고객인 민간이 사용상 발견하는 결함에 대하여 문제를 드러내고 해법을 제시한다면 관이 움직이지 않을 수 없다. 그래야만 민관 협치 단어가 자리매김할 수 있게 된다. 그러므로 시민들이 변화를 요구하고 이끌고 가야 한다. 목마른 사람이 우물을 먼저 판다. 이 책에서는 어떤 변화를 어떻게 전개해야 하는지 방향에 대해서 기업의 경영기법을 활용하여 제시하였다. 생각의 변화를 일으킬 수 있다면 그것만으로도 본 책을 집필한 목적을 달성할 수 있다.

세상 모든 발전과 발명은 기존의 경험과 지식을 바탕으로 이루어졌다. 아무리 훌륭한 천재라고 해도 세상에 존재하지도 않던 지식을 혼자만의 힘으로 만들지는 못한다. 인류의 지식을 활용하고 자신들만의 독창적인 아이디어로 사회를 발전시켜 나가야 한다. 시간 또한 과거에서 미래로 한 방향으로만 간다고 할 수도 없다. 과거와 현재 그리고 미래가 서로 엉켜 우리 생활에 영향을 주면서 흘러간다. 과거의 결과는 현재에 나타나지만 아직 결과가 나오지 않고 미래에 나오기도 한다. 결국 과거가 미래를 결정한다. 반면 미래는 우리의 희망, 꿈 등을 통해 현재를 통제한다. 하고 싶은 욕망을 참게 하고 꿈을 이루라고 한다. 반면 세상이 만들어 가는 미래를 적응하지 못하면 낙오하게 된다.

이렇게 흘러가는 세상에서 옛것을 터부 시 하고 오지도 않고 있지도 않은 새로운 것만을 좇는다면 신기루를 찾아서 헤매는 것과 다를 바가 없다. 지나가는 말로 하는 '세상은 돌고 돈다'는 말에 진리가 담겨 있다. 돌고 돈다는 것을 알면 앞으로 무엇이 다가 올지도 알 수 있다. 족집게처럼 맞출 수는 없다. 왜냐하면 나 혼자 만이 아니라 세상 만물들은 서로 얽혀 있기 때문에 서로의 영향을 감안해야 하니 변수가 너무 많다. 그렇지만 경향이나 패턴은 파악할 수 있다. 이순이 되면서 깨달은 사실이다. 이를 바탕으로 우리가 어떻게 변해왔으며 다시 맞이하는 사회의 난제들을 어떻게 해결해야 하는지 기업혁신 경험을 바탕으로 방법을 찾아 볼 수 있도록 정리하였다. 아이디어 차원이지만 접근 방법은 기업에서 검증된 것이다.

세상을 바꾸기 위해 반드시 저명한 학자들이나 거창한 이론이 있어야 하는 것은 아니다. 개개인들이 모여서 집단지성으로 해결해 나가는 것도 시도해 보아야 한다. 정보화 사회이기 때문에 가능하다. 누구나 수많은 정보를 거의 공짜로 얻을 수 있기 때문이다. 과거 전문가들에게만 제공되던 정보들이 모두에게 공유가 가능해졌다. 세상이 분화되면서 고도로 발전하다 보니 복잡도가 너무 높아져 모두를 이해할 수 없게 되었다. 사회 문제 또한 마찬가지이다. 과거처럼 중앙정부에서 계획을 세우고 전국에 확산하는 것은 불가능해졌다. 요구도 다양해지고 개인화 되었다. 지역의 문제는 지역 주민 스스로 자발적으로 해결하는 것이 더 빨리 해결할 수 있고, 결과에 대한 품질과 만족도가 높아진다. 또한 낭비와 비효율을 제거하여 더 싸게 경제적으로 할 수 있다. 주민이 직접 참여하는 민주주의 실현이 가능하다.

지금도 사회 곳곳에서는 각자 자신들의 분야에서 드러난 문제점들을 해결하기 위해서 많은 대안들을 제시하고 있다. 그러나 좀 더 폭넓은 시각과 종합적 해결 방법에 대해서는 뚜렷한 대안들이 제시되지 않고 있다. 총론 찬성 각론 반대가 아닌 각론 찬성 총론 반대가 만연하고 있다. 누군가 총론을 제시하면 각론을 들고 나와 반대를 위한 반대를 한다. 해보지도 않고 결과를 예단하고 시작조차 못하게 만든다. 그러면서 혁신을 하려면 구성원들과 비전을 공유하고 한 방향으로 가야 한다고 공염불만 외치고 있다.

기업 혁신의 현장에서 실제로 구현했던 방법들을 가급적 사회 현상에 맞게 적용해 보면서 각론들을 엮어서 총론으로 정리하고 순차적으로 진행해야 할 순서도같이 표현해 보았다. 기존과는 다른 관점으로 사회 문제들에 대한 해결 방법을 제고해 볼 수 있다. 새로운 변화에 필요한 새로운 생각의 방법을 소개하면서 일반 사회에 변화의 촉매제 역할을 기대해본다.

끝으로 기업혁신에서 사회혁신으로 관점이 바뀌게 변화의 기회를 제공해 준 분들에게 감사를 드리고자 한다. 지천명의 나이에 아직도 청년들과 같은 열정과 사회변화의 꿈을 가지고 활동하는 이진규 대표, 수평적 협업을 통해서 세상의 변화를 이끌어 가고자 활동하는 윤필희 사회혁신가, 시민혁신에 대하여 이해를 도와준 대한민국시도지사협의회 전성환 사무총장, 기업에서 함께 근무했고 세상의 변화에 대해 항상 의견을 주고 받는 한대운 박사 그리고 이외에도 지역 현안에 대한 각종 모임에서 의견을 주고 받았던 모든 분들이 있었기에 자신감을 갖고 본 책을 집필할 수 있었다.

대한민국 역사상 가장 큰 혜택과 다양한 경험을 한 베이비부머의 한 사람으로서 축적한 지식과 경험들이 우리나라의 미래 발전에 하나의 밀알이라도 될 수 있다면 환경을 제공해준 국가와 인생에서 함께했던 모든 분들에게서 받았던 혜택에 대한 작은 보답을 하는 것이라고 생각하면서 마무리하고자 한다.

2021년 신축년

아산 지중해마을 몽펠리에에서 이성우

1부

배는 부른데 속이 허하다, 정신이 고프다

남부럽지 않게 살게 되었다.

그러나 20세기에 못해보고 21세기로 넘어온 게 있다.

68혁명을 통한 성숙한 민주시민을 경험하지 못했다.

그래서 어두운 그림자가 드리워지고 있다.

| 열심히 살았고 운도 따랐다 |

언론을 통해서 자주 듣는 단어 중에 G7(Group of Seven)있다. 미국, 영국, 독일, 프랑스, 이탈리아, 캐나다. 일본으로 잘 사는 나라의 대명사처럼 통용되는 단어이다. 예전에는 G7이라고 하면 넘어설 수가 없는 나라로만 여겨졌지만 지금은 먼 나라들이 아니다. 조만간 어깨를 나란히 하거나 추월할 수 있는 나라들이다. 지난 60여 년간 G7 국가들의 경제성장 측도인 GDP 그래프이다.

로그 곡선을 통해 어느 정도 속도로 성장을 했는지 기울기를 볼 수 있다. 특히 우리나라의 성장 속도는 1980년 신군부 등장과 1997년 IMF 금융위기를 제외하면 2008년 금융위기 전까지 역성장 없이 눈부시게

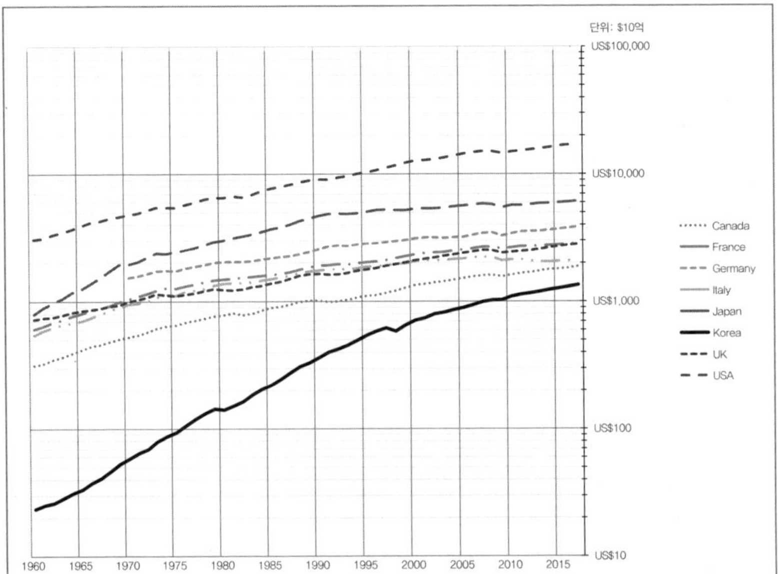

그림 1 G7, 대한민국 연도별 GDP 성장 증감 (출처: 월드뱅크 오픈 데이터)

성장을 해왔음을 확인할 수 있다. 2008년 이후부터는 다른 선진국들과 마찬가지로 성장의 정체를 보이고 있다.

1차 대전에 이은 2차 대전으로 특히 유럽의 경제는 무너졌고 미국만이 유일하게 큰 피해를 입지 않았다. 이후 전쟁은 끝났고 평화의 시기가 다가오면서 각국마다 베이비붐 세대가 등장하게 된다. 2차 세계 대전 종식과 함께 전쟁은 끝났으나 공산주의가 성장하면서 미국과 소련의 냉전이 시작되었고 유럽을 서쪽과 동쪽으로 갈라 놓았다. 공산 세력의 확산을 막기 위해 미국 주도로 세계 질서를 재편하면서 경제 부흥을 위해 대규모 재정정책을 펼치면서 유럽에도 막대한 자금을 지원하며 전후 복구를 지원했다.

이때 미국을 중심으로 브레튼 우즈Bretton Woods 협정[1]을 맺으면서 미국이 일종의 세계 경찰 역할을 할 것이니 유럽 국가들은 미국의 보호 아래 경제발전에 힘을 쏟을 것을 주문하였다. 이후 자유 무역을 통해 세계의 경제가 발전하였고 미국 주도로 신기술이 발전하면서 전 세계의 경제 성장을 견인하였다. 2차 대전 패전국인 일본의 경우 전쟁을 일으킨 전범이었지만 냉전이 도래하면서 한국전쟁을 기화로 미국의 지원 아래 급속한 경제회복을 일으킨다. 중간에 2차례의 석유파동과 2차례의 금융위기 등을 겪었지만 그래프에서 볼 수 있듯이 전반적으로 선진국의 경제가 괄목한 만한 성장을 하게 된다.

우리나라의 한강의 기적도 사실 이러한 세계경제의 발전이 있었기에

---

1) 1944년 2차 세계대전의 종전을 준비하면서 미국 주도로 미국의 브레튼우즈에서 열린 협정이며 당시 IMF(국제통화기금)와 IBRD(국제부흥개발은행)가 창설 되었다. IMF와 IBRD를 합쳐서 『브레튼우즈 체제』라고 하는데, 세계2차대전 후 27년 동안 국제통화제도의 중추적 역할을 담당하게 된다.

가능했던 것이다. 한국전쟁의 후유증으로 세계 최빈국의 생활을 하고 있었고 뒤늦게 1964년부터 경제개발 5개년 계획을 필두로 경제 성장에 전념하게 된다. 가까이 있는 일본의 기술을 도입하면서 산업 황무지에서 경공업부터 시작하여 중화학 공업까지 체계적으로 수출 주도의 경제 발전을 추진하고 있었다. 우리도 세계 경제 성장 흐름을 잘 탔었기에 아시아의 네 마리 용이라는 칭호를 받으면서 고도 성장의 승승가도를 달리고 있었다.

한강의 기적을 이룬 나라, 초단기간에 산업화와 민주화에 성공한 나라와 같은 화려한 수식어가 우리에게 붙여졌지만 주변 환경이 좋았다는 것을 인정하면서 우리의 현실을 냉정하게 판단해야 한다. 막연히 과거에 잘 되었으니 앞으로도 잘 된다고 생각하면 큰 오산이다. 누군가 사업을 하던 일을 하던 성공하고 잘 되는 사례가 나오면 당연히 그곳에는 새로운 경쟁자들이 진입하여 파이를 빼앗으려 힘든 경쟁을 하게 된다. 중국, 베트남, 인도 등이 새로운 경쟁자들이다.

새로운 경쟁자들과 레드오션의 치열한 싸움을 할 수도 있지만 효율은 좋지 않다. 새로운 먹거리를 발굴하여 블루오션으로 나가야 수월하게 여유롭게 살아갈 수 있다. 그러나 새로운 먹거리는 보이지 않는다. 기존에 통용되었던 많은 상식, 관행 등이 더 이상 필요 없어 보인다. 그러나 무엇이 새롭게 등장할지는 알 수가 없다. 누군가가 새롭게 무장하고 등장할 것이다. 꼭 선진국에서 일어날 것이라는 보장도 없다. 새 질서이기 때문에 예측하기 힘든 것이다.

한 가지 확실한 것은 기존 산업과는 다른 새로운 산업이 주를 이룰 것이다. 바이오, 기후변화 대응, 인공지능AI 등 이전과는 다른 산업이 성장할 것이라고 많은 사람들이 예측하고 있다. 여기서 또 우리에게 전달하는 확실한 메시지가 있다. 과거 산업화를 빨리 이루기 위해 필요한 인재들을 양성하기 위해서 문맹률을 낮추고 산업 발전에 필요한 인재를 양성하기 위하여 초·중·고등학교 의무교육을 실시하며 교육개혁을 단행했다. 그 결과 기능공, 전문직 인력 등을 배출하여 산업화를 가속시킬 수 있었다. 하지만 현재의 교육은 더 이상 새롭게 대두되는 산업에는 적합하지 않다. 암기식 교육과 5지 선다형 문제의 선택, 주입식 교육 등으로는 거리만 멀어질 뿐이다. 근본적인 교육 개혁 없이 기존에 고착된 틀 안에서 정착하려고 인생 초반에 모든 것을 쏟아 붓고 에너지가 방전된 후 인생 중반에는 별다른 노력을 하지 않는다.

새로운 산업에 필요한 인재들을 양성할 생각은 하지 않고, "우리에게는 왜 유니콘 기업[2]들이 나오지 않느냐?", 성공한 벤처기업들이 보이지 않는다고 반문하는 것은 잘못된 기계를 만들어 놓고 기계의 결과물이 원했던 것과 다르다고 투정부리는 것과 같다. 기계를 다시 개선해야 한다. 다시 말해 우리 사회의 제도를 바꿔야 새로운 결과를 기대할 수 있다. 지금과 같은 헬조선에서는 소수의 승자와 다수의 패자만 만들어지므로 생동감은 떨어지고 현상 유지에만 급급하여 쇄국정책이란 무리수를 두다 패망하는 조선의 길을 갈 수밖에 없다.

'국민소득 3만 불이 넘었으니 선진국에 진입했다, 아직은 아니다'라는 논란이 있다. 선진국에 언젠가는 확실하게 진입을 하더라도 계속 유지해야 한다. 잠시 진입했다 탈락하면 재진입은 보장받지 못한다. 선진국이라는 새로운 조건에 상응하는 자질을 갖추고 있어야 지속 가능하다. 국가의 핵심은 결국 국민이다. 국민들이 의식이 깨어 있고, 각자 자유롭

2) 유니콘unicon기업은 기업가치가 10억 달러(1조 원) 이상이고 창업한 지 10년 이하인 비상장 스타트기업을 말한다.

게 자신의 꿈을 펼쳐 나갈 때 사회도 선순환이 되면서 국민들이 행복하고 국가는 부흥하게 된다. 피곤에 지친 국민, 이번 생을 포기한 국민들과 함께할 수 있는 것은 제한적이고 성공 가능성도 낮아진다. 운 좋게 잘 살았던 과거를 교훈 삼아 새로운 도약을 꿈꾸며 미래를 개척해 나가야 한다.

|과거의 성공 모델은 영원할 줄 알았다|

성공이라는 단어를 떠올리거나 성공한 사람들을 보면 많은 사람들이 본받아야 할 좋은 습관을 가지고 있는 것으로 생각하고 그들의 생활을 조사하며 배우려고 한다. 반면 실패한 사람들에게는 뭔가 배울 것이 없고 피해야 하는 것으로 인식하고 있다. 반은 맞고 반은 틀리다고 할 수 있다. 왜냐하면 세상은 정반합의 원리로 항상 순환되고 교차하면서 굴러가기 때문에 과거에 잘못이었던 것이 오늘은 정상이 되기도 하고 과거의 성공 조건은 오늘날 실패로 가는 길이 되기도 하기 때문에 길게 보고 답해야 한다. 단순히 사진기로 찍은 사진처럼 순간의 모습을 보고 쉽게 예단할 수 없는 것이다.

그래서 필자는 '성공한 사람들의 나쁜 습관'이라는 표현을 하고자 한다. 성공할 때까지는 좋았던 습관이 발목을 잡으면서 변화를 거부하고 현상 유지에 급급하게 만들어 몰락으로 이르게 하는 경우를 자주 볼 수 있다. '승자의 저주'라고도 불린다. 크게 성공한 사람들이 공통적으로 겪게 되는 문제가 있다. 많은 사람들이 지적하지만 이를 피해가는 사람들 또한 많지 않다. 다름 아니라 자신의 훌륭한 성공이 더 나은 발전의 장애물이 되어 발목을 잡히게 되고 오히려 낭패를 보게 되는 성공의 뒤안길을 경험하는 것이다.

좋은 습관을 길러서 달성한 성공이 왜 일종의 실패를 보장하는 보증수표가 되는 것일까. 큰 성공을 거둔 사람이나 조직을 보자. 처음에는 반신반의 하면서 성공에 대한 의문과 두려움을 갖고 노력을 한다. 한 번 두 번 성공하고 나면 의문과 두려움은 사라지고 당연한 것으로 받아들이게 된다. 사실 우리가 어떠한 일을 성공시키는데 필요한 모든 조건을 갖추었을 때에만 성공을 하는 것이 아니다. 때로는 부족한 부분이나 놓친 부분이 있었는데도 운 좋게 성공할 때가 있다. 당시에는 몰랐지만 지나고 난 다음에 알아차리는 경우가 있다.

이런 사실을 간과하고 성공에 도취해 자만심을 갖기 시작하면서 자신들이 반복적으로 행하는 일련의 조치들이 성공의 열쇠라고 생각하게 된다. 다시 말해 나쁜 습관이 생기게 되는 것이다. 나쁜 습관이라고 얘기하는 것은 새로운 환경이 도래하여 새로운 방법과 생각이 필요한 시기가 도래했을 때 과거 잘 나가던, 성공에 도취해 있던 시절에 체득되어 알고 있던 습관으로서 기업의 문화, 지식들이 새로운 변화를 거부하고 잘못된 방식을 고집하게 되기 때문이다.

전 세계적으로 유례가 없는 단기간 내에 세계 최빈국에서 부자나라로 성장한 대한민국. 계속해서 경제가 성장하는 저력을 가진 나라, 뭐든지 마음만 먹으면 해결할 수 있다는 '하면 된다'의 맹목적 신념이 자리잡은 나라이다. 고도 경제 성장은 많은 사람들에게 단기간 내에 엄청난 부를 축적할 수 있게 해 주었고 대부분은 부동산 투자를 통해서 이루는 것을 보았다.

원래가 내집 마련이 인생의 목표인 것처럼 집에 대한 애착이 강했던 민족인데 집으로 돈까지 벌 수 있는 가능성을 보고 나니 전 국민이 아파트 청약 광풍에 휩싸이며 난리가 난다. 당첨받은 분양권을 그 자리에서 팔면서 시세 차익을 얻고 즐거워하는가 하면 입주 후 시세가 수십 퍼센트씩 상승하는 것을 보고 가진 자는 만족해 하지만 못 가진 자는 부러움을 넘어 가진 자를 투기꾼이라는 비웃음으로 맘을 달랜다. 몇 번의 학습효과는 일반 국민들의 인식에 무섭게 각인되어 있다. 부동산 불패라는 신조어까지 탄생하면서 부모, 자식까지 동원하면서 아파트 투자에 내몰리고 있다.

그러나 인류 역사를 돌이켜 보면 봉건사회가 무너지고 민주주의 국가들이 등장한 이래 전 세계적 공황 또는 선진국들의 불황은 인간의 탐욕으로 인해 부동산, 주식에 거품이 들어갔다 꺼졌을 때 발생하는 것이다. 절대 예외가 없다. 앞으로도 이 사실은 변함이 없을 수 밖에 없지만 당장 눈앞에 어른거리지 않는다고 망각하고 과거의 성공 신화를 신봉하고 있다.

경제가 선순환 되어야 발전이 있을 수 있는데 너무 한쪽으로 편중되면 순환이 깨지고 불균형에 의한 몰락이 오는 것은 상식이다. 하지만 2008년 글로벌 금융 위기 이후 어설프게 인류 역사상 처음으로 시도된 양적 완화의 비정상 조치를 정상으로 바라보는 시각이 지배하면서 또다시 뜨겁게 끓어 오르고 있다. 끓어 오를수록 거품은 불어나지만 식는 순간 거품은 꺼져 버린다. 언제인지는 정확히 모르지만 필연적으로 다가올 것이라는 것은 분명한 사실이다. 망국병인 부동산 투기를 해결하지 못하면 후유증은 일본의 사례에서 볼 수 있듯이 잃어버린 20년으로 갈 수도 있는 것이다. 도무지 답이 보이지 않는 집단현상이지만 조만간 그칠 날이 올 것이 두렵다. 오래 지속될수록 뒤끝이 너무 클 것이기 때문이다.

부동산에 버금갈 학습효과를 보여준 것이 또 있다. 과도한 교육열과 신분 상승이다. 산업의 발전 속도를 앞질러 갈 만큼 고도 성장을 하던 시기에는 기업이 성장에 맞춰 필요한 인력을 채용하기에 정신이 없었다. 대학을 졸업한 사람들은 구직 시장에서 선호의 대상이 되어 대기업에 취직을 하고 암묵적 종신 고용의 보장에 의해 남부럽지 않은 풍족한 중년의 시기를 보낼 수 있었다. 대학 졸업자도 부족했던 시절이니 외국 유학을 하고 박사 학위를 소유한 사람들이 취직을 하게 되면 단숨에 대기업 부장으로 취직을 하던 시절이 있었다.

너나 할 것 없이 주로 미국으로 해외 유학을 보내기에 몰두했고 단지 미국식 영어를 원어민처럼 구사하려면 조기에 유학을 가야 한다며 초등학교 시절부터 조기유학을 보냈다. 어린 애들만 보내기에는 불안하니까 아버지는 국내에서 돈을 벌며 학비, 생활비를 보내고 엄마는 애들과 함께 미국에서 생활한다. 졸지에 가족이 분리되었다. 돈이 넉넉하지 못한 아버지는 비싼 비행기 값 때문에 자주 가지도 못하고 국내에서만 머물고 있다 하여 '펭귄 아빠'가 되고 경제적으로 넉넉한 아버지는 비행기 타고 식구들 보러 간다 하여 '기러기 아빠'가 되었다.

부자들은 자식들을 해외로 유학을 보내는 사이 국내에서는 전통적 명문 대학교들에 진학시키기 위한 선행학습이 바람을 일으켰다. 경쟁에서 이기기 위해 남들보다 먼저 교과 내용을 배우고 더 높은 성적을 얻기 위함이다. 교과 과정이 실제로 사회에서 별로 필요 없는 대학 수준의 개념과 내용이 추가될 때마다 공교육을 담당하는 교사들조차 강의 준비가 안 되어 있으니 학원으로 달려갔다. 공교육이 무너지기 시작했다. 학교는 단순히 내신 성적을 받기 위한 곳일 뿐 명문 대학에 진학하기 위해서는 족집게 지도를 제공하는 고액 과외나 별도의 입시 전문 기관에서 해결하였다. 그 결과 명문대학은 부모의 경제력이 뒷받침되는 부유한 집안의 자식들이 가게 되었고 재력이 떨어지는 가정일수록 서울에서 멀리 떨어진 대학교로 진학하게 되면서 서울에 소재한 대학만 입학하더라도 서울대에 입학했다는 신조어가 만들어 졌다.

치열한 국내의 입시환경을 거치면서 세월을 보내는 사이 대외적으로 많은 변화가 다가왔다. 고도 성장을 하던 국내 기업들은 후발 주자인 중국, 베트남 등에 밀려 고전을 하기 시작하였고 원가 절감을 위해 해외 현지로 공장을 짓고 진출하게 되었다. 국내의 일자리가 줄어들기 시작했다. 산업구조 역시 개편 압박을 받고 있었다. 산업화 이후 정보화 사회에 진입하면서 외국의 대학교들은 산업 사회 시절의 교육제도, 교과 내용들은 정보화 사회에 적합하지 않다고 학문의 통폐합, 융합을 강조하면서 창의적 인재를 양성하는데 초점을 맞추고 4차 산업혁명기에 필요한 인력을 확보하려고 노력하고 있었다.

입시 지옥에 노출된 우리의 아이들은 인생에서 별로 도움도 되지 않은 암기식 문제를 하나라도 더 풀려고 잠도 못 자고 고생하고 있었다. 미래를 위한 준비가 아니라 오로지 현실에서 가장 안전을 보장하는 계층에 진입하기 위해 인생의 미래를 낭비하고 있었다. 1964년에 시작한 경제개발은 벌써 60년이 다가온다. 산업시설도 노후화 되어 재투자를 해야 하지만 후발주자들이 맹추격하다 보니 재투자에 대한 부담이 크다. 산업구조를 기술집약형으로 바꾸고자 하니 무엇부터 해야 하는지 방향을 못 잡고 있다. 남이 했던 것을 보고 베끼며 빨리 따라갔던 성공의 습관 때문에 스스로 미래를 개척할 능력이 아직 모자란다.

불확실한 상항에서 기업들은 투자를 꺼리고 인력 채용을 줄이고 있다. 국내 일자리가 더욱 감소하고 있다. 그러는 사이 국민연금의 고갈을 문제 삼으면서 정년을 연장하고 있다. 고참들이 회사를 떠나지 않으니 신규 채용은 이루어지지 않고 결국 청년들의 신규 진입이 막혀 버렸다. 졸업만 하면 보장되던 취직이 졸업을 하고 추가로 스펙을 쌓아도 되지 않는다. 이 와중에 부모 찬스를 사용하여 대기업이나 공기업 등 우리사회에서 양질의 일자리라고 하는 곳에 부당하게 입사를 한다. 이런 혜택을 받거나 가질 수 없는 사람들에게는 한탄만 돌아온다.

더 이상 과거의 성공 모델이 작동되지 않는 사회로 진입했다. 새로운 성공 모델이 필요한 시기이다. 간단히 생각하면 과거와 다르게 생각하고 행동하면 된다. 단순하고 간단한 것을 하지 못하는 이유는 아직도 남아 있는 기득권에 대한 미련 때문이다. 그냥 하던 대로 하면 당장 마음은 편하다. 다른 사람들도 그대로 있는데 설마 어떻게 될까 하는 막연한 희망을 안고 변화를 거부하면서 시한부 생명으로 진입을 기다리고 있다.

세상에 영원히 지속되는 것은 없다. 항상 끊임없이 변화하고 이것에 대응하며 변화해 가는 것이 만물의 이치이다. 계절이 변하는 것, 날씨가 변하는 것, 이에 따라 사람들의 마음도 변하는 것 등 모두가 같이 얽혀서 맞물려 돌아가는 것이다. 고달프지만 새로운 세상을 맞이하기 위해서는 우리 모두 새로운 변화에 적응해야 한다. 변화는 환경이 달라진 것이고, 변화에 적응하는 것이 혁신이며, 혁신에는 저항이 있지만 변화관리를 통해 혁신을 추진하는 것이 진화의 과정이다. 환경 변화에 적응하여 생존하는 종種이 되기 위해서 진화를 선택해야 한다.

|부자나라 대한민국, 우리가 못해본 것|

도널드 트럼프 미국의 45대 대통령이 한국과의 방위비 협상을 진행하면서 대한민국은 부자 나라라고 하며 방위비 인상을 압박하였다. 대한민국에 살고 있는 보통 시민들에겐 꽤나 낯선 표현이다. 지금 이 시각에도 지옥과 같은 생활을 하면서 힘든 나날을 보내는 사람들이 대부분인데 부자 나라라고 하니 공감하는 사람들은 별로 없다. 그런데 아래 그림을 보면 부정을 할 수가 없다. 서방 선진 7개국들과 비교해 보았을 때 1인당 국민소득에 있어서 프랑스, 영국, 일본, 이탈리아 등과 큰 차이가 나지 않는다. 코로나 19로 인해 2020년 1인당 국민소득은 이탈리아를 추월할 것으로 예상하고 있다.

그러나 안에서 보는 것과 바깥에서 보는 것은 항상 다르기 때문에 객

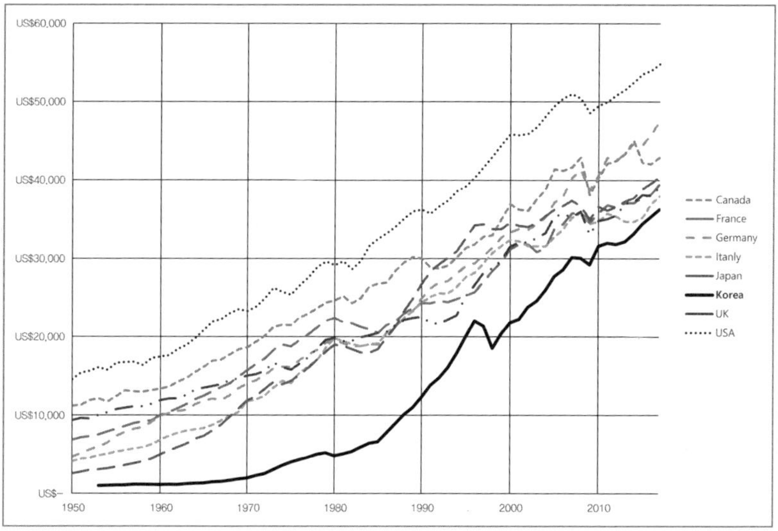

그림 2 G7, 대한민국 연간 GDP/인 그래프 (출처: 월드뱅크 오픈 데이터)

관적으로 볼 때는 우리들의 생각이 다를 수가 있다. 현재 우리나라는 세계 최빈국에서 OECD 선진국에 가입되었으며 무역 규모로도 세계 10위 안에 드는 경제력을 확보하고 있다. 3050클럽이 있다. 전 세계 국가 중 인구가 5천 만 명이 넘으면서 1인당 GDP가 3만 달러 이상인 나라들이다. 미국, 영국, 일본, 프랑스, 독일, 이탈리아 그리고 우리나라 포함하여 7개국 국가밖에 없다. 삼성, 현대, 기아 등 세계적으로 명성을 떨치는 글로벌 기업들도 존재한다. 국민들의 소비 시장도 무시할 수 없다. 헐리우드 영화사에서 시사회를 한국에서 제일 먼저 개최할 정도로 무시할 수 없는 영화 시장이 존재하고 있다. 한류 바람으로 인해 전 세계적으로 한국에 대한 관심도 고조되고 있으니 한국의 인지도는 예전보다 높아진 것도 사실이다.

하지만 영화 《기생충》에서 볼 수 있듯이 양극화로 인해 남에게 기생해서 살아가는 듯한 가족의 이야기에 공감하면서 현재 우리나라 내부의 어두운 그림자도 공존하고 있다. 국민소득이 증가한 것은 사실이고 대부분의 국민들이 씀씀이가 커진 것도 사실이다. 그런데 왜 국민들은 행복하지 못한 것일까. 분명 잘살게 되었는데 예전보다 넉넉해졌는데도 생활은 왜 더 각박해지고 있는 것일까. 아마도 상대적 박탈감과 상대적인 빈곤 때문일 것이고 사회적 안전망의 부재로 인하여 일순간 빈곤층으로 추락하는 일이 빈번히 일어나고 있기에 온몸으로 체험하면서 느끼는 감정이자 현실일 것이다.

경제발전의 성과가 공정하고 공평하게 분배되지 않고 있기 때문에 상대적 박탈감을 얘기하고 있다. 대부분의 직장 생활을 하는 봉급 생활자들의 경우 급여에 대한 불만은 대개의 경우 내가 일한 것에 대한 보상이 적다고 느낄 때 발생한다. 밤 늦게까지 주말도 포기하고, 가정도 소홀히 하면서 희생하듯 일했는데 그것에 대한 보상이 생각보다 적을 때 급여에 대한 불만이 생긴다. 회사가 진정으로 경영이 어려우면 근로자들도 참고 인내한다. 그러나 회사의 경영은 분명 좋아지고 있는 것을 알고 있는데 경쟁력 운운하면서 인건비에 대한 통제와 함께 급여 인상이 적어지면 보상에 민감해지는 것이다.

기업에서 직원들의 급여에 대한 불만을 잠재우기 위해 자주 사용하는 방법이 '상박하후上薄下厚'이다. 전체 총 임금액은 가급적 크게 늘리지 않으면서 다수의 만족을 이끌어 내는 방법이다. 급여가 높은 고위직 간부들의 임금 인상은 최저로 낮추고 급여 수준이 낮은 사원들의 임금을 더 많이 인상해 준다. 직급마다 인상율을 차등하여 불만을 최소화 하는 방법이다. 공평하지 않다는 불만이 나온다. 고위 간부들의 불만은 임원들의 급여를 보면 다시 발생한다. 무한 경쟁을 내세우며 실적 위주의 경영을 시작한 후 성과에 대한 파격적 보상을 제공한다면서 대표이사, 경영진들에 대한 급여 수준은 평생을 벌어도 모으지 못할 정도로 높게 인상되었다. 사원 급여의 100배가 넘는 곳도 있다.

아무리 훌륭한 경영자가 있어 탁월한 경영 성과를 이룬다 하여도 사람이 모여서 일하는 기업에 있어서 경영자의 기여를 이렇게 높게 책정하는 것은 상식에 어긋난다. 휘하에 열심히 일한 직원들이 있었기에 가능했던 것이지 경영자 혼자 경영을 한다면 도저히 이룰 수 없기 때문이다. 전문 경영인들에게 파격적인 급여를 지급한다는 것은 이면을 생각해 보면 오너들은 그보다 더 파격적인 수준의 부를 가져가기 때문이라고 생각할 수 있다. 어느 경영자가 자신의 노동자에게 더 많은 돈을 줄리는 만무한 것이다.

그러면 이런 불공정하고 불공평한 제도가 아무 문제 없이 운영되는 것은 무엇 때문인지 궁금해진다. 회사 내 새로운 기득권으로 자리매김한 귀족 노동자에게서 힌트를 얻을 수 있다. 1980년대 말 민주화와 함께 탄압받던 근로자들의 권익을 위해 투쟁을 했던 노조가 세월이 흐르면서 정치 세력화 하고 자신들의 이익을 대변하는 집단으로 변해가고 있는 것이다. 무릇 세상 모든 일이 시간이 지나면서 변한다고 하였는데 노조활동 역시 같은 길을 걷고 있는 것이다. 아무리 좋았던 제도도 시간이 흐르면서 그 제도에서 덕을 보게 되는 기득권이 형성되면 기득권 세력들은 더욱 자신들의 체제를 견고히 하려고 버티게 되고 심화되면 마지막에는 몰락으로 이어지며 새로운 세력이 등장하는 역사의 흐름을 증명해 주고 있다. 과거 중국 명나라 재상 장거정(張居正, 1525~1582)이 이미 예견했던 일이다.

언론에 보도되는 노조들의 단체 활동, 사측에 대한 무리한 요구를 보면 쉽게 확인할 수 있는 현상이다. 근로자를 대변하겠다던 노조가 집행부를 위한 노조로 변질되었으니 오래 가지 못할 것이다. 무엇보다 국민적 호응을 얻을 수 없기 때문에 변화가 올 수밖에 없는 길을 가고 있다. 근로자들의 생산성과 기업 경영의 미래를 고려하면서 인력 운영에 대한 심도 있는 고민을 사측과 함께 협의해야 한다. 미래에 대한 고민보다는 현재의 상황을 유지하기 위해 계속되는 정년 연장을 주장하고 자신들에게만 유리한 합의를 얻어낸다. 피해 계층이 늘어난다. 생산성도 정체되고 변화에 적응이 쉽지 않은 고령의 인력들이 은퇴해야 신입 인력들이 공급되면서 기업도 활력을 되찾고 생산성을 높일 수 있는데 은퇴를 지연시키고 있다면 청년 세대의 사회 진출을 막는 것이고 기업도 미래 준비를 소홀히 하게 되기 때문에 길게 보면 수명이 단축되는 성인병에 걸리게 할 수 있기 때문이다.

청년세대의 사회 진출을 막는 행동은 취업의 기회를 뺏는 것만으로 끝나지 않는다. 사람이 성년이 된다는 것은 어려서 학교에서 배운 것들을 기반으로 경제적으로 자립을 하고 성숙된 개인으로서 생활을 하는 것이다. 그 시작 단계에서 발목을 잡히고 있는 것이다. 경제적 자립이 어렵다 보니 쓸 돈도 넉넉하지 못하거나 부모님에게서 받아 쓰게 된다. 연애, 결혼, 출산을 포기하게 된다. 성인으로서 배필을 만나 결혼하고 가정을 꾸리고 아이를 낳고 생활을 하는 정상적인 과정이 어렵다 보니 포기를 했다. 그러면서도 계속해서 경제적 자립을 위한 취업을 시도한다. 공무원 시험, 자격증 획득, 대기업 취업 등 계속 시도하지만 취업 시장이 좁고 많은 기회마저 부모 찬스로 양질의 직장들은 빼앗기다 보니 이젠 취업도 포기하고, 주택 마련도 포기하는 5포 세대를 만들어 낸다.

빈곤의 악순환은 끊이지 않고 계속 돌아가다 보니 사람을 만나는 것마저 중단하는 인간관계 형성을 포기하고 희망마저 저버리는 희망 포기의 7포 세대로 이어졌다. 희망마저 포기한 무기력한 삶을 살고 있으니 더 이상 포기할 것이 없다. 그 다음은 극단적 선택만 남았기 때문이다. 그래서인지 청년 자살률이 세계 최고를 기록하고 있다. 이러한 지옥 같은 생활만으로도 부족해서 부와 학벌 등에 따라 태어날 때부터 금수저, 은수저, 흙수저 등으로 정해지는 신분계급까지 존재하고 있으니 지옥과 같은 봉건국가 조선을 뜻하는 '헬조선'이라고 하는 것이다.

다음 그림은 3포에서 출발하여 7포까지 확장된 과정을 그려 본 것이다. 서로 연결되어 있어 한 번에 풀기 힘든 것을 보여주고 있다. 일부 7포에서 벗어났던 성공한 청춘들도 기존 세대의 고리타분하고 강압적인 조직문화에 적응 못하고 다시 7포에 합류하는 일도 종종 발생한다.

어쩌다 이 지경이 되었는지 의아할 지경이다. 오로지 할 수 있다는 신

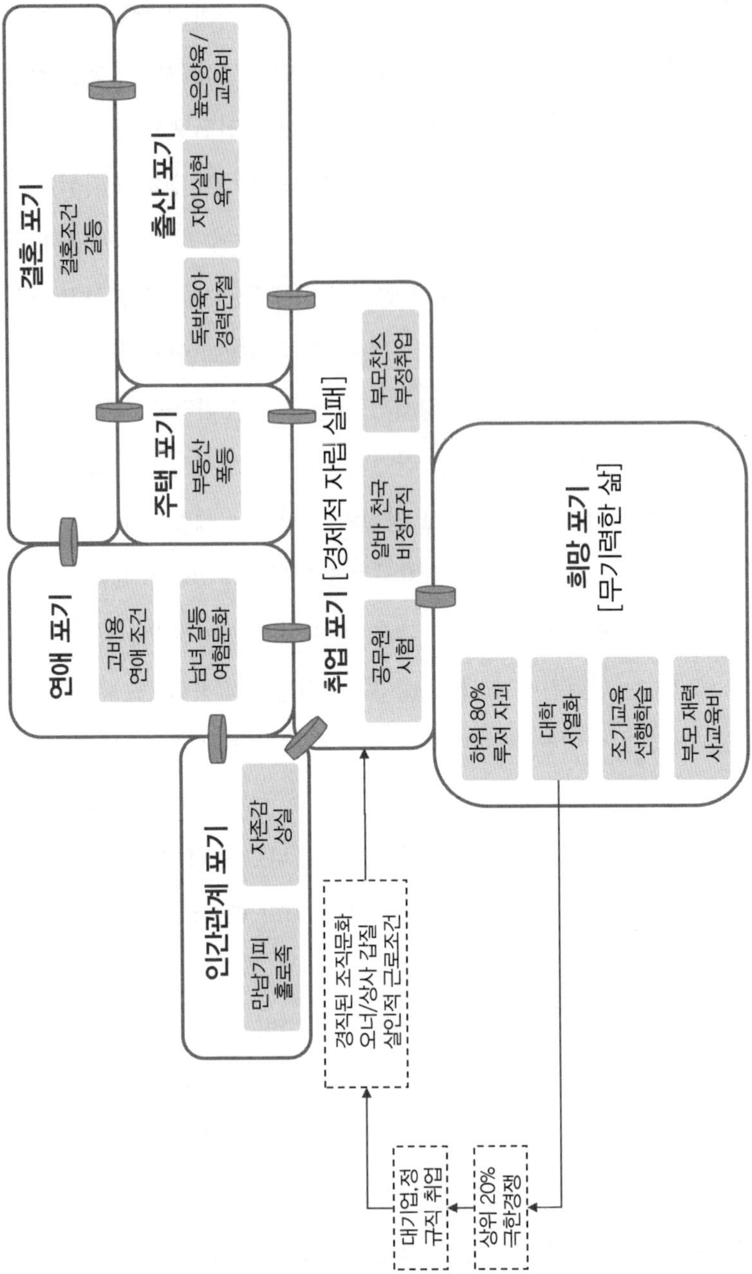

그림 3 헬조선과 7포기 전개

념으로 열심히 달려와 성공한 것 같았는데 허전하다. 인생에 성공한 사람들의 상투적인 말인 "사회적으로 성공했는데 내가 누구인지 모르겠다. 이것을 이루려고 청춘을 바친 것인지 자괴감이 든다."처럼 마음 한 구석이 허전하고 아귀다툼식의 생존 경쟁을 견뎌내는 것조차 버겁고 힘들어 지친다.

원인이 무엇일까? 왜 이렇게 되었을까? 고민하던 차에 중앙대 김누리 교수의 '68혁명'강연을 들었다. 1968년 지구상 거의 모든 국가들이 경험했고 이를 토대로 민주시민으로서 정신적 성숙을 맞이하며 세상을 변화시켜 나갔는데 유독 우리나라 대한민국만 대열에서 이탈하였다는 것이다. 아하! 귀와 눈이 번쩍 뜨이던 순간이다. 시대적 배경이야 군부독재 치하, 냉전 시절 등 다양한 이유와 변명이 있을 수 있다. 하지만 우리나라는 '68정신'을 이해도 못하고 알지도 못하면서 지나갔다는 사실이다. 예순이된 필자도 당시에 '국민교육헌장'을 외우고 있었던 시절이다.

'68정신'의 키워드를 보자. 인권 감수성, 억압으로 부터의 해방, 비판의식 함양, 강한 자아 지향, 균등하게 교육받을 권리, 주입식 교육 금지, 과도한 경쟁 지양, 성적 억압 금지, 윤리적 평가 금지, 복지국가 지향, 교양 사회이다.

11가지 항목이다. 안타까운 것은 11가지 중 하나라도 제대로 실천하고 있는 것이 없다. 우리 사회의 가슴 아픈 현실이며 헬조선을 만든 근본 원인이다. 2차 세계대전 이후 선진국들의 경이로운 발전의 기초가 68정신이었는데 우리는 기초가 부실한 상태에서 물질적 건물만 높이 쌓아 올린 것이다. 사상누각을 연상시킨다. 계속 방치하면 쓰러질 것 같은 불안감이 증폭된다.

세상을 살다 보면 일종의 통과의례라는 것이 있다. 특정 단계로 상승하기 위해서는 반드시 거쳐야 할 과정이 있다. 바쁘다는 핑계로 또는 우호적인 환경으로 인해 자격 미달이지만 건너뛰는 경우가 종종 있다. 그러나 경험하지 않고 지나친 과정으로 인해 사후 벌어지는 사고로 후유증을 앓게 된다. 지금의 우리 사회 모습이 연상된다.

코로나19로 지치고 힘든 요즘 사람들은 코로나19로 인해 우리의 삶을 되돌아 봐야 한다고 주장한다. 절호의 기회가 왔다. 그 동안 몰라서 못했고 시간이 없어서 못했던 민주시민으로서 가져야 할 자질에 대해서 깊게 성찰하고 이를 토대로 제2의 도약을 이루는 계기를 만들어야 한다. 기초가 부실한 건물은 오래 못 간다. 작은 충격에도 무너져 내릴 수 있다. 60년 동안 이룩한 눈부신 성과가 더 견고해지고 오래갈 수 있도록 기초 보강공사를 해야 한다.

『성공하는 사람들의 7가지 습관』의 저자 고 스티븐 코비(Stephen Richard Covey, 1932~2012) 박사는 책에서 두 나무꾼을 소개한다. 두 사람 모두 하루에 나무를 많이 베어야 돈을 더 받을 수 있다. 한 사람은 나무를 베면서 중간중간 톱 날을 갈아가면서 휴식을 취했다. 또 다른 사람은 하나라도 더 베어야 하는데 쉴 시간이 없다면서 계속해서 나무를 베었다. 결과는 톱날을 갈면서 휴식을 취한 사람이 더 많은 나무를 벤 것이다. 쉬지 않고 나무를 자른 사람은 톱날이 무디어져서 말을 듣지 않아 많이 벨 수 가 없었다.

그 동안 야수 자본주의의 최고의 가치로 치부하던 무한경쟁, 승자독식의 굴레에서 벗어나 자연인으로서 민주시민으로서 갖추어야 할 덕목을 최고의 가치로 만드는 인식의 전환을 이루어야 한다. 이러한 노력이 선행되지 않는 한 톱날을 갈지 않고 쉬지도 않는 나무꾼이 될 수 있다. 야수 자본주의가 노리는 함정에 빠져드는 것이다. 생명을 소중히 여기면서 함께 발전할 수 있는 생명 자본주의로 전환하기 위해서 21세기판 '68혁명'을 실천해야 한다. 헬조선을 벗어나는 길이며 우리나라가 지속 성장할 수 있는 길이다.

| 청년만의 문제가 아닌 모두의 문제 |

연애, 결혼, 출산, 취업, 주택, 인간관계, 희망으로 이어지는 7포기 문제가 사회 진입을 앞둔 청년들에게 국한된 문제인 것처럼 보이지만 실상은 전국민의 문제인 것을 명확히 해야 한다. 대다수 국민들이 매일 같이 살아가는 민생의 문제인 것이다. 주택 문제는 기성세대에게도 똑같이 적용되고 있다. 내집 마련의 꿈을 깨트리는 아파트 가격의 고공행진, 경기침체에 따른 실직과 구직활동의 어려움을 겪는 빈곤층, 시간제 근무 일자리도 얻기 힘든 현실, 돈이 없어 사람 만나는 것을 포기하는 것도 세대 공통의 문제, 인생 앞에 놓여진 높은 장애물로 인해 삶의 희망을 포기하고 세상을 떠나는 사람들 시간의 차이만 있을 뿐 모두에게 기다리고 있는 암울한 미래이다.

헬조선의 문제를 특정 계층의 문제로만 보고 더 이상 방치해서는 안 된다. 조선 시대 말기 급변하는 국제 정세에 문호를 닫고 쇄국으로 치달은 결과 외세에 굴복하고 급기야 나라마저 빼앗겼다. 같은 실수를 되풀이 하지 않기 위해서라도 문제를 있는 그대로 노출시키고 해결 방법을 찾아야 한다.

지금으로부터 약 30년 전인 1990년 무렵 천주교 교단에서 우리 사회에 만연하는 문제들을 해결하기 위하여 모든 것은 '내 탓 이로소이다.' 운동을 전개한 적이 있다. 그때나 지금이나 정도의 차이가 있을 뿐이지 경제 성장의 열매가 균등하게 배분되지 않고 편중되면서 일으킨 사회 문제들이 많았지만 서로 자신들은 잘못한 것이 없고 각자 알아서 해결해야 한다고 방치하는 상황이었다.

일단 모든 문제는 상호 간에 벌어지는 일이므로 내 주위에서 벌어지는 사건들도 결국엔 자의든 타의든 내가 관여한 부분도 있기 때문에 내가 먼저 문제를 인정하면서 서로 해결해 가자는 취지에서 시작되어 스티커를 자동차에 붙이고 다니면서 홍보하기도 하였고 사회에 큰 반향을 일으켰다. 그러나 당시 사회 분위기는 부의 편중에 따라 배가 아파지는 시기였다. 배가 고프면 동질감을 느끼면서 뭉치기 쉬우나 배가 아프면 갈라서게 마련이다.

결국은 내 탓이 아니라 네 탓인 남의 탓으로 화살을 돌리기에 급급했다. 나의 잘못을 인정하면 바가지를 쓰게 된다며 자신의 잘못을 인정하지 않고 목소리 큰 사람이 이긴다는 억지 주장을 하면서 '내 탓' 운동이 사라지게 된다. 남의 탓이 이어지다 보니 불륜을 저지르고 발각이 되어도 반성하기보다는 '내가 하면 로맨스요, 남이 하면 불륜'이라고 하면서 자신들의 잘못을 인정하지 않고 왜곡시키는 풍조까지 만연해졌고 지금까지도 이어지고 있다. 단지 불륜에만 국한된 현상이 아니고 사회 전 부문에서 자기들이 한 것은 정당하고 남들이 저지른 일은 불법이라고 상황에 따라 유리하게 변질시키면서 영역을 확대해 나갔다.

1997년에 발생한 IMF 금융위기는 남의 탓을 전가시키는데 기폭제 역할을 하였다. 그때까지 믿어 왔던 통념들이 무너져 내리기 시작했다. 직장도 이제는 언제든지 해고 당할 수 있는 환경이 되었고 실제로도 그 이후부터는 경영상의 핑계로 상시 구조조정이 가능해졌고 수시로 진행되고 있다. 기업들은 비용절감을 한다는 목적으로 사내에서 진행되는 일들을 분사형태로 하여 별도의 외주 회사로 분리하여 사업 구조조정이라는 명목 아래 직원들을 해고했다. 분사된 회사들은 시간이 흐르면서 모 회사들의 일방적인 단가 인하에 버티기 위해 직원들을 비정규직화 하여 인건비를 줄이는 노력을 했다. 비정규직이 양산되기 시작한 계기가 된 것이다. 같은 회사에서 같이 일하던 직원들이 누구는 남아 있고 누구는 퇴사당하고 급여도 줄어들게 되었으니 갈등의 씨앗이 될 수밖에 없었다.

또한 밀려나지 않으려는 보이지 않는 경쟁이 시작되니 생계형 생존이 시작된다. 회사 측의 불합리한 결정이 내려져도 눈치를 보고 나서지 않고 암묵적으로 묵인한다. 힘들지만 경쟁에서 내쫓기면 지옥으로 내던져진다는 두려움 때문에 참고 지낸다. 그러나 이 또한 잠시 즐길 수 있는 행복이다. 대한민국의 구조조정의 특징은 실력과 관계 없이 주민등록상의 나이가 기준이 되는 특징이 있다. 그 만큼 우리나라 기업의 경쟁력은 개인의 역량, 창의성보다는 조직력으로 버티고 있다는 반증이다. 특히 기업이 규모가 커지면 특성상 관료적일 수밖에 없는데 규모의 경제를 이룩하였기에 굴러가는 관성이 있어서 외부 충격이 가해져도 금방 표시가 나지 않기 때문에 훌륭한 개인이 있어도 조직 운영에 반하는 경우 조직의 쓴맛을 보여주면서 내보내는 경우가 다반사이다. 그래도 회사는 일단 굴러 가기 때문이다.

결국 기성세대들도 각자도생의 힘든 환경에서 살아가고 있으며 실직을 하는 순간 가까운 미래에 빈곤층으로 몰락할 수밖에 없는 상황이다. 헬조선은 시한부 인생처럼 스멀스멀 다가온다. 수명 연장에 따른 노후를 준비해야 하나 아직 자립하지 못한 자식들로 인해 시간도 없고 돈도 없다. 정년이 60세로 법적으로 정해졌지만 지켜지는 경우는 일부 대기업 및 공공기관을 빼곤 찾아 보기 힘들다. 차라리 정년이 없고 자신의 실력과 역량에 따라 계속 일을 할 수 있다면 정년이란 굴레로 인해 재취업을 어렵게 하는 일도 없을 수 있다.

청년세대의 헬조선이 생명력을 키우며 스스로 성장하여 기성세대까지 포식하고 있는 중이다. 그러나 방치되고 있다. 근본적으로 사회 구조와 제도의 문제를 정부가 앞장서서 개선할 생각보다는 국민 개개인의 노력이 부족해서 벌어진 일이라고 유행어를 만들어 빠져나가고 있다. 수저 계급에 따라 출발선을 다르게 해놓고 앞서 출발한 사람보다 늦게 도착된 것인데 '노오력'이 부족했으니 더욱 분발해서 자기계발하고 반성하라고 한다. 공정하지 못한 게임의 룰은 승부조작, 편파 판정을 통해 상대방을 영원히 이길 수 없게 만든다.

| 공동체 붕괴 |

한 동안 모 방송국의 '응답하라' 시리즈가 선풍적인 인기를 끌었다. '응답하라 1988'을 필두로 몇 편의 후속 시리즈가 등장하였다. 그 시절 동네 모습과 사람들의 약간 촌스러운 모습에 신세대는 신기한 듯 바라 보았을 것이고 구세대는 그리워하면서 보았을 것이다. 당시만 해도 옆집 사람들과 왕래가 거리낌없이 이루어지던 시절이다. 누구네 집에 무슨 일이 벌어지고 있고 나는 무슨 문제로 고민하고 있는지 서로 잘 알고 지내던 시절이다. 동네에서도 누구 집 자식인지 잘 알고 서로 인사하며 지냈었다. 가끔은 친구네 집에 가서 놀다 식사 시간이 되면 오히려 밥 먹고 가라고 하면서 친구네 집 식구들과 함께 식사를 하면서 오순도순 살았었다.

요즘의 학생들을 보면 전혀 다른 세상에 살고 있음을 쉽게 확인할 수 있다. 친구네 집은 놀러 갈 시간도 없다. 학교와 학원으로 일 주일 내내 이어지는 수험생활에 지쳐 있다. 아파트 중심의 생활로 변한 후 개인의 사생활 운운 하면서 앞집, 옆집과의 왕래도 끊어져 있다. 누가 살고 있는지도 모른다. 친인척과의 교류도 과거에 비해 거의 단절된 상태이다. 학생들이 성장하면서 접하는 사람들의 수가 엄청 줄어들었다. 아이들을 관찰해 줄 사람도 없다. 오로지 학교와 학원에 방치해 놓고 대학입시철이 되면 고액 컨설턴트를 찾아 다니면서 인기학과에 입학할 수 있는 방법만 찾아 다닌다. 아이들의 적성과는 무관하다. 현재 시점에서 미래가 보장될 것 같은 학과에 진학해야 한다.

그러면서 앞으로의 세상은 인성이 중요하다고 누군가가 주장하면 즉시 인성 배우는 학원을 찾아 나선다. 모든 것을 학원이나 강사들에게 의존하려고 한다. 자신이 스스로 공부하고 연구하고 노력하는 것을 잃어버리게 만든다. '응답하라 1988'의 시대적 배경을 보면 자연스럽게 사람들과 부대끼며 살아가고 집안 어른, 동네 어른들과 함께 지내다 보니 어른들의 동네 아이들에 대한 평가도 자연스럽게 나왔었다.

"누구는 공무원 할 체질이야." "또 다른 누구는 사업할 체질이야.", "누구는 인물값하겠어!" 등과 같은 살아온 경험과 연륜에서 묻어나는 지혜와 혜안을 가지고 아이들의 인성과 성격을 얘기하기도 하였다. 놀라운 것은 어른들이 보았던 인물평이 상당히 높은 수준의 정확도를 가지고 있는 것이다. 이렇게 살아 가면서 자연스럽게 습득할 수 있었던 일들을 별도의 돈과 시간을 들여 기계적으로 배우려고 한다. 살아 있는 지식이 아니라 이미 죽은 지식을 연마하고 있기에 미래에 사용하지도 못할 지식을 배운다고 청춘을 허비하게 만든다.

그런 다음 자식들에게 하는 공통적인 표현이 있다. "내가 너를 어떻게 키웠는데!"와 같은 상투적인 말이 나오면서 자식들의 인생에 깊게 관여하려고 하면서 오히려 문제만을 일으킨다. 부모 자신들의 인생을 살면 되는 것을 두고 자식에게 매달리고, 자식을 원망하고, 자식 때문에 후회하는 일로 생을 마감한다.

이 과정에서 사실 우리가 크게 놓치는 것이 있다. 가족 단위에선 핵가족의 핵이 분열되어 없어졌다. 1인 가구의 증가, 이혼의 증가로 인한 한부모 가정의 증가 등이 계속 이어지고 있다. 가장이 누구인지 모호해진 것이다. 사회 단위에선 다름 아닌 공동체가 무너진 것이다. 사람이 사회 생활을 하면서 살아가는데 필요한 모든 것을 개인이 다 해결해야 한다고 생각해 보자. 단 하루도 살 수가 없을 것이다. 당장 살고 있는 집의 치안을 확보하려면 사비로 경비원을 고용하던가 경호원을 대동하고 다녀야 할 것이다. 만약 집에 불이 나면 어떻게 불을 끌 것인가? 답이 안 나올 수밖에 없다. 그렇기 때문에 사람들은 국가를 만들어 외부로부터 침입에 대비하여 군대를 운영하고 있고 지역 삶의 안전과 보호를 위해 치안을 담당하는 경찰, 재난으로부터 보호하기 위해 소방서와 같은 기관을 운영하는 것이다. 물론 이를 위해 세금을 지불하고 있기는 하다.

이렇듯 사람들이 함께 살아가면서 위험에서 벗어나고 편안한 휴식을 취할 수 있고 함께 사는 주변 사람들과 소통하면서 위안도 받고 위로해 주기도 하는 것이 공동체 생활이다. 결국 나 자신을 위해서도 공동체는 필요한 것이다. 1988년대 전후만 하여도 우리는 가진 것 별로 없어도 서로 살아가는데 문제가 없었다. 그러나 복부인들의 등장과 함께 부동산 광풍이 불어 닥치고 외국 자본의 유입과 더불어 주식시장이 활성화되면서 주식부자까지 등장하게 되자 우리 국민들의 인식이 변하기 시작하였다. 우리말에 "배고픈 건 참아도 배 아픈 건 못 참는다.", "사돈이 땅을 사면 배 아프다."고 하였다. 남이 잘되는 것을 축하해 주기보다는 깎아 내리고자 하는 민족이다.

가진 것이 없을 때는 너도 없고 나도 없으니 동질감을 느꼈기에 서로 잘 도와주었다. 그러나 서로 무언가 가지게 되니 이때부터 비교하기 시작했다. '제는 왜 나보다 더 많이 가졌는가, 내가 뭐가 모자라서 상대방보다 돈과 권력이 모자랄까' 등의 내면 속의 외침이 갈등을 일으키게 되었다. 또한 더 많이 가진 사람들은 덜 가진 사람들과 거리를 두고 계층을 나누려고 하였다. 아파트 평수로 친구를 사귀라고 부모들은 강요했고 임대주택에 거주하는 자녀들은 가진 자들의 자녀들이 다니는 학교에 입학시키지 말라고 학교에 압력을 넣기까지 하고 있다. 서울의 몇몇 부촌에서 시작된 만행이 전국 단위로 번져 나갔다. 지방의 도시에서도 신규 아파트 단지가 들어서면 부잣집, 가난한 집 편가르기를 학부모 주도로 전개한다. 씁쓸할 뿐이다.

돌이켜 보면 어떻게 교육열 때문에 공동체가 붕괴되었는지 이해하기가 힘들다. 그러나 교육이 전인교육 차원에서 이루어지지 않고 신분 상승과 부를 축적하기 위한 수단으로 받아들이기 때문에 어린 시절부터 접촉해야 할 공동체를 분리시키고, 만날 수 있는 사람들도 제한하고 유명 대학교에 보내기 위해서는 부모 찬스를 동원하고 수단과 방법을 가리지 않으면서 달려왔기 때문이다.

성장한 자식들이 정상적인 사회 생활을 할 준비가 안 되어 있다. 직장에 입사한 후에도 조직 문화, 분위기에 적응 못하고 방황하는 사례들이 많다. 기업 연수원 같은 곳도 방을 공동으로 사용할 경우 개별 침대에서 잘 수 있도록 하고 있으나 이 마저도 불편하다 혼자 잘 수 있게 해달라고 요청한다. 회사에서 상사에게 야단 맞고 난 후 집에 연락하면 상사가 뭐라고 야단을 하느냐고 화를 내면서 회사 그만두라고 요구하는 부모들도 있다. 언제까지 자식을 끼고 살려고 이런 행동을 하는지 의심스럽다. 사회에 적응 못할수록 자신들의 가정 중심으로 인간관계는 계속 위축될 수밖에 없다. 고립을 지나 외톨이가 되는 것이다.

이미 공동체는 무너졌는데 개인들마저 외톨이가 되면 사회와 분리가 된다. 소외로 이어진다. 국가가 모두 골고루 책임을 지기에는 행정력이 부족하여 할 수 없다. 노년에 고독사가 증가하는 것을 보아도 알 수 있다. 마을 중심으로 공동체가 운영이 된다면 소외된 사람들을 빨리 발견할 수 있고 추가로 정부에 보호를 요청하여 구제할 수 있다. 구제받을 방법도 모르고 크지 않은 금액 때문에 모녀가 동반자살한 뉴스를 접하면 안타까운 것이다. 살릴 수 있는 사람을 방치해서 죽이는 것과 다를 것이 없다.

'무덤에서 요람까지'를 주장한 북유럽 국가들의 복지는 세계적으로 유명하다. 물론 넉넉한 복지를 위해 국민들은 다른 나라 국민들보다 높은 세금을 지불한다. 평균 50%를 세금을 낸다고 한다. 우리 같으면 정부가 돈을 다 빼앗아 간다고 시끄러울 것이다. 노르웨이에서 온 재즈 음악가들과 공연 후 뒤풀이를 하면서 실상을 물어 보았다. 그들의 대답은 의외로 단순 명료하였다. 세금을 많이 내는 것은 맞다. 그러나 많이 낸 세금으로 인하여 어려움에 처한 사람들을 구해 주고 있는 것을 정부는 투명하게 보여주고 있다. 그렇기에 나 역시 살다 보면 언제 위험에 처하게 될지 모르기 때문에 과도한 세금을 당연히 수용하면서 살아가고 있다는 것이다. 투명하게 일을 처리하면 간단하게 해결할 수 있구나 내심 속으로 감탄하면서 정부의 역할에 대해서 다시 생각해 보게 되었다.

양극화의 심화는 진정될 기미가 보이질 않는다. 인간의 탐욕은 끝이 없기 때문이다. 생존 경쟁이 치열한 아프리카 밀림의 대자연에서는 포식자라 해도 자신의 배를 채우면 더 이상 먹지를 않는다. 그러나 사람은 맛 있는 음식을 먹기 위해 배가 부르면 소화제라도 먹어 가면서 더 먹으려고 욕심을 낸다. 돈에 대해서는 더 치열하게 매달린다. 그러므로 양극화는 아직도 배가 고픈 사람들로 인해 당분간 지속될 것이다.

양극화의 심화로 파생될 중산층 몰락, 소외계층, 빈곤계층들을 보호하기 위해서라도 공동체를 복원해야 한다. 앞에서 공동체가 필요한 이유를 설명했다. 개인 각자의 안전과 평화를 위해서도 필요하다. 안전망이 무너지고 빈곤층이 증가하게 되면 사회 불안이 커지게 되어 위험에 노출되기 쉽다. 소요사태, 시위들이 선진국에서 벌어지고 있다. 혼란을 잠재우고 함께하는 사회를 만들기 위해 공동체를 부활시켜야 한다.

|거꾸로 가는 세상, 양극화|

봉건시대인 18세기 유럽의 총인구는 약 1.7억~1.9억명 정도였다. 이 중 3~4백 만 명이 귀족에 해당한다고 위키피디아에서 확인할 수 있다. 전체 인구 비율로 보면 1.5%~2.3%를 차지한다. 대략 2%의 귀족이 거의 국가 전체의 부를 가지고 있었다. 왜냐하면 귀족을 제외한 평민들은 거의 귀족에 소속된 노비와 같았으므로 이들이 직접 경제활동을 통해 부를 축적할 수 있는 기회는 거의 없었기 때문이다. 이후 산업혁명이 일어나고 1차 세계대전을 끝으로 봉건주의가 몰락하고 민주주의가 싹트면서 시민계급이 등장하고 시민들의 경제활동이 활발히 전개되며 상업을 통해 부를 일구는 거상들이 등장하였다. 일반 시민들은 기업에 취직을 하던가 자영업을 하면서 경제활동을 통해 사유재산을 늘리는 일이 가능해졌다.

2차 세계대전이 끝나면서 비록 냉전은 전개되었지만 대규모 전쟁이 없는 평화의 시기가 도래하였다. 각 나라마다 베이비붐이 일어나며 인구가 급증하기 시작했고 의료의 발달로 보건, 위생이 개선되면서 평균수명이 증가하였다. 많이 태어나고 적게 죽었기 때문에 세계 인구는 비약적으로 증가하였다. 이와 함께 경제활동 인구의 증가와 반도체, 컴퓨터 등의 기술발전으로 인해 세계 경제가 성장하면서 개인의 소득도 증가되었다. 바야흐로 귀족과 평민의 양극화 세상이 개인의 소득 수준에 따라 구분되는 다극화 시대에 접어든 것이다. 산업이 발전하고 인구가 증가하므로 다양한 직업이 생겨나고 경제가 성장하는 선순환이 이루어졌다. 일반적으로 개인의 소득을 4구간으로 분류하여 빈곤층, 저소득층,

중산층, 상류층으로 구분한다. 누구나 노력하면 성공을 통해 부를 축적하고 상위 계층으로 발돋움하려고 노력했다.

그런데 이상하게 계층 사다리에서 중간을 차지하던 중산층이 몰락하기 시작했다. 신자유주의라고 일컫는 미국 중심의 금융산업이 주도하는 무한 경쟁과 승자독식을 최고의 가치로 여기는 집단들이 생기면서 부가 편중되기 시작하였다. 무한 경쟁에서 기업이 도산하면 근무하던 근로자들이 실직을 하게 된다. 경기가 호황일 때는 쉽게 다른 곳으로 전직을 하거나 대체 일자리를 확보할 수 있었지만 승자독식에 따라 1등, 2등 아닌 중간 기업들이 사라지니까 일자리도 덩달아 줄어든다. 기술 발전은 기업의 생산성을 계속 향상시켜 고용 없는 성장의 길로 이끌어 간다. 갈 곳이 없어지고 있다. 중산층에게 있어 퇴직은 곧바로 하류층으로 전락하는 코스가 되어 버렸다. 실업률이 올라갈수록 하류층은 늘어난다. 중산층이 무너진 자리는 빈 공간으로 남아 상류층과 하류층 양극만 남게 되었다. 양극화가 심화되고 있는 것이다.

오늘날 세계 1위의 경제대국 미국의 부는 상위 1%가 전체 부의 30%를 가지고 있으며 10%가 69%를 가지고 있다고 한다. 미국의 예일대 교수 제이콥 해커와 캘리포니아대 교수 폴 피어슨이 함께 저술한 『부자들은 왜 우리를 힘들게 하는가?』를 보면 미국의 양극화가 왜 이렇게 심해졌는지를 심도 있게 분석하여 보여준다. 컴퓨터의 발전으로 금융공학이 태동하면서 신속한 자본 거래가 가능해지고 새롭게 등장하는 기법들은 남의 돈으로 돈을 버는 비정상적인 금융기업들을 양산하게 되었다. 대규모 자본과 거대한 조직으로 무장한 금융 재벌들은 막대한 선거자금을 살포하고 친親 기업 정치인들을 확보하면서 시간을 두고 서서히 금융 재벌들에게 유리하도록 법을 개선해 나갔다.

그 결과 미국인의 0.1%에 해당되는 초상류층으로 부가 편중되기 시작하였다. 문제는 이 돈이 중산층과 하류층으로 돌아가야 할 몫을 감세 정책을 추진하면서 세금을 덜 내고 금융 재벌의 CEO 및 임원들은 천문학적인 보너스를 챙기면서 부의 양극화를 심화시킨 것이다. 결국 중산층의 몰락을 가져오고 있는 것이다. 우리의 경우가 미국하고 같은 맥락은 아니지만 부의 편중 경향은 미국과 비슷하게 전개되고 있다.

김낙년 동국대 교수가 2010~2013년 상속세를 바탕으로 추정한 우리나라 부의 편중을 보면 상위 1%가 전체 중 25.9%의 부를 차지하고 있으며 상위 10%가 66%의 부를 차지하는 것으로 나타난다. 미국과 거의 비슷한 비율로 부의 편중이 심화되고 있다. 양극화를 벗어나 다극화를 이끌었던 경제가 성장이 정체되고 침체기를 걷게 되면서 다극화를 무너뜨리고 다시 과거와 같은 양극화로 회귀하고 있다.

문제의 발단은 상류층의 탐욕에 있다. 하나라도 더 가져가려는 욕심이 경제 생태계를 불모지로 만들어 놓았다. 경제도 자연과 같이 먹이 사슬이 존재하고 있다. 당장의 이익을 위해 물고기를 더 많이 잡을 목적으로 치어까지 잡아간다면 더 이상 물고기는 늘어날 수 없다. 씨가 마르기 때문에 아예 멸종되고 만다. 기업들이 만드는 제품과 제공하는 서비스를 소비할 주체들이 있어야 기업도 성장하고 발전할 수 있다. 그런데 소비할 주체들이 일자리를 잃으면서 소비 여력마저 상실하고 나면 기업이 더 이상 성장할 수 없다. 지금까지는 세계화라는 명목으로 저개발 국가들의 희생을 담보로 선진국의 기업들이 부를 누려왔지만 인구의 감소와 선진국 경기의 침체는 이런 먹이사슬을 약하게 만들어 부메랑으로 돌아오게 된다. 결국 탐욕으로 인해 수차례 경제위기를 맞이하는 것을 알고 있으면서도 항상 더 많이 가져가려는 사람들도 인해 많은 사람들이 고통을 겪게 만들고 있는 것이다.

양극화 문제를 풀기 위해서는 반대로 생각하며 해법을 찾으면 된다. 다시 다극화를 추진하자. 불모지로 변한 경제 생태계를 복원하는 것이 급선무이다. 자생력을 가질 수 있도록 해야 한다. 극심한 양극화는 단극화로 수렴되고 궁극적으로는 혁명을 통해 다시 발전하는 것이 자연의 법칙이다. 역사를 통해서 많은 사례들을 알고 있다. 극단적 선택을 하지 않도록 선제적으로 대응하는 것이 현명한 방법이다.

우리나라는 재벌이라 불리는 거대 기업 집단이 있다. 기업 집단 내에는 다양한 사업군들이 존재한다. 예를 들면, 전자제품도 만들고, 놀이공원도 있고, 식품도 판매하고 금융사도 있고 자동차 회사도 있다. 생활하는데 필요한 것들이 거의 대부분 있다. 이런 기업의 오너 입장에서 보면 직원들에게 급여를 지급하는 것이 아니다. 잠시 빌려주는 것이다. 왜냐하면 급여를 가지고 결국 자신들이 속한 기업집단 내에 존재하는 회사의 제품을 사서 쓰기 때문이다. 오너 입장에서는 손해 볼 것이 별로 없다.

과거 미국 포드사의 헨리 포드 회장이 자신들이 만드는 자동차를 널리 보급해야 하는데 가격이 비싸서 직원들이 살 수 없다는 얘기를 듣고 "그럼 직원들이 차를 살 수 있도록 급여를 올려라" 하고 지시했다고 한다. 소비할 사람들이 많아야 시장이 형성되고 기업도 성장할 수 있음을 이미 보여주었다.

코로나19 사태를 겪으면서 국민들에게 재난 지원금을 지급하는 정책에서 알 수 있듯이 소비 주체가 없어지면 코로나19가 종식되어도 쓰러진 경제가 되살아 나지 못한다. 이것을 걱정하고 정부가 지원금을 국민들에게 지급하는 것이다. 기업들도 생각을 바꿔야 한다. 직원들과 함께 성장해야 소비가 활성화 되면서 기업도 발전할 수 있다. 다시 쓰러진 중산층을 복원하는 것이 다극화로 가는 길이고 생태계를 복원하는 길이며 양극화를 해결하는 자연스러운 방법이 될 것이다.

| 허기, 몸이 부족한 것을 채워 달라고 보내는 신호 |

일상생활에서 음식을 배불리 잘 먹은 것 같은데도 뭔가 더 먹고 싶고 입맛 당기는 음식이 있을 때가 있다. 배는 부르지만 속이 뭔가 허전해서 무언가를 더 찾는 것을 경험해 보았을 것이다. 필자 역시 가끔 겪는다. 이때 특히 먹고 싶은 음식이 있다면 이는 과거 우리가 그 음식을 먹으면서 섭취했던 영양분이 있었을 것이다. 우리 몸은 이것을 기억하고 있다가 해당 영양소가 부족할 때 이를 섭취하고자 보내는 신호라고 한다.

지금은 거의 모든 동네 길들이 도로 포장이 되어 있어 흙을 밟기가 힘든 상황이지만 과거 도로 포장률이 낮았고 개들을 풀어서 키우던 시절에 가끔 보면 개들이 땅에 있는 흙을 핥아 먹는 것을 자주 보았다. 어렸을 때 경험한 것 중 자석을 흙 속에 무지르고 나면 쇳가루가 붙어 나오는 것을 본 적이 있다. 바로 흙 속에 포함된 철분을 흡수하기 위해 개들이 흙을 핥아 먹는 것이라고 하였다. 초식동물인 기린도 초원에 버려진 동물의 뼈를 먹는다. 입 안에 넣고 우물거리듯 하면서 뼈를 빨아 낸 뒤 내 뱉으며 뼈를 형성하는 데 필요한 칼슘, 인을 흡수한다.

먹을 것이 부족했던 시절에는 속이 허하다는 것은 뱃속에 기름기가 없기 때문이라고 자주 들었다. 주로 보리, 야채 등 소화가 빨리 되는 음식들을 먹었기에 먹고 뒤돌아서면 금방 배가 고프다고 하였다. 실제로 기름진 음식을 먹었을 때는 포만감이 오래가는 것을 경험했을 것이다. 고교 시절 생물 선생님은 월남전 참전용사였다. 가끔씩 수업시간에 월남전 경험을 얘기해 주었는데 처음 미군과 함께 배를 타고 베트남에 갈 때 처음 맞이했던 아침 식사 시간이 되어 식당에 갔더니 난생 보지 못하던 음식들이 가득 쌓여 있어서 두세 접시 잔뜩 가져다 먹었는데도 배가 부르지 않아 일곱 번을 가져다 먹어서 놀랬었다고 첫 경험을 얘기했다. 비슷한 페이스로 한 달 정도 음식을 섭취하고 났더니 아침이 되면 일반적인 미군들처럼 커피 한 잔 또는 도넛 한 개 정도만 먹고도 충분한 상태가 되었다는 경험담을 들려주었다.

허리띠 졸라매고 허기진 배를 움켜쥐고 보릿고개를 넘기던 우리가 1986년 아시안 게임과 1988년 서울 올림픽을 성공적으로 치르고 세계에 이름을 날리면서 쏟아져 들어오기 시작한 외화로 인해 급여도 오르고 전반적인 소득이 오르게 되었다. 이때 등장한 것이 뷔페 식당이다. 온갖 종류의 음식들이 쌓여 있고 횟수에 제한 없이 맘껏 먹을 수 있어서 경쟁하듯 비운 접시 숫자를 비교하면서 그 동안 못 먹었던 음식들을 마구 먹기 시작했다.

배가 부르고 나니 마이카 시대가 다가왔다. 각 가정마다 자동차 한 대씩 구입하고 주말이면 놀러 다녔다. 휴가철이 되면 명절 때와 마찬가지로 고속도로 교통 정체로 한바탕 난리가 난다. 이어서 1989년부터 해외여행 자유화가 시작되어 이제는 누구나 해외 여행을 자유롭게 할 수 있게 되었다. 이전에는 비즈니스나 특정 용무가 아니고 개인이 여행 목적으로 외국을 여행하는 것은 제한되어 있었다. 해외여행 자유화가 시작되자 전 국민이 해외로 펴져 나갔다. 유난히 집에 대한 애착이 강했던 우리 민족은 번듯한 집 하나 마련하는 것이 인생의 목표가 되다시피 하여 아파트 광풍이 몰아 닥쳐 투기로까지 진화되어왔다. 국민소득도 이제는 3만 달러 시대에 진입하여 부자 나라 소리를 듣고 있다.

그런데 뭔가 국민 개개인이 느끼는 것은 부자라는 생각이 안 든다. 아직 뭔가 더 가져야 하고 거스 히딩크 감독이 말했듯 '나는 아직도 배가 고프다'가 맞는 것 같다. 배는 부르지만 아직도 속이 허한 것 같은 느낌이 들고 있다. 보릿고개를 해결하고 이제는 전국민들이 과체중을 걱정하면서 살 빼기 운동에 돌입하여 다이어트 열풍이 한창이다. 그런데 다른 한 곳에서는 엄청난 폭식을 자랑하는 일명 '먹방'이 유행하고 있다.

나영석 PD가 한 강연에서 현재 우리나라 방송의 40%는 먹는 것과 관련 있는 먹방 프로그램들이라고 했다. 처음에는 호기심에 시청하였지만 너무나도 비슷한 프로그램들이 난무하기에 이제는 지겹기까지 하다. 배부른 시대가 되었는데도 계속 먹을 것을 찾고 차를 몰고 맛집을 찾아 전국을 누비고 다니며 몇 시간씩 줄을 서서 기다리는 것도 마다 않는 광풍이 일고 있다. 새벽에도 음식을 주문하면 배달이 된다. 거의 24시간 내내 먹는 것이 가능하다. 왜 이렇게 먹는 것에 집착하고 있을까? 앞서 얘기한대로 속이 허한 것이다. 몸이 원하는 영양소를 채워줘야 하는데 무엇이 필요한지는 모르고 단순히 배가 고프니 계속 먹기만 한다.

그렇다면 부족한 영양소는 무엇일까? 과거에 특정한 음식을 먹었을 때 몸이 기억하던 영양소일 것이다. 지금은 못 먹고 있지만 과거에는 자주 먹었던 음식이 바로 물질보다는 정신이었다. 공동체 정신, 상부상조하는 정신, 함께 울고 웃던 시절이 그리워지고 있기 때문이다. 어린 시절 동네 쌀가게 풍경이 기억난다. 당시에는 쌀을 네모난 나무상자 형태의 되박이라고 하는 것에 담아서 봉지에 담아주면 들고 가던 시절이었다. 쌀을 가마니 단위로 들여 놓고 먹는 가정이 흔하지 않았다.

됫박에 쌀을 담으면 위로 뾰족하게 쌀이 쌓인다. 더 담아도 흘러내리므로 추가되는 것은 거의 없다. 그러나 쌀집 주인은 몇 번 더 퍼 올리며 더 가져가라고 한다. 이런 행동을 '정'이라고 표현했다. 그런데 산업화되면서 계량 단위의 표준을 정하여 거래를 시작하면서 수북이 쌓이던 쌀은 나무상자 높이에 맞추어 걷어내어 사라져 버렸다. 규격 포장지대로 대체되면서 '정'이 사라지기 시작했다. '정'이 메말라 가기 시작했다.

'응답하라 1988' 드라마, 아날로그 감성의 제품들이 인기가 높아지고 있다. 급기야 첨단미래 시대가 올 것이라고 불리던 21세기가 도래했는데 1960~70년대 유행하던 트로트 가요 열풍이 불어 닥치고 있다. 과거 복고풍 유행이 다시 등장하는 것이 정신적인 허기를 채워 달라고 몸이 보내는 신호라는 것을 증명해주고 있는 것이다. 물질적 만족도는 매우 높아졌지만 정신적 만족도가 상대적으로 매우 낮아졌기 때문에 정신이 고픈 것이다.

북한을 탈출하여 우리나라에 정착해서 살고 있는 탈북 이주민들이 하는 말이 있다. "막상 남한에 와서 살아보니 북한에서 생각했던 것보다 훨씬 더 잘 살고 있다. 그러나 사람 살 곳은 못 된다." 비록 분단된 지 70년이 넘어 생활 방식이 달라졌을 수 있지만 같은 민족으로서 같은 풍속과 사고를 가지고 있고 동일한 언어를 사용하고 있기 때문에 외국 사람들보다는 우리의 실상을 비교적 객관적으로 보고 얘기하고 있다고 믿을 수 있다. 물질적 풍요에 놀라고 정신적 빈곤에 또 놀라는 것이 우리의 현실이다.

거대한 사회조직의 구성원이 아닌 하나의 부품으로 취급 받고 있는 현실, 기업 내에서도 인적 자산이기보다는 비용절감을 위한 소모품으로 전락한 현실, 보이지 않는 계급 속에서 무차별적으로 당하는 갑질에 의한 자존감 상실의 현실에서 벗어나 사람답게 살고 싶은 욕망에서 우러나오는 자연스러운 허기이다. 사람 냄새 나는 세상에서 서로 맞부딪치며 사람이 중심인 세상에서 정신적 빈곤을 채워야 허기지지 않고 과식하지 않는 정상적인 생활을 할 수 있다.

경제적으로 여유 있는 노후세대가 입주하는 실버타운이 있다. 숙식 문제는 물론 기본적인 건강검진까지 지원되는 노인들을 위한 주거 환경이다. 자식과 손자들은 가끔씩 찾아와서 인사를 하고 재롱도 부리다 각자의 집으로 되돌아 간다. 남부럽지 않은 생활을 하고 있지만 이곳의 노인들은 또 다른 걱정거리가 있다는 것이다. 생활 자체가 너무 편안하고 변화가 없이 매일 매일이 똑같이 진행되다 보니 치매에 걸리는 확률이 높다는 것이다. 자식들이 속을 썩히거나 사람들과의 갈등이 스트레스를 유발해서 건강에 해로울 것 같지만 오히려 이런 자극에 반응하고 사람들과 함께 소통하고 사는 것이 건강을 유지하는데 도움이 되는데 이런 기회 자체가 없기 때문이다.

사회적 동물인 인간이 사회와 떨어져 살게 되면 건강을 잃는 것은 당연한 것이라고 말할 수 있다. 늦지 않았다. 지금부터 다시 시작하자 붕괴된 공동체 생활을 복원하고 핵이 분열된 핵가족도 다시 핵과 주위에 존재하는 가족들을 복원하자. 허기진 배를 정신으로 채워 삶의 균형을 맞추자. '건강한 신체에 건전한 정신'이 깃든다. 무기력하고 나약한 정신은 오히려 건강한 신체도 부실하게 만든다. 건전한 정신을 바탕으로 생각을 바꾸면 행동이 바뀐다. 반복되면 습관이 되어 운명이 바뀌는 순환 사이클을 돌리자. 한 교육부 관리가 "민중은 개 돼지"라고 하여 국민적 공분을 일으킨 적이 있다. 분노를 씻어 내기 위해 우리는 정신을 차려야 한다. 사회가 건강해지고 국민이 사람다워지고 똑똑 해지면 나라가 좋아진다.

| 행복해지려면 정신이 채워져야 한다 |

로또와 네 잎 클로버의 공통점은 행운일 것이다. 뜻하지 않게 다가오는 남들이 갖지 못하는 기회를 가질 수 있기에 누구나 좋아하고 원한다. 그러나 뜻하지 않은 행운은 불행을 같이 데리고 온다고 하였다. 행운이 클수록 불행도 비례해서 커지는 것 같다. 큰 행운인 로또에 당첨된 사람들은 동서고금을 막론하고 거의 모두다 당첨 전 수준보다 크게 불행해진다. 불청객인 불행을 예상하지 못했거나 무시해서 뒷감당을 못하고 무너지는 것일 수 있다. 경험하기 전에는 나는 예외라고 하면서 로또에 당첨되어도 문제없이 지낼 수 있다고 용감하게 얘기하지만 통계를 보면 무너진 경우가 대부분이다.

경제적 규모로는 네 잎 클로버를 찾는 것이 로또에 당첨되는 것에 비교할 바가 못되지만 행운을 찾기보다 먼저 행복해질 줄 알아야 하는 관점에서 비교해 본다. 네 잎 클로버는 흔하지 않지만 세 잎 클로버는 지천에 있다. 행복은 이렇게 우리 주위에 항상 어느 곳에나 존재하고 있다. 마음만 먹으면 일상에서 누구나 가질 수 있고 누릴 수 있다. 어린 아이의 웃음 소리에서도 얻을 수 있고, 좋아하는 사람들과 함께하면서 얻을 수 있고, 무거운 짐 지고 가는 사람 잠시 도와주면서도 얻을 수 있다.

먹는다는 단어와 채운다는 단어가 있다. 골 먹었다. 욕 먹었다. 다양한 표현들이 있지만 일반적으로 음식을 먹는다는 표현을 생각해 보자. 음식을 먹는 다는 것은 소화를 시키는 것이 동반되어야 한다. 소화를 시키지 못할 경우 배탈이 나서 먹었던 것보다 더 많은 것을 배출해야 한다. 또한 먹은 음식이 소화되어 내려가지 않고 위에 남아 있을 경우 체하거나 얹

힌 상태가 되어 토하거나 정신이 없어진다. 여기서 변수가 하나 발생한다. 음식에 욕심이 많은 사람들, 일명 식탐이 많은 사람들의 경우 소화제를 준비해서 먹으면 자신의 능력보다 더 많은 음식을 소화할 수 있다.

반면 채운다는 것은 뭔가 그릇과 같은 공간이 있고 그 공간에 뭔가를 차곡차곡 쌓는 의미가 강하다. 특히 물질적인 것보다는 정신적인 것을 채운다는 표현이 더 자연스럽다. 독서를 통해 마음의 양식을 채운다. 허전한 마음에 슬픔이 가득 찬다. 상대방의 주량이 약한 것을 배려하기 위해 술을 반 잔만 따르고 나머지 반 잔은 정으로 채운다고 할 때도 있다. 사랑, 정, 양심 등과 같은 정신적인 것들은 설령 넘쳐 흘러도 배탈이 나지 않는다. 나눠 가질 수 있기 때문이다. 오히려 나눌수록 더 커진다. 욕심을 부릴 이유가 없다. 손에 잡히는 것도 아니기 때문이다.

우리의 일상생활에서 돈, 명예, 권력 같은 것이 식탐과 비슷한 특징을 갖는다. 너무 많으면 탈이 날 수도 있지만 일단 소화제를 먹으면서 계속 집어 넣는다. 인간의 본성이 발현되기 때문에 제어하기 힘들다. 계속 소유하고 축척하고 싶어한다. 소화는 비우는 것이 기본인데 계속 쌓으면 체해서 도로 토해내야 하는 것을 잊고 산다. 만족할 줄을 모른다. 심해질수록 돈이나 명예나 권력의 노예가 되어 간다. 자신을 잊어버리고 자신이 무엇을 하고 있는지도 자각 못하고 앞으로만 나간다. 그 앞에는 언제나 앞서가는 사람이 있으니 계속 따라잡아야 한다. 결국, 지치고 탈진해서 무너지고 쓰러지게 된다.

정신이 충만한 사람은 자신의 상황을 제어할 줄 알고 조절을 할 수 있다. 이들은 앞으로만 가지 않는다. 원을 그리면서 돌아간다. 앞섰거나 뒤쳐진 것이 중요하지 않다. 삶의 질곡을 이해한 사람들이다. 하나하나의 사건에 일희일비하지 않고 길게 내다보면서 함께 같이 갈 것을 항상 추구한다. 아메리칸 인디언들의 속담에 '빨리 가려면 혼자 가고, 멀리 가려면 함께 가라.'는 말이 있듯이 장거리 경주를 하기 위해 페이스를 조절하면서 나가는 사람들이다. 정신이 중요한 이유가 여기에 있다. 과욕, 과식 등 정도를 벗어나는 제어 불능의 상황을 막을 수 있기 때문이다. 나는 새도 떨어뜨린다는 살아있는 권력을 가졌던 사람들도 시간이 흐르면 몰락하여 사라져 간다. 언론을 통해 무수히 많은 사례들이 보도되고 있다. 단지, 나는 특별하기 때문에 예외라고 착각하기에 무시하는 것이다. 로또 당첨 사례에서도 똑같이 보여주고 있다.

만족할 줄 아는 삶, 넘치면 나눌 줄 아는 삶이 필요한 시대이다. 장자의 '무용지용無用之用'이란 말처럼 세상 모든 것은 다 쓸모가 있다. 특히 사회를 구성하는 구성원들은 각자의 역할이 있기 때문에 반드시 필요한 사람들이다. 직업에 귀천이 없다는 것이 이를 설명한다. 신분이 명확히 구분되고 계급이 존재했던 조선 시대에도 직업에 대한 귀천은 없었다고 한다. 물질적 성공에 집착한 노력으로 돈과 명예와 권력을 거머 쥐더라도 행복해질 수 없다. 그들의 앞에는 더 높은 수준의 소유하고 싶은 욕심이 보이기 때문에 계속 달려간다. 나는 누구인가. 내가 좋아하는 일은 무엇인가. 끊임없이 질문하고 자존감을 확고히 하는 사람이 되어야 정신적으로 성숙해지고 인생이라는 장기전에서 성공할 수 있다.

2부

물질문명에 억압받고, 피폐해지고, 무기력해진 우리의 정신

투입대비 산출의 효율만 강조하고
사람은 빠져 있다.
중산층 몰락과 양극화 심화
무기력해진 사람들
무엇부터 해야 할까.

| OECD 국가 최고의 자살률 |

인구 절벽에 따른 인구 감소가 예상되며 2020년을 기점으로 태어나는 신생아 수보다 사망하는 사람들의 수가 더 많아 지기 시작했다고 보도되었다. 그러면서 저출산이 가장 큰 요인으로 자리잡고 있으며 이를 극복하기 위해 저출산 대책이 2006년부터 시작되어 2006년~2010년 19.7조원, 2011년~2015년 61.1조원, 2016년~2020년 108.4조원이 책정되어 집행되었다. 그러나 저출산 기조는 꺾지 못하고 인구는 계속 줄어들고 있다.

사실 최근 우리나라 현실을 보면 아이를 가진다는 것 자체가 엄청난 리스크를 갖게 만드는 환경이어서 설령 결혼을 한 정상적인 부부들도 양육할 것을 고려하면 아이 낳기를 주저하게 되고, 여성들의 사회 진출 및 자아실현 욕구가 증가하면서 비혼 문화의 확산과 함께 아이를 가질 기회조차 준비되지 않는 상황이다. 단기간 내에 해결될 일이 아니다. 또한 신생아가 태어나도 정상적으로 사회에 진출하여 경제활동을 하기 위해서는 20년 가량 기다려야 한다. 지금부터 신생아들이 태어난다 해도 저출산 문제가 즉시 해결되는 것은 아니다.

그렇다면 장기적으로 신생아 수를 늘릴 수 있도록 하는 것 외에 단기적으로 할 수 있는 것은 없을까? 발상의 전환을 하자 저출산의 가장 큰 문제는 우선 인구가 줄어드는 것이다. 사망자가 더 많기 때문이다. 질병이나 사고로 인해 죽는 것은 어쩔 수 없다 하여도 자살하는 것은 방지할 수 있다. 그것도 한창 꿈을 키우고 일을 해야 할 젊은이들이 꿈도 못 피워 보고 생을 마감하는 것은 안타까운 일이다.

우리나라의 자살자 수는 2017년 1만 2,464명, 2018년 1만 3,670명, 2019년 1만 3,799명으로 OECD 국가 중 1위를 계속 차지하고 있다. 2017년 기준 10만 명 당 자살자 수가 28.7명으로 회원국 평균인 12.1명보다 2배 이상 높은 수준이다. 10대~30대의 사망원인 1위가 자살이다. 40대 이후는 암이 사망 원인 1위, 60대 이상은 치매로 인한 사망률이 높아지고 있다.

무엇보다도 30대까지 열심히 살아서 자살을 벗어나면 40~50대는 암이 기다리고 있는 끔찍한 현실이 두려워진다. 암까지 통과하고 나면 결국 치매로서 생을 마감하게 되는 상황이니 이런 암울한 환경에서 아이를 낳아 키울 생각을 하는 것 자체가 비정상적으로 보일 수 있다.

우선 1만 3천여 명에 달하는 자살자 수를 0으로 만들 수 있다면 부진한 저출산 실적을 어느 정도 보완할 수 있을 것이며 인구 절벽 문제도 부분적으로 해소시킬 수 있을 것이다. 앞서 3차에 걸쳐 투입된 저출산 예산과 노력의 일부를 자살 방지 대책에 투입했다면 상당수의 자살 예방효과를 가져왔을 수 있다. 저출산 문제에만 매달리며 일하는 척 분위기 잡는 것도 좋지만 실효성 측면을 고려하면 자살 예방이 더 신속하고 효과적이다. 저출산과 자살 예방 두 가지를 병행해야 한다. 하나 더 추가한다면 위험의 외주화로 인해 재해로 사망하는 사람들도 충분히 살리 수 있는 사람들이다. 인구 절벽으로 인한 경제 파급효과를 감안한다면 안전한 사회를 통해 기존 경제활동 인구들의 감소를 줄이는 노력도 필요하다.

지난 수십 년 동안 경제는 발전하여 물질적인 풍요는 눈부시게 발전하였다. 만물의 순환과정을 보면 발전 다음에는 성숙이 있어 무르익게 되고 성숙 다음은 쇠퇴를 하면서 마무리 되고 새로운 시작을 준비한다. 그런데 발전 과정은 우리나라처럼 압축시켜서 성장할 수 있지만 숙성이 필요한 성숙의 과정은 압축을 할 수 없다는 것이다. 필요한 시간이 소요되고 과정도 겪어야 하기 때문에 과거 압축 성장의 모델을 성숙기에 적용할 수 없기 때문에 시행착오를 겪고 있다고 할 수 있다.

압축 성장에 의한 물질문명의 압박을 지탱할 수 있는 정신적인 성숙이 필요한데 그 동안 준비를 못했기 때문에 압박을 이기지 못하고 무기력해져 가고 있는 것이다. 데이비드 호킨스(David Ramon Hawkins, 1927~2012)는 에너지 수준에 따른 인간의 의식수준을 1000점 만점으로 정하고 일반인들은 200점 수준이고 위대한 지도자들은 400점, 성인들은 1000점 수준이라고 정의하였다. 이 기준으로 볼 때 무기력한 수준은 50점을 기록한다. 빈곤, 절망, 자포자기의 단계로 현재와 미래가 황폐해 보이는 상황이다. 자신의 힘으로 버틸 수 없다. 외부에서 에너지가 투입되지 않으면 무기력에 의한 죽음만이 기다리고 있는 거의 죽음 직전의 수준이다.

슬픔과 두려움의 단계를 거쳐 에너지 수준이 125점인 욕망의 단계가 있다. 자신의 욕망을 되찾는 작업이 변화의 시작점이다. 무엇인가 하고 싶다는 생각이 들어 움직이려고 해야 변화가 시작되며 무기력에서 탈출이 가능한 것이다. 일반인 수준인 200점에 비해 125점이면 역시 낮은 수준이다. 충분히 끌어 올릴 수 있을 것 같지만 작금의 우리 현실은 사회 구조상의 문제로 인해 절망에 빠진 개인들에게 자신들의 노력이 부족해서 그런 것이라고 매몰차게 몰아 붙이며 에너지를 주입해 주지 않고 방치하고 있는 것이다. 시간이 흐를수록 생을 마감하는 사람들이 늘어나는 악순환이 계속되고 있다. 어떤 종류의 정신적 억압이 우리 사회에 자살률 1위라는 불명예를 가져다 주는지 알아보자.

|갑질과 무한경쟁에 억압받는 정신|

■우리가 남이가, 정치보다 정치인에 관심

인류의 역사를 보면 이른바 태평성대에는 백성들이 왕이 누구인지 모르면서 지낸다고 하였다. 먹고 살기에 별 다른 어려움이 없으니 세상사에 관심이 적어진다. 누가 나라를 통치하고 있는지 몰라도 된다. 내 몫을 챙겨 달라고 할 일도 없다. 기업에서도 혁신을 담당하는 부서원들은 한결같이 말한다. "혁신을 안 해도 되어 혁신 조직이 없어질 때가 기업이 가장 잘 나가고 승승가도를 달릴 때이다. 그러므로 우리의 일이 없어지고 조직이 없어지는 것이 가장 성공한 혁신이다."

정치를 하는 목적 또한 다르지 않을 것이다. 국민들이 커다란 위협이 없거나 경제적으로도 문제없이 자신들의 일상에 충실하게 살아가면서 각자 자신들의 꿈을 실천해 나갈 수 있도록 해주는 것이 가장 성공한 정부일 것이다. 정부가 뭐하는지 모르겠다는 질책성 불만보다는 정부가 하는 일이 없어도 국민들 사는데 지장이 없을 정도이다고 할 정도로 만족을 하는 나라를 구현하는 것이 목적일 것이다.

필자도 60년을 살아 오면서 과거 정부를 기억해 보면 태평성대를 구가했다고 말한 만큼 훌륭했던 정부는 없는 것 같다. 선진국 초입에 진입했고 국민소득도 비교할 수 없을 정도로 높아졌음에도 불구하고 대표적으로 좋았다고 얘기할 수 있는 정권이 없다는 것도 또한 아이러니하다. 에둘러 표현하자면 그 만큼 우리는 끊임없는 격변의 세상을 살아온 것이다. 그리고 그 중심에는 국민들이 중심이 돼서 이끌어 왔다는 것이다. 항상 정부에 대한 불만이 가득 차 있었고 정부 또한 확실하게 불만을 해결하지 못하면서 서로 견제와 균형을 맞추려고 좌충우돌하면서 여기까지 달려 온 것이다.

먹고 살기 힘들어 모든 것 포기하고 배고픔을 없애고자 산업화를 했고 이어서 이젠 사람 답게 살고 싶다고 군부 독재를 타도하기 위해 정권퇴진운동을 했으며 민주화를 달성했지만 그 동안 억눌렸던 노동과 인권탄압에 대한 해결을 요구하며 노사분규로 홍역을 치렀다. 갑자기 금융위기가 밀어닥쳐 일순간에 우리 모두의 삶을 흔들어 놓고 생존에 급급하게 만들었다. 역시 세계에서 가장 빠르게 IMF 금융지원을 해결하고 정상궤도로 진입하였지만 급등하는 부동산에 다시 한번 의식주 해결이 문제가 되기 시작하였다. 우리 역사상 경제적으로 가장 큰 호황을 누리고 있어야 할 시기에는 4대강, 자원 외교 등으로 시끄러웠으며 IMF 이후 양산되는 비정규직의 증가와 부의 편중에 따른 양극화가 심화되면서 민생고에 시달리게 만들었으며 급기야 국정 농단이라는 치명적 결함으로 촛불시위를 하고 국민 손으로 직접 뽑은 대통령을 탄핵하여 하야 하도록 만들었다. 그리고 새롭게 들어선 정부는 수많은 사회적 이슈들을 해결하기도 전에 코로나19 사태로 홍역을 치르고 있다.

외국에서는 오히려 매우 역동적인 나라 대한민국이라고 얘기하고 있지만 그 안에서 살아가는 우리에겐 달갑지 않은 표현이다. 조용하고 편안하게 살고 싶다. 하지만 현실은 헬조선으로 계속 기울어져 가고 있다. 위에서 설명한 대로 정부와 함께 견제와 균형을 이끌어 왔는데 지금 현실은 국민이 원하는 것을 정치가 해결해 주지 못하고 시간만 흘러가고 있는 상황이다.

우리에겐 정치라는 단어는 부정적인 표현에 가깝게 통용되고 있다. 사적인 모임에서도 누군가가 사람을 모으고 조직을 이끌고 갈려고 활동을 하면 저 사람은 정치적이야 하는 말을 듣게 된다. 뭔가 속으로 계산이 있고 이해타산에 따라 움직이고 있다는 암묵적인 표현이다. 이런 표현과 함께 정치에는 무관심하다고 주장하는 사람들도 많다. 쉽게 속내를 드러내지 않는다. 그런데 술자리나 명절에 가족들이 모이면 정치 얘기가 단골 주제로 나온다. 정부의 모든 정책에 대해 시끄럽게 떠들고 각자의 생각을 주장을 얘기한다.

여기서 논의되는 얘기들을 가만히 들어보면 정치보다는 정치인에 대한 관심이 매우 높은 것을 확인할 수 있다. 심할 경우 특정 정치인의 행적을 거의 다 외우고 배경 및 향후 거취까지 논평한다. 아마도 정치와 정치인으로 구분된 관심의 차이 때문에 우리는 제대로 된 정부의 서비스를 못 받고 있는 것은 아닌지 추정된다.

김대중, 김영삼, 김종필로 표현되는 3김 정치가 큰 영향을 준 것 같다. 거의 30년에 이르는 기간 동안 대한민국 정치를 대표하던 정치인들이었다. 그분들이 거주하던 지역을 중심으로 동교동계, 상도동계 등 계파 정치라는 표현이 등장하였다. 30년간 파벌이 형성되었으니 이는 우리나라 정치 지형에 크던 작던 엄청난 영향을 미칠 수밖에 없었다. 김영삼, 김대중 순으로 대통령을 하고 물러났으며 김종필까지 정계 은퇴를 하면서 3김 시대는 막을 내렸지만 파벌 정치는 아직도 계속된다. 누군가가 정권을 잡거나 유력한 정치 지도자로 등장하게 되면 언론에서는 ~계, ~라인이라 표현하면서 나누려고 한다.

여기에 속하지 않으면 '낙동강 오리알' 신세가 되기도 한다. 파벌은 자연스럽게 '우리가 남이가' 구호를 연상시키며 끼리끼리 모이게 된다.

매번 선거 때마다 등장한다. 가장 많이 선거를 경험한 정치인들이 바로 국회의원들이다. 대통령의 임기는 7년, 5년식으로 변경되었지만 국회의원 임기 4년은 변하지 않고 유지되고 있다. 여기에 지방자치제를 실시하면서 광역시도 단체장, 시군구 청장 및 지방의회 의원들까지 4년마다 선출되고 있다.

국민들에게 다양한 선택의 기회가 주어졌지만 정치보다는 '우리가 남이가'를 주장하는 정치인들에 대한 관심이 더 높았다. 한 통속이 되어갔다. 그러는 사이 그들만의 철옹성을 쌓아갔다. 지방의회 의원의 공천권을 지역구 국회의원이 가지고 있다. 공천만 받으면 당선은 보장되는 분위기 속에서 공천을 받기 위한 충성심 경쟁이 시작된다. 정치인은 속성상 표를 가장 먼저 떠올린다. 지방선거 이후 2년 뒤 치러질 다음 국회의원 선거에서 확실히 나를 밀어줄 충성스러운 사람을 끌어 들인다. 그러면서 7선, 8선 국회의원까지 등장하는 철옹성을 구축한다.

신인 정치인이 나올 수 없는 제도를 만들어 놓았다. 그러면서 선거철만 되면 신인 정치인을 발굴해야 한다면서 립서비스만 하고 있다. 정치가 개선될 수 없는 구조적 문제이다. 시민의 의식이 변하여 제대로 국민을 위하여 지역을 위하여 더 나아가 국가를 위하여 일할 수 있는 인재들을 뽑아야 한다. 그러나 우리 지역 사람밖에 믿을 수 없다고 하며 무연고 신인이 등장하면 보기 좋게 낙선시킨다.

이미 기존 정치인들의 심리전에 지고 있는 것이다. 지역에 사는 국민들의 실제 생활에 뭐가 좋아졌는지를 냉정하게 평가해야 한다. 단지 길 넓히고 화려한 건물 들어서고 관광지로 개발한다고 해도 가져 가는 사람들은 따로 있다. 일부 낙수 효과에 의존해서는 실질 생활은 나아질 것이 없다.

이젠, '우리가 남이가'에서 벗어나자. 우리는 우리다. 그들은 우리가 요구한 바를 시행하는 직업을 가진 정치인이자 대리인이어야 한다. 주객이 전도된 것을 바로 잡아야 한다. 함께 제대로 된 지역 일꾼의 역량을 보고 선택을 하자. 정치인 얘기 그만하고 정치를 얘기하자. 삶의 질을 개선하기 위해 국민들은 무엇을 해야 하고 정부에 무엇을 요구해야 할지 함께 머리 맞대고 논의하고 실천하자. 우리가 선택한 정치인이 우리가 요구한 대로 제대로 하지 못하면 꾸짖고, 잘하도록 채찍질하고, 그래도 제대로 못하면 언제든지 바꿀 수 있어야 한다. 국민이 주인이라는 것을 환기시켜 주고 빼앗겼던 주권을 되찾아 오는 것이 정치를 살리는 길이다.

■ 불공정한 게임과 불공평한 경제

1990년대까지만 해도 우리나라 기업들 대부분은 이중 장부를 관리하고 있었다. 대외적으로 공표하는 기업의 실적과 내부에서 관리하는 실적이 차이가 있었다는 것이니 지금 수준에서 보면 일종의 불법을 자행하는 것과 같은 것이다. 이중 장부를 관리하는 이유야 여러 가지가 있을 수 있지만 관리하는 주체들도 번거롭고 발각 시 불러올 파장 때문에 노심초사 하는 상황이었다.

기업 내부에서도 투명하지 못하면 직원들이 의심을 하게 되고 사내 갈등의 소지도 있고 하여 해결책을 찾고 있었다. 그러던 어느 날 요즘 CF에도 종종 등장하는 ERP(Enterprise Resource Planning)[3]라는 전사의 자원을 최적화시키는 컴퓨터 프로그램이 독일의 SAP사에서 출시되어 판매되고 있었다. 당시만 해도 기업의 전산시스템들은 개별 부서의 요청에 따라 시스템이 구축되었기에 부서마다 다른 용어, 다른 데이터 정의를 사용하고 있어 같은 회사 내부에서 조차 용어가 통일이 안 되어 혼선을 빚고 있었다.

부서마다 다른 용어와 데이터를 사용하고 있으니 이중 장부 차원에서는 아주 유용한 방법이었다. 타 부서에서 자료를 요청하거나 상사의 지시로 보고서를 작성할 때도 일단 시간은 걸리지만 데이터를 적절히 가공을 해서 제공하는 것이 용이했다. SAP사의 프로그램은 다른 관점에서 바라보았다. 사내의 용어와 데이터를 통일하여 사용하게 되면 한 부서에서 데이터를 입력하면 모든 부서는 별도의 노력없이 해당 데이터를 손쉽게 구할 수 있다는 것이다. 중복 작업, 이중 관리에 의한 데이터 오류 등을 없앨 수 있고 데이터와 정보도 실시간으로 투명하게 공유할 수 있다는 것이다.

전산시스템을 관리하는 사람들의 입장에서는 매우 효율적인 시스템이었다. 사용자들의 데이터 정확성, 투명성에 대한 불만을 해소할 수 있고 유지 비용도 절감할 수 있었기에 SAP의 도입을 적극 추진하였다. 그러나 커다란 장애물에 부딪히게 된다. 재무 부서의 저항이다. 그 동안 자신들의 일종의 특권과 힘의 원천이었던 회계 장부를 투명하게 오픈을 한다면 커다란 손해를 입을 수 있으며 법적으로 민감한 사안이 발생할 수 있기에 매우 강도 높게 반대를 하였다.

그러나 세상에는 변화의 시기가 있다. 회계 장부를 투명하게 관리할

---

3) 기업의 경영활동에 필요한 업무들을 글로벌 스탠다드에 맞게 미리 프로그램화 하여 각 기업의 환경에 맞게 설정해서 사용할 수 있도록 개발된 프로그램 패키지. 수주에서부터 출하 및 대금회수, 손익계산 등의 기능을 제공하여 사무생산성을 높이는데 기여한다.

수 있다는 장점으로 인하여 당시 SAP사에서 우리나라 국세청 직원들을 초대하여 자신들의 프로그램의 장점과 특징을 설명하였다. 향후 국세청에서 SAP 도입을 권유할 가능성이 높아지고 있었다. 선도기업 중심으로 새로운 전산시스템의 도입이 추진 되었다. 초기에는 새로운 방식으로 일을 하면서도 기존의 방식을 별도로 요구하고 기능을 추가해 놓고 필요할 때 사용하는 방식으로 시스템을 활용하였다. 시간이 흐를수록 당초 예견했던 문제들은 나타나지 않는다. 시스템 관리자들의 주장대로 사용자들의 만족도가 향상되면서 결산 속도도 빨라졌다.

법적 구속력으로 인해 자의 반 타의 반 구축하던 ERP 시스템이 이제는 중소기업용으로도 개조되어 일반 대중에게까지 소개되는 상황이다. 아직도 이중 장부를 관리한다고 생각을 해보자. 현재 우리의 글로벌 기업들은 지금 수준까지 도달 못하고 경쟁력도 갖추지 못해 사라진 기업도 있었을 것이다.

본 사례를 통해 경제 활성화를 위한 정부의 역할에 대하여 잠시 생각해보자. 경제발전을 위해서 정부 입장에서는 기업의 경영을 투명하게 유지하라는 제도나 방침만 정해 주고 이를 지키는 기업에게 인센티브를 주면 된다. 당시에도 SAP를 운영하는 기업에게는 국세청 세무 조사를 면제해 주겠다는 풍문이 돌기도 하였다. 왜냐하면 전산시스템에서 제공하는 회계 장부를 보면 거의 모든 것을 알 수 있기에 숨겨 놓은 자료를 찾으려 노력 안 해도 되기 때문에 세무 조사의 강도가 예전처럼 강할 필요가 없기 때문이었다.

이처럼 경제를 활성화 하기 위한 정부의 역할은 공정하고 투명한 경쟁을 할 수 있도록 제도와 틀을 만들고 이를 준수하도록 하는 것이 중요하다. 기업이 어려워졌다고 긴급 자금 지원, 구제금융 지원 등을 한다고 해도 자금들이 정상적으로 사용되지 않고 다른 곳으로 새어 나가는 것을 많이 보았다. 자신들의 경영을 잘못한 것에 대하여 경제에 미칠 파급효과 운운하며 구제를 요청하는 것과 이를 국민들의 세금으로 지원해주는 것은 공평하지 못하다. 자금 지원을 해준다고 직원이 남아 있는 것도 아니다. 직원들은 구조조정 당하여 떠나고 구조조정에 따른 일시적 주가 반등으로 인하여 주주들의 주머니는 두둑해진다. 떠난 사람들에 대한 보상은 없다. 부의 편중이 심화되고 양극화는 무럭무럭 성장한다.

차라리 일시적 해고와 같은 제도를 도입하여 기업이 어려울 때 해고 당했넌 직원들을 기업 상황에 회복되면 다시 고용하는 제도라도 있다면 자금 지원이 공평하다고 할 수 있다. 떠난 사람들은 말이 없고 챙겨주는 사람도 없고 그렇게 사라져 간다. 이 정도만 해도 대국적 견지에서 어느 정도의 희생은 감수해야 한다고 무마시킬 수 있겠지만 실제 기업의 운영 차원에서 보면 불공정한 사례들이 수도 없이 보도되고 있다.

대표적으로 오너의 '갑질'이 있다. 대한한공의 '땅콩 회항사건'이 유명하다. 총수 일가 개인에 국한된 것이 아니고 다수의 승객이 탑승한 비행기를 오너의 마음대로 출발을 저지하고 되돌리도록 하는 것은 오너의 일탈이라고 보기엔 너무도 중대한 사건이었다. 재벌 오너들의 전횡을 아무도 막지 못하고 불공정해도 시달리면서 지내고 있는 사회이다. 오너들의 직원들에 대한 성희롱, 성추행 등 여성 직원들을 자신들의 도구로 보듯 대하는 것이다. 금호그룹, 미스터 피자 등 시대가 변하여도 아랑곳 하지 않고 자신들 멋대로 직원들에게 '갑질'을 하고 있다.

프랜차이즈 업계의 불공정은 항상 도마위에 오르지만 개선은 되지 않는다. 본사와 프랜차이즈 대리점 간 직접 거래를 해도 문제가 없는 거래를 중간에 재료마다 별도의 회사를 만들어 놓고 이곳을 통해서만 거래를 하도록 한다. 이런 회사의 대표는 대부분 오너의 친인척들이다. 대리점 입장에서는 불필요한 중간 거래로 인해 손실이 발생한다. 그러나 이에 대하여 항의를 하면 항의한 대리점 근처에 추가로 대리점을 개설하여 보복성 행동을 통해 응징을 가한다. 언론에 가끔씩 보도되지만 근절되지 않는다.

우리나라의 경제 관련 법이나 제도를 보면 이 또한 한쪽으로 치우쳐 있음을 알게 되었다. 우리나라 기업집단의 특징인 재벌과 관련된 규제가 그 출발점이다. 공공의 적이 되어 버린 재벌을 놓고 재벌을 개혁해야 한다, 규제를 강화해야 한다는 등의 많은 공격들이 있었다. 국회의원들은 이에 동조하여 많은 노동법, 근로기준법 등에 대하여 법을 만들었다. 그런데 대기업을 목표로 법을 제정하다 보니 중소기업의 실정에 맞지 않는 법들이 대부분이 되었다.

중소기업을 지도하면서 내부의 고충을 듣다 보니 대기업 재직 시절 이해하지 못했던 중소기업들의 고충을 알게 되었다. 정년 연장, 주간 52시간 근무 등 나름대로 정부가 야심 차게 추진하건만 이런 충격을 흡수해도 문제가 없는 기업은 대기업, 공기업 등 한정적이다. 자금과 인력이 여유가 있기 때문이다. 반면 중소기업들의 실상은 인력도 빠듯하고 자금도 넉넉하지 못하다. 비교 자체가 안 되지만 법은 대기업 위주로 만들어지고 중소기업 규모에 따라 유예기간을 두고 순차적으로 진행한다고 공표한다.

실상은 유예기간 동안 새로운 법 집행에 대한 준비보다는 피해 갈 수 있는 방법을 마련하면서 인력 구조조정을 한다. 정년 연장을 해도 정년 때까지 다니지 못하고 법 집행력이 미약한 중소기업 인력들은 소리 없이 떠난다. 아니면 회사를 작은 단위로 쪼개어 법의 테두리에서 벗어나 경영을 할 수 있도록 하여 직원들에게 돌아갈 혜택의 기회마저 없애 버린다. 이런 악순환으로 인하여 청년들의 취업 기회는 계속해서 사라져 간다. '저녁이 있는 삶'을 주장했지만 일부 기업의 직원들만 혜택을 누릴 뿐 나머지 대부분 사람들은 '저녁을 먹을 수 있는 삶'을 위해 고군분투하게 만든다.

어느 한 기업에서의 정책과 달리 정부의 정책은 적용 대상이 전체 국가이다. 범위도 넓고 영향도 전체에 미친다. 학교 앞 스쿨존 지역에서 교통사고로 한 어린이가 사망한 후 재발 방지를 위해 피해자인 어린이의 이름을 딴 '민식이 법'과 같이 사회적 이슈가 발생하면 단지 몇 개월 내 새로운 정책을 만들고 법을 만드는 것은 그 법이 가져올 잠재적 피해, 불균형에 대해서는 고민을 안 한다는 증거이다. '민식이 법'만 해도 공포한 지 몇 개월 지나지 않아 법 자체의 문제가 지적되고 있으며 판결은 다르게 내려지고 있다. 언제까지 근시안적 사고방식으로 졸속으로 정책을 입안하거나 법을 만들겠다는 것인지 답답하다.

불공정한 경제가 구축된 것은 처음부터 불공정한 제도와 법을 만들었기 때문이다. 물론 완벽한 법을 만드는 것은 어려운 일이다. 모두를 만족시킬 수 없기 때문이다. 서로 견제하고 균형을 이룰 수 있도록 해야 한다. 견제와 균형을 통해 서로 문제를 보완해 나가면 발전이 지속되는 것이다. 이 기능을 상실했을 때 마지막에는 파국으로 치닫게 된다.

■ 삐뚤어진 욕망의 사회

욕망이란 무엇을 가지고 싶거나 행동하고자 간절하게 바라는 것이다.

아직 생각으로만 머무른다. 무기력해진 사람들을 일으켜 세울 수 있는 에너지의 원천이 된다. 희망을 불러 일으키고 움직일 수 있는 의지를 북돋아 준다. 그래서 긍정적인 사고를 유발한다. 하지만 이것이 정도를 지나쳐 바람의 수준을 벗어나 탐내거나 누리고자 하는 마음을 욕심이라고 부른다. 이미 마음속에 자리잡고 뿌리내렸다. 마음이 변해버린 상황이다. 욕심이 생기면 무리수를 두더라도 마음 먹은 것은 갖고자 하기에 과욕을 불러온다.

흙바람 속에서 천막 치고 살던 우리 민족이 '우리도 한번 잘 살아 보세' 노래하며 새마을 운동을 시작하였다. 초가도 없애고 꾸불꾸불한 마을 길도 넓히고 고속도로를 건설하여 이동속도도 빠르게 하였다. 글자를 모르는 다수의 국민들을 깨우치게 하기 위해 의무교육을 확대하여 문맹률을 퇴치하고 산업발전에 필요한 일꾼들을 배출했다.

오로지 잘 살아보겠다는 욕망, 배고픔을 극복하겠다는 희망 속에 열정을 가지고 함께 똘똘 뭉쳐 살아갔다. 가진 것은 없었지만 공동체 생활은 나름 스트레스를 풀 수 있고 사람 간 정을 느낄 수 있으며 함께 나누는 삶을 살았었다.

돈이 귀하던 시절 은행 문턱은 매우 높아서 일반인들은 이용하기 어려웠을 때 '계 모임'을 통해서 목돈을 마련하여 필요한 사람 순서로 번호를 정해 받아갔다. 특이한 것은 문서상의 계약서도 없이 거래가 이루어졌다. 가끔 계주가 돈을 갖고 도주하여 일순간 손해를 보는 일도 있었지만 서양 사람들에게는 불가능한 돈 거래가 서로 믿고 사는 신용을 기반으로 가능했던 우리 사회였다.

지금은 당시보다 돈이 훨씬 더 많아졌다. 그리고 다양한 형태의 금융기관이 존재하지만 돈 없는 사람들은 오히려 당시보다 돈을 구하기가 더 어려워졌다. 신용등급, 담보 등 전제 조건을 충족할 수 없으니 문턱이 더 높아졌다. 믿음, 신뢰 등으로 유지되는 공동체는 무너지고 이익을 먼저 추구하는 기관들이 등장했기 때문에 잃어버린 것들이 많다. 고리대금업에 가까운 사채 시장에서 돈을 빌린 후 갚지 못하면 신체포기 각서까지 받아 가는 악랄, 살벌한 세상이다.

돈은 좋은 것이고 없어서는 안 되는 것이지만 돈이 많아질수록 돈의 힘이 보이지 않게 사람들을 나쁜 방향으로 변화시킨다. 일상생활에서도 어느 누군가 돈을 많이 벌고 난 다음 사람이 달라졌다는 얘기들을 자주 접한다. 돈이 많아지고 가진 것이 돈밖에 없다고 생각하게 되면서 모든 문제를 돈으로 해결하려고 하기 때문이다.

옛말에 '99석을 가진 사람이 1석한 사람 것을 빼앗으려고 한다.'는 속담이 있다. 99석이면 충분한 숫자인데 100석을 채우려는 욕심 때문에 가진 것 없는 사람의 1석마저 가지려 하는 것이다. 욕심을 넘어 과욕을 부리는 것이다. 과욕이 생기면 일단 나만 생각하게 된다. 내 목표를 달성하기 위해서 다른 사람의 사정은 아랑곳 하지 않는다. 자본주의의 최대 장점이 경쟁을 통한 성공이라며 승자독식의 가치를 최고라고 칭하면서 자기 목표만 달성하면 된다고 한다. 이런 논리로 인하여 가진 자가 불공정한 경쟁을 통해 못 가진 자들의 남아 있는 것까지 빼앗아 가는 현실이 양극화로 나타난 것이다.

결국 시작은 돈이다. 돈이 많아지고 부를 축적하다 보니 세습을 하고 싶어진다. 자식에게 수준 높은 교육을 시켜 사회 엘리트를 만들어 더 많은 부를 쌓고 싶다. 사교육을 통해 기회를 선점하여 명문대학에 입학시키는 경쟁이 시작되었다. 경쟁이 과격해지면서 입시제도 또한 수시로 바꾸며 학부모들을 혼란에 빠뜨리고 대학 서열화를 통해 일류대학을 부유한 집안의 자녀들이 차지하게 된다. 가난한 집안 자녀들은 고액 과외 등 경제적으로 따라 갈 수 없기에 경쟁에서 밀려나게 된다.

대학 서열 상위권에 들지 못한 대학 졸업자들은 면접 등 모든 면에서 기회가 줄어든다. '루저'라는 조어까지 생기면서 비난까지 받게 되었다. 사회 진출에 걸림돌이 되어 모든 것을 포기하게 만드는 계급사회를 만들어 버렸다. 내 자식만 잘 되면 된다. 100석을 채우기 위해 마지막 1석이 필요하니 내가 가져가야 한다는 심보이다.

계급은 학력에만 있는 것이 아니다. 부동산 계급까지 등장한다. 아파트가 대표적인 주거 환경으로 등장한 이후부터 평수가 넓은 아파트일수록 가격이 높으며 이는 부의 수준을 가늠하는 잣대가 되었다. 자녀들이 친구를 사귈 때 아파트 평수에 따라 부류가 나눠지게 만들고 있다. 이런 편협한 행동은 대한민국 국민으로서 공평하게 누려야할 교육의 기회 마저도 박탈하려고 한다. 임대주택이나 저소득 가구의 자녀들을 특정학교에 입학시키지 말라고 학부모들이 압력을 행사하기까지 한다. 삐뚤어진 정도가 아니다. 상식에서 벗어난 행동을 하고 있다.

돈을 가지고 사람을 차별하고 구분한다. 다양한 사리판단을 할 수 있는 능력이 없기 때문일 것이다. 망치를 가진 사람은 모든 것이 못으로 보인다고 했다. 망치질밖에 할 줄 모르기 때문이다. 세상을 보는 시각이 돈 밖에 없는 사람들이니 돈의 수준으로 사람을 판단하려는 것이다.

사회적 동물인 인간이 다른 동물들과 다른 점은 생각을 할 줄 알고 자기계발을 통해 능력이 향상되는 점이다. 승마를 통해 만난 지인들에게 전해들은 말이다. 말과 같은 동물은 태어날 때 자질이 그대로 굳어 진다고 한다. 빨리 달릴 수 있는 말은 경주마용으로 정해지고, 높이 점프할 수 있는 말은 장애물 경기용으로 정해진다고 한다. 훈련을 통해서 부족한 역량을 강화할 수 없다고 한다. 그래서 각각 필요한 종마를 통해서 필요한 말을 확보한다는 것이다.

우리 사람도 말과 같다면 부모의 능력과 부가 그대로 자식에게 대대로 전해질 수 있겠지만 사람은 다르다. 어떤 노력을 하고 인생을 사는지에 따라 그 사람의 미래는 달라진다. 그렇게 발전해온 것이 우리 인류의 역사이다. 한순간의 생활환경이 그 사람에게 영원한 자격을 부여하지 못한다. '부자가 3대까지 이어지기 힘들다'는 표현에서 볼 수 있듯이 현상을 유지하는 것도 매우 어렵다.

생물의 진화에 있어서 가장 중요한 것은 생물학적 다양성을 확보해야 한다. 근친상간은 퇴보를 의미한다. 동일한 계층끼리 교류를 고집한다면 확증 편향(Confirmation bias)4에 걸리기 쉽다. 사고가 경직되기 쉽다. 경직된 사고는 경직된 행동과 습관을 만들어 세상의 변화에 적응하지 못하게 한다. 다양성을 확보하지 못하면 진화의 길보다는 퇴보의 길로 가게 된다. 삐뚤어진 욕심을 똑바른 욕망으로 되돌리지 못할 경우 미래는 정해져 있다.

부자 한 사람이 나오기 위해서는 100명의 가난 한 사람이 필요하다'는 옛말이 있다. 그 만큼 세상은 일종의 '제로 섬' 게임이다. 한정된 자원을 놓고 이해관계자들이 나누어 갖는 것인데 한 사람이 많은 것을 가져가면 나머지는 여러 사람들이 나눠야 하기 때문이다. 기업이 추구하는 이윤도 소비자들로부터 나오는 것이다. 또한 경쟁 기업으로부터 시장을 가져오는 만큼 부를 축적하게 된다. 가져오는 방법에서도 공정하지 못한 경우가 발생한다. 대규모의 자본과 기술을 가진 대기업이 골목 상권

4) 확증편향(確證偏向, Confirmation bias): 원래 가지고 있는 생각이나 신념을 확인하려는 경향이다. 흔히 하는 말로 "사람은 보고 싶은 것만 본다"와 같은 것이 바로 확증편향이다.

에 진입하여 영세 상인들을 몰아내는 경우를 들 수 있다.

그래서 기업의 사회적 책임이 대두된 것이다. 사회에서 벌어들인 부이기 때문에 사회 환원도 해야 한다. 좋게 해석하면 다른 사람들의 돈을 가져왔다가 쓰고나서 다시 베푼다고 할 수 있겠다.

■ 공자의 나쁜 유령이 지배하는 문화

지금부터 20년 전 사회적 반향을 크게 불러 일으켰던 『공자가 죽어야 나라가 산다』를 당시 국민대 김경일 교수가 출간하였다. 유교의 정치적 악용에 대한 경고를 얘기하면서 21세기에 맞지도 않는 유교 경전 내용을 하루 빨리 탈피하고 글로벌 스탠다드에 입각한 새로운 문화를 형성해가자는 취지였다. 20년이 지난 최근 다시 책을 읽으면서 우리 사회는 어쩌면 이리도 변화하지 않았을까 소름이 끼칠 정도였다. 당시와 지금을 비교해 볼 때 달라진 것은 좀 더 돈을 많이 벌었다는 것, 그리고 IT의 발달로 스마트폰이 거의 모든 개인에게 주어져 언제 어디에서나 소통을 할 수 있게 된 것이다.

조직 생활을 하면서 상사와의 관계에서 귀가 따갑게 듣는 말들이 있다. '시키는 대로 해라', '토 달지 마라', '꼬박꼬박 말대꾸 하지 마라', '알아서 좀 해와라' 등을 자주 들을 것이다. 인간관계를 수직적인 위계 질서에 의해 규정하고 아래 사람은 위 사람에게 충성을 해야 하는 경직된 사고가 지배적이다. 이런 문화는 자연스럽게 상사의 지시에 대하여 이견 없이 무조건 따를 것을 강요한다.

과거 봉건시대에는 소수의 귀족들이 글을 읽을 수 있었고 책도 볼 수 있었다. 대부분의 백성들은 글도 모르고 살았으니 새로운 지식을 배울 기회가 없었다. 그러므로 지식을 갖고 있는 사람들은 주로 지배계급들이었으며 책을 볼 수 있는 것도 그들만의 특권이었다. 하지만 근대화가 되면서 국민들에게 기본적인 교육을 시키게 되었고 문맹률도 거의 퇴치하는 단계이다. 특히 다른 나라에 비해 유난히도 교육열이 높았던 우리나라의 경우 문맹률은 거의 0%에 도달했다.

학교 교육도 1950년까지만 해도 여자들은 학교에 보내지 않는 경우가 많았지만 지금은 남녀 구분 없이 교육을 받고 있으며 여성들의 학력수준 또한 남성들보다 우월하거나 동등한 수준이다. 전국민들이 고등교육을 받으면서 국민들의 지식 수준이 높아졌다. 소수의 지배계급들만 똑똑한 것이 아니다. 국민들이 집단지성을 발휘하면 더 전문가가 될 수 있다. IT 환경 역시 교육분야의 계급 차별을 없애는데 일등 공신 역할을 했다.

이렇게 변화된 사회 환경하에서 단지 상사라는 이유로 조금 더 세상을 살았다는 이유로 아래 사람들보다 더 많은 것을 알고 있으며 올바른 판단을 할 수 있다고 믿을 사람은 없을 것이다. 그러나 조직은 아직도 수천 년 전 농경시대 사고 방식에 물들어 있다. 상사의 좁은 식견으로 보지 못한 문제를 찾아내고 더 좋은 방법을 토론하는 것이 오늘날 정상적인 의사 결정 방법이다. 그러나 상사의 지시에 다른 의견을 제시하면 '토 달지 말라'고 하면서 아래 사람들의 의견을 무시해 버리는 횡포를 부리는 것은 심하게 얘기하면 직권 남용이다.

한국 기업 소통 수준에 관한 조사 두 가지가 있다. 2011년 삼성경제연구소에서 '조직 내 소통 활성화를 위한 제언'을 조사한 결과 당시 100점 만점에 54점 수준이었다. 7년 뒤 동일하지는 않지만 비슷한 문항으로 2018년 대한상공회의소에서 '국내 기업의 업무방식 실태와 개선해법'에 관하여 설문조사를 실시한 결과 100점 만점에 44.8점으로 오히려 소통 수준이 떨어졌다. 7년의 시간이 흘렀지만 우리나라 기업들의 소통 수준은 역주행하고 있는 현실이다.

정상적인 경우라면 2011년 제시되었던 문제들이 2018년에는 재현되지 않거나 점수가 향상되었어야 한다. 그러나 하락했다. 상사들의 일방적인 지시가 난무하다는 것이다. "알아서 좀 해와 봐", "답답하네 그렇게 의중을 몰라?", "시킨 것만 하나? 고민을 담아봐", "애들이 감이 없어 좀 그럴싸하게 해봐." 필자가 오래전 과거에 들었던 말들이 거의 토씨 하나 안 틀리고 동일하게 등장한다. 상사들은 권위를 앞세워 정작 자신들이 해야 할 전략과 목표 설정 등을 고민하지 않고 직원들에게 그냥 해오라고 한다. 일을 지시하면서 왜 해야 하는지 설명을 안 해주면 물어 볼 수 있는 분위기라도 형성되어야 하는데 그렇지 않다.

이런 일방적 지시와 억압에 대한 직원들의 반응은 "이거 왜 시킨 걸까?", "대체 어쩌라는 거야?", "이 산도 아니래…", "대체 뭘 하라는 거지?" 답답하기만 하다. 물어 볼 곳도 없다. 임원이 지시하였으니 직속 상사에게 물어 보지만 같은 대답만 나올 뿐이다. 잘못 얘기하다 눈 밖에 나면 손해이니 보고 시 배석만 하면 된다. 분위기 좋으면 편승해서 자신이 한 것처럼 포장하고 직원들의 공을 가로채고, 분위기 험악해지면 눈치 채고 다시 작성해서 보고하겠다고 모두 데리고 나온다. 설득할 의지도 없고 생각도 없다. 실무자들은 자신이 작성한 내용에 대하여 제대로 의견 개진도 못하고 쫓겨 나온다. 밤 새워 야근한 것도 물거품이 된다.

21세기를 살아가는 오늘날 아직도 공자의 유교적 권위주의가 살아 숨 쉬는 안타까운 현실이다. 유교 전체를 부정하는 것이 아니다. 사람은 누구나 평등하고 자유로워야 하는 것이 민주주의의 기본이고 헌법으로 보장한다고 명문화 되어 있다. 인간의 기본 권리이다. 단지 경제적인 이유로 기본 권리를 침해하는 것은 없어져야 한다. 혹자는 조직관리가 안된다고 반대하겠지만 이는 조직을 정상적으로 관리해 보지 않은 사람들이 자신들의 편리함을 위해 내뱉는 저항일 뿐이다.

이해되는 부분도 있기는 하다. 과거와 달리 주변 환경은 수시로 변화하고 고려해야 할 영역은 넓어지고 자신의 지식은 한계가 있다 보니 다양한 의견을 수렴할 수 없고 이를 인정하는 순간 상사들의 권위가 무너지는 것으로 착각하는 경우가 대부분이다. 한번은 술 좌석에서 속내를 들어내는 상사와 대화를 한 적이 있다. "자꾸 보고서를 다시 작성하라고 하거나 다른 의견내지 말고 시키는 대로 하라고 말하는 것이 사실은 내용을 어떻게 해야 할지 잘 모르기 때문에 하는 행동이다."라는 말을 들은 적이 있다.

상사들 스스로 이 굴레에서 벗어나야 한다. 자신들 조직의 휘하에 부하 직원들이 있는 것은 그들의 전문성을 활용해서 팀으로 활동하면서 성과를 내면 되는 것이다. 잘 모르는 내용은 물어보면 된다. 적어도 물어보는 것이 권위를 하락시키지 않는다. 오히려 솔직하게 모르는 내용을 물어보고 배우면서 상사의 역량도 늘어나면 부하 직원들도 반기는 일이다. 그렇게 되면 상하 간 소통도 자유로워 지고 원활해진다.

사회도 변하였다. 남성들 중심으로 교육이 이루어지면서 남성들은 지식을 확보하고 여성들은 집안 살림에만 전념하던 시대에서 여성들도 교육의 혜택을 받고 참정권도 부여되면서 여성들의 지식 확보 및 사회진출이 증가하게 되었다. 이제는 여성들도 가부장들에게 희생하면서 가사일만 돌보는 것은 비생산적이며 자아실현에 도움이 되지 않는다는 것을 알게 되었고 이를 실현시키기 위해 활동하고 있다. 그러나 유교적 가부장제도와 남존여비 사상에 아직도 물들어 있는 사람들은 여성의 능력을 인정하려 하지 않고 기회를 발휘해야 소용없다고 주장하고 있다. 그러므로 '공자가 죽어야 나라가 산다'는 주장은 아직도 진행 중이다.

남성들만으로 돌아가던 사회에 여성들도 같이 참여하게 되면 국가 차원에서 보면 시너지 효과가 2배 이상 나타날 수 있는 상황이다. 그럼에도 불구하고 다시금 남성들 중심으로 사회를 운영하고 여성들은 가사일에 충실해야 한다고 주장하는 것은 오히려 국가를 퇴행시키는 일이 된다. 남성과 여성은 태생적으로 생물학적으로 다른 것을 인정하고 그 차이점을 활용해야 한다. 남성들이 잘 못하는 영역에 여성들의 잠재력을 발휘하면 되고 남성들이 더 우월한 영역은 지금처럼 남성들 중심으로 운영되도록 하면 더 생산적이 된다. 같은 자리를 놓고 싸울 일도 없다. 각자 자신들의 역량을 훨씬 더 발휘할 수 있는 일을 하기 때문이다.

위계 질서보다는 수평적 협력을 강화해야 한다. 끊임없이 보도되는 성희롱, 성추행 등 여성에 대한 성적 폭력은 수직적이고 위계적인 조직에서 더 많이 발생할 수밖에 없다. 강압적인 회식 참여, 업무의 연장이라고 강조하는 회식 자리에서 분위기 망칠 수 없다는 암묵적 동의는 상사들의 무리한 행동에 대해 이의를 제기하지 못하게 한다. 당연히 지적해야 할 상황이지만 업무에 불이익을 당할 것을 감안하여 아무도 나서지 않는다. 피해는 고스란히 힘 없는 직원, 여직원들에게 더 크게 전가된다.

이를 제때 바로 잡지 못하는 회사 분위기에서는 근절되지 않고 재발하게 된다. 필자가 근무하던 시절 모 임원의 성추행과 같은 행동이 회식 자리에서 빈번히 일어나고 회사 내에 소문이 자자하게 퍼져도 단지 힘 있는 임원이라는 명분 하나로 어떠한 처벌도 받지 않고 뻔뻔하게 자리를 지키는 것을 본 적이 있다. 결국엔 이런 일들이 누적되어 회사를 떠나게 되기는 한다. 그러나 성추행을 당한 여직원들의 고충과 트라우마는 지워지지 않는다. 조직 분위기도 침체되어 생산성에 영향을 준다. 단순히 상사이기 때문에 도에 벗어난 일을 저질러도 암묵적으로 용인하는 상명하복, 위계 질서의 문화는 이제는 근절해야 하는 시기이다.

아직도 공직사회에 만연하는 기수문화, 동문 간의 선후배 관계 종속 등은 없어져야 한다. 최근 학교 폭력에 대하여 다방면에서 터지고 있는 것을 보아도 알 수 있다. 억압하고 암묵적으로 동조하였지만 이제는 더 이상 감출 수 없고 할 수도 없게 변해가고 있다. 성적만 좋으면 모든 문제는 덮어두고 피해자에게 일방적인 희생을 강요하는 위계적이고 강압적인 문화는 반드시 사라져야 한다. 소수 기득권 때문에 다수의 선량한 희생자를 만들어 놓고 미안한 마음도 없이 과거 철없는 어렸을 때 있었던 일이라고 영혼 없는 반성문 몇 줄로 끝내려고 한다.

공자를 죽여야 한다고 주장하지 않더라도 시대적 흐름에 따라 공자에서 벗어났어야 하는 상황이다. 아직도 못 벗어났다는 것은 그 만큼 시대착오적인 사고 방식과 문화를, 버려야 할 문화를 훌륭한 유산이라고 포장하고 악용하고 있는 것이다. 누구를 위해서 인가? 기득권을 유지하기 위해서 소중히 간직하고 받들어 모시고 있기 때문이다. 이 틀에서 벗어나지 못하는 한 우리의 발전은 뒤쳐질 수밖에 없다.

일반 기업 및 조직의 분위기를 보더라도 아직도 대다수의 기업에서 경직되고 수직적인 상명하복의 문화가 지배적이다. 일부 글로벌화 한 대기업을 제외하곤 조직 문화에 큰 변화가 없다. 아마도 정년이 연장되면서 꼰대들의 은퇴가 늦어지는 것도 한 몫을 하는 것 같다. 건강한 사회, 창의력이 넘치는 사회를 만들기 위해 유교적 권위주의와 성 차별, 시댁 중심 가부장적 문화 등이 사라져야 한다.

|번 아웃과 과로사로 피폐해진 정신|

■ 내 자식만 살리자

자식을 가진 부모라면 누구나 자기 자식들의 입신양명을 마다하지 않을 것이다. 특히나 가문의 명예를 중시하는 우리나라의 유교적 문화에서는 아들 중심으로 높은 자리에 오르거나 판사, 검사, 의사, 변호사 등 사 자가 붙는 힘 있는 직업을 가지는 것을 가문을 위한 영광으로 치부하고 있었다. 그리하여 평생을 사법고시에 매달려 살면서 폐인이 되는 경우도 있었고 자칭 좋은 집안끼리 혼인을 하고 체제를 서로 유지하는 방법을 쓰기도 했다. 이는 마치 과거 왕족과 귀족들 간 체제를 유지하기 위해 사용하였던 정략결혼과 유사한 방법이다. 결혼 당사자들의 의지는 중요하지 않다. 체제를 유지하고 가문을 발전시키기 위해 자행되었던 일이다.

이러한 악습은 시민 누구나가 평등하고 자유로운 활동을 누릴 수 있는 민주주의 국가 시대에서도 명맥을 유지하고 있다. 좀 더 좋은 조건의 결혼 상대를 찾기 위해 집안 배경, 배우자의 학벌, 배우자의 직업, 부모의 재산 등 주로 경제적인 조건이 대상이 된다. 인성은 항상 뒷전으로 밀려난다.

모든 부모가 생각하는 자식 문제에 있어서 평균적인 조건들이 있다. 일단 공부를 잘해야 한다. 외모도 준수해야 한다. 일류 대학을 졸업해야 한다. 연봉이 높은 좋은 회사에 취직해야 한다. 결혼도 좋은 집안과 해야 하고 똑똑한 아이 낳고 잘 살아야 한다. 더 많은 조건들이 있지만 좀 더 빈도가 높은 다섯 가지 정도를 추려 보았다.

그런데 잘해야 한다, 준수해야 한다, 좋은 조건 등은 평균 수준을 의미하는 것이 아니다. 대략 10% 내에 들어가는 상위 수준을 의미한다. 그렇다면 각각의 조건을 만족하려면 전체 중에 1/10에 들어야 한다. 경쟁을 해봐서 경험적으로 알겠지만 어떤 집단에서 상위 10% 내에 드는 것이 쉽지 않다. 하물며 다섯 가지를 모두 상위 10% 안에 들어야 한다면 확률은 1/10의 5승 분의 일이 될 것이다. 0.001%의 확률이 된다. 대한민국 인구 5천만 명으로 보면 이런 조건을 갖춘 사람들은 확률적으로 500명밖에 안 된다.

애당초 불가능에 가까운 조건이다. 확률적으로도 매우 희박하다. 그런데 부모들은 막연히 자기 자식들이 공부 열심히 하고 뒤에서 밀어주면 될 것처럼 착각을 한다. 모든 부모들은 자신들의 자식들은 천재는 아니어도 영재는 되어야 한다고 맹신하고 있다. 당연히 영재들이 갈 수 있는 학교 수나 입학생 수도 적을 수밖에 없는데 어린 시절부터 영재교육을 시킨다고 분주하다.

영재의 꿈이 무너지면 그 다음은 일류 대학교 입학이다. 초등학교 성적이 일류 대학교 합격 여부를 결정한다는 근거 없는 속설에 현혹되어 선행학습이 시작된다. 이어지는 중학교, 고등학교는 입시지옥의 현장이다. 학교는 내신 성적을 위해 구색 맞추기로 다니고 핵심은 사교육이다. 학원, 고액과외 등 유명하다고 소문나면 전국 어디든지 일일 생활권의 특혜를 마음껏 누리면서 전국을 휘젓고 돌아다닌다.

한동안 '스카이 캐슬'이라는 방송 드라마가 인기를 끌었다. 내용은 위에서 설명한 내용들에 대하여 특정 계층에서 진행되는 내용을 참조하여 구성한 드라마이다. 실제로 의사 집안에 의사 손주가 나와야 한다고 일류 의대를 보내기 위해 고액 과외, 경쟁에서 이기기 위해 친구에게 누명을 씌우는 엄마 등 상상을 초월한 현재의 입시 상황을 적나라하게 묘사하였다. 많은 부모들이 경제력의 한계로 드라마와 같이 하지는 못하지만 각자 자신들이 처한 상황에서 할 수 있는 한 가능한 방법, 때로는 부적절한 방법을 동원해서라도 좋은 대학교에 보내려고 하는 것에 공감을 했기에 인기리에 방영될 수 있었을 것이다.

안타까운 것은 현행 입시제도와 부모들의 자식에 대한 과도한 관여는 자식들을 공부하는 기계로 만들어 버리는 것이다. 하나라도 더 많이 알아야 하고, 한 문제라도 더 풀어야 한다. 애들이 쉴 시간도 거의 없다. 피라미드의 꼭대기에 올라가야 사람 대접받는다. 일류 대학과 좋은 직장 취직하고 나서 숨 돌리면 된다고 하면서 아이들의 청춘을 짓밟고 있다는 것을 망각하고 있다.

사회라는 곳이 그렇게 생각하는 것 만큼 호락호락한 곳이 아닌 것을 모두 알 것이다. 그런데 왜? 내 자식만은 문제가 없을 것이고 이겨낼 수 있으리라고 맹신하는지 답답하다. '인간은 사회적 동물이다'라는 말처럼 집단 생활을 하며 살아가야 한다. 사회 생활을 하기 위해서는 사람들과 함께 어울리며 공동의 가치를 추가하고 협력해야 한다. 독불장군은 사회 생활에서 버티기 힘들다. 모두가 등을 돌리면 고립되고 외톨이가 되어 외롭게 지낼 수밖에 없다.

부모들의 생각대로 실력이 월등하고 조직 내에서도 열심히 모든 일을 도맡아 하는 능력을 발휘하면 성공할 수 있을까? 아닌 경우들이 자주 보도된다. 미국의 JP 모건Morgan 은행의 CEO인 제이미 다이먼(Jamie Dimon, 1956~)은 자신의 경험을 통해 조직에서 성공하기 위한 조건을 인터뷰한 적이 있다. 그는 직장에서 실력도 탁월하고 일도 열심히 하여 초고속 승진을 하며 승승가도를 달리던 중 어느 날 갑작스럽게 해고를 당한다. 충격을 받고 2년을 백수 생활을 하면서 자아 성찰을 하였다. 실력이 있고 열심히 일하는 것만이 성공을 보장해 주지 않는다는 것을 깨달으며 성공을 위해 필요한 것으로 겸손, 개방성, 공정성, 진정성 4가지를 얘기한다.

각 항목마다 고리타분하다고 말할 수 있을 것이다. 그러나 이는 4가지 항목의 본질을 이해하지 못하고 단순히 누구나 할 수 있는 것이라고 착각하기에 하는 말이다. 원래 가장 기본적인 것을 끈기 있게 실천하는 사람이 결국 성공한다. 인내심과 끈기가 없으면 성공은 보장되지 않는다. 공부하는 학생도 예습과 복습을 꾸준히 하는 것이 우수한 성적을 받는 핵심이다. 기업 경영도 사람관리 잘하고 업무의 계획, 실행, 점검, 피드백을 잘하면 성공하는 것이다. 제대로 실천 안 하고 다른 방법이 있는 것처럼 신기루를 찾아 방황하는 것이다.

제이미 다이먼이 얘기한 4가지는 공통적으로 사람과의 관계에 필요한 항목들이다. 그리고 인성 발달에 필요한 재료들이다. 전적으로 사람들과 부대끼며 갈등 해결, 협력, 조화 등을 경험하면서 쌓아가는 역량이다. 고액과외나 입시학원에서 배울 수 있는 것이 아니다. 그런데 우리는 사회에서 성공을 하기 위해 필요한 여러 가지 요인 중 크게 지식을 갖추는 것과 열심히 일할 것만을 집중하고 다른 중요한 것들은 나중에 보완할 수 있으리라 생각하고 뒤로 미룬다. 학창 시절, 사춘기 시절에 내가 누구이며, 왜 태어났는지, 어떻게 살아가야 하는지에 대하여 생각하고 고민하면서 성숙해지는 시기를 거쳐야 하는데 이 시기를 건너뛰게 만든다. 불완전한 성인으로 만들어 놓는다. 그런 다음 계속해서 자식들의 인생에 깊게 관여한다. 성숙한 성인과 사회인으로 성장할 기회를 계속해서 빼앗으면서 부모의 도리를 잘하고 있다고 착각한다.

내 자식을 살리겠다는 오늘날의 행동들이 나중에 자식을 파멸시키는 길로 인도하게 되는 것을 다른 사람들의 교훈을 통해 타산지석으로 삼아야 한다. 이제는 현실로 다가온 100세 시대를 어떠한 이전 세대들도 경험해 보지 못했기에 인류가 어떤 노하우도 가지고 있지 않은 불확실한 미래를 살아가기 위해서도 사람들과 함께하는 공동체와 함께 살아가는 방법을 학습하고 경험할 수 있는 기회를 주어야 한다.

내 자식만 위하는 것이 아니라 다른 사람들의 자식들도 같이 함께 성장하고 살아갈 수 있도록 사회 제도와 환경을 바꾸어야 한다. 미국의 트럼프 대통령을 보자. 자신의 영달만을 위해 일흔이 넘은 나이에도 불구하고 노욕을 부린 결과 불과 수개 월 전만해도 재선은 확실하다고 말했지만 낙선하고 말았다. 그가 재임 기간 동안 한 일들은 너와 나를 분리하고 갈등을 조장시키고 미국 우선이 최고의 가치라면서 다른 국가들에게 아메리카 퍼스트를 강요하였다. 자신의 대통령직 유지, 미국을 위한 동맹들의 희생만을 강요한 결과 이젠 물러나야 하는 최후를 맞이하였다.

다른 사람들과 공감하지 못하는 인재는 위험하다. 히틀러 같은 독재자로 성장할 수도 있다. 모두가 함께 하는 세상을 만들려 할 때 모두가 공감하면서 성공의 기운도 도래하게 된다. 혼자서는 못할 일도 함께하면 성공할 수 있다. 자식들에게 전수해주어야 할 삶의 지혜이다.

■ 승리자와 루저 조기 판정 그리고 평생 꼬리표

2000년대 후반 박사과정 수업 중 청년들의 중소기업 취직을 기피하는 현상에 대하여 얘기를 했었다. 필자 역시 청년들의 정신 상태에 대해서 부정적인 시각을 가지고 있었기에 관심을 가지고 토론을 했다. 이때 다른 수강 중 한 명이 당신처럼 대기업에 다니는 사람들은 이해 못하는 부분이 있다고 하였다. 우리나라는 첫 직장이 어디인지에 따라 평생이 좌우된다고 하였다. 대기업이 첫 직장이면 안정적으로 오래 다닐 수 있지만 중소기업이 첫 직장이 되면 더 이상 상승이 어렵고 그 계층 내에서 세월을 보내고 은퇴를 한다고 하였다. 당시에는 이해를 못하였다. 그 분의 말 대로 첫 직장에 계속 근무하고 있었기 때문이다.

시간이 흘러 중소기업에 근무하는 청년들을 대상으로 대학에서 강의를 하게 되었다. 대략 10년 정도 시간이 흘렀다. 수업 시간에 학생들과 강의 내용을 가지고 토론하면서 열정을 가지고 경험한 내용들을 전해주려고 노력하다 보니 필자가 속한 세상과 많이 다른 것을 느낄 수 있었다. 대기업의 2차, 3차 벤더들의 경우 영세 사업장도 많고 생산하는 제품들 자체도 특정 부품이기 때문에 생산시설이 많이 필요하지 않았다. 마치 가내 수공업 내지는 단일 작업장 정도의 규모로 제품을 생산하고 있었다. 시대를 앞서가는 경영기법이나 이론은 역으로 시대착오적인 발상으로 들릴 뿐이었다.

인원도 적고 자본도 적으니 하고 싶어도 할 수 없는 실정이었다. 공장이 안정되어 있지 않다 보니 모 기업에서 갑자기 주문을 변경하면 물량을 제때에 공급하기 위하여 늦게까지 작업을 하고 휴일도 없이 일을 하는 경우가 다반사이다. 수업을 받고 있는 중에도 회사에서 긴급 연락이 오면 회사로 복귀해야 한다면서 자리를 떠나야 했다. 학교를 마치고 졸업장이라도 갖게 되면 좀 더 대우가 좋은 중소기업으로 이직하는 것이 목표라고 하였다. 10년 전 들었던 얘기가 떠오르는 순간이었다. 문제는 10년이 지났으면 개선돼야 하는 것이 정상이지만 더 심화되어 있는 게 현실이었다. 신분 상승이 어려운 사회구조이다.

왜 이런 현상이 개선이 안 되는지 궁금하던 차에 최근에 몇몇 중소기업의 사장들과 함께 교육 프로그램을 진행하면서 중소기업의 발전을 위해 어떤 경영을 해야 하는지 교육도 진행하고 직접 회사를 방문하여 지도까지 진행하였다. 왜 청년들이 중소기업을 기피하는지 원인 하나를 이해하게 되었다.

필자의 신입사원 시절을 돌이켜 보면 신입사원으로 입사하여 부서에 배치를 받고 담당 업무를 시작할 때 먼저 입사한 고참사원이 지도 선배로서 지정된다. 그러면 일거수일투족을 함께하면서 업무를 배우게 된다. 모르는 것이 있으면 물어보고 틀리면 야단 맞으면서 배우고 하면서 업무를 익혀 나갔다. 그 후 신입사원이 새로 부서에 들어오게 되면 고참이 된 과거 신입사원도 같은 과정을 반복했다. 사람은 원래 남을 가르쳐 봐야 자신의 실력도 늘게 되는 것이다. 지도 선배 노릇을 하면서 자신 업무 능력도 향상되지만 사람을 관리하는 역량도 생기면서 리더십을 배워 나가게 된다. 지금의 대기업들도 필자가 입사하던 당시에는 중소기업 수준이었다. 그래도 회사 성장을 목표로 삼고 선진기업을 따라 잡겠다는 의지로 사세를 확장시키는 것이 우선이었기에 사원을 계속 충원하던 시기였다.

현재 우리나라 중소기업의 공통점은 사람이 적다는 것이다. 인건비 부담 때문에 많이 못 뽑는다고 한다. 인원이 적다고 일을 적게 하는 것은 아니다. 직원들에게 대기업 수준의 업무 역량을 요구하는 곳도 있다. 인원이 적으니 가르쳐 줄 지도 선배는 꿈도 못 꾼다. 일을 가르쳐 주지도 않고 해오라고 한다. 그나마 우리 민족은 잔머리에 강하다. 네이버 지식인이나 포탈 사이트에 가서 검색을 하고 일을 한다. 이쯤 되면 기업들은 포털 사이트에 일정 부분의 인건비를 지급해야 할 지경이다.

포털에서 지식을 검색하고 일을 하는 것을 나쁘다고 할 수는 없다. 그러나 단편적인 지식을 활용하는 것은 몰라도 각 기업의 특성에 맞게 문제를 해결하기 위해서는 부족할 수밖에 없다. 그러나 상사도 정확히 모른다. 역설적으로 얘기하면 위키피디아보다도 훌륭한 국가적 집단지식을 실현하고 있는 IT 강국이다. 체계적으로 교육을 받지 못하고 업무도 익히지 못하면 시간이 흘러도 경력이 쌓이기 어렵다. 그러므로 잦은 이직을 하게 된다.

너욱 납답한 것은 어려운 여건에서 일을 열심히 하지만 사장의 갑질이 시작되면 폭발 직전으로 간다. 월급도 적은데 시키는 일은 많고 도와주는 사람도 없으니 일할 맛 안 난다. 사장의 생각과 다르면 일장 훈시도 모자라 인신공격성 폭언에 스트레스 쌓인다. 최저 시급 받으면서 아르바이트 하는 것과 소득 차이가 별로 없다. 그런데 정신적 스트레스는 더해진다. 차라리 회사 그만두고 맘 편히 아르바이트 하겠다고 나선다. 심정은 이해가 간다. 왜 중소기업 근무를 기피하는지 이해하게 되었다.

중소기업의 경영환경이 너무 전근대적인 상황이다. 기업가 정신보다 기업가 자세를 바로 하고 기업의 성장을 위해 직원들과 함께해야 한다. 현상 유지만을 하겠다면서 기업의 성장에는 관심이 없고 오로지 직원들을 비용으로만 보고 단물만 빼먹으려는 근무환경이 지속된다면 좋은 인재를 확보할 수 없다. 인재가 없거나 떠나는 조직은 시한부 인생처럼 끝이 정해져 있다. 경영 방식에 따라 수명을 더 단축시킬 수도 있다.

고등학교 시절 학습했던 지식으로 대학을 입학하고 대학의 수준에 따라 어디 출신인지 꼬리표가 붙어 평생 스스로 루저로 자칭하면서 살아간다는 것은 현대 사회에서 말이 안 되는 것이다. 청소년 시절의 수준으로 계급을 나누고 계층 간 이동이 불가한 사회구조를 만들었으니 봉건 국가인 '헬조선'이라는 신조어가 나온 것이다.

사람마다 다른 재능을 가지고 태어났고 각자의 재능을 발휘하는 시기 또한 다르다. 대기만성형이 있고 초년 성공형도 있다. 천차만별이 자연스러운 것이 세상이다. 그런데 긴 인생을 살아감에 있어 수능시험 문제 몇 개 더 풀었다고 하여 인생의 3/4을 '이생망' 타령하면서 살아간다는 것은 국가 차원에서도 엄청난 피해이다. 적재적소에 인재를 배치하여 생산성을 향상시키는 것이 모든 조직 운영의 핵심이다.

금수저 집안 사람들로만 귀족 계층을 구성하고 자손대대로 이어가고자 한다면 그들을 위한 나라를 만드는 것이지 국민을 위한 나라가 더 이상 아니다. 미국이 발전할 수 있었던 이유도 '기회의 땅'이라는 구호아래 세계 각지에서 이민을 하였고 자신의 노력에 따라 공정하게 대우를 받으면서 사회에 기여하는 천재, 영웅, 인재 등이 있었기에 가능했던 것이지 계급을 나누고 차별정책을 하였다면 불가능했던 일이다. 남미의 국가들이 현재처럼 몰락한 것도 미국과 달리 기득권들의 욕심에 의한 것이다.

인생은 살다 보면 루저가 되었다가 승자가 될 수 있고 오뚝이처럼 일어나는 반전의 기회도 있기에 재미있는 것이다. 노비로서 계속 살아가야 하다면 꿈도 희망도 없고 무기력 해져 아무것도 안 한다. 세상이 활력을 잃으니 국가도 발전할 수 없다. 누구에게나 열심히 노력하면 언제든지 성공을 할 수 있는 환경을 만들어 주는 것이 절대적으로 필요한 시기이다.

■ 낙오의 두려움과 실낱 같은 희망 고문

2017년 미국 영화산업의 본거지인 헐리우드에서 한 영화 제작자인 하비 와인스타인의 성추행이 폭로되면서 '미투' 운동이 전 세계적으로 퍼져 나갔고 우리나라도 크고 작은 미투 운동으로 인하여 사회적 문제가 되고 있으며 아직도 현재 진행형이다. 영화로도 제작된 미국의 언론사 폭스뉴스의 로저 에일스 성추행 사건의 폭발력은 매우 컸었다. 도저히 무너뜨릴 수 없는 막강한 힘과 권력을 가지고 있던 폭스뉴스 회장을 성추행 혐의로 고소하면서 사임하도록 만들었던 사건이다.

메긴 켈리라는 유명한 앵커를 성희롱한 사건은 언론에 보도되면서 파문이 커지자 처음에는 가해자인 폭스뉴스 회장을 비방하고 지탄의 대상이 되었지만 사태가 커지면서 폭스뉴스 사의 존립 자체가 영향을 받을 수 있을 만큼 심각해지자 내부의 직원들의 동요가 시작된다. 피해자에게 화살을 돌리게 된다. 한 사람 때문에 우리의 일자리가 없어지는 것은 아닌지 모르겠다는 여론이 지배적으로 변하며 피해자에 대한 동정보다는 무언의 압력이 가해진다.

어떤 조직에서 부당한 일이 발생하고 모욕적 언행에 노출되면서도 그곳을 나오지 못하고 다니는 것은 생계에 대한 부담이 매우 크게 작용한다. 또한 이직을 할 준비가 전혀 되어 있지 않다면 그때까지 기다린다는 마음으로 피해를 감수하며 지내게 된다. 그나마 매도 자주 맞으면 맷집이 세져서 견딜 수 있다는 말과 같이 조직 내에서 자주 경험하다 보면 이골이 나서 무덤덤하게 지낼 수 있게 된다.

지금 우리의 현실이 비슷하게 전개되고 있는 듯 하다. 헬조선이라 불리는 비정상적 사회 구조 속에서 개인들이 핵심 피해자임에도 불구하고 가해자들은 피해자들에게 노력과 열정이 부족해서 그런 것이라고 2차 가해를 하고 있지만 이렇다 할 대안이 없다 보니 가해를 수용하면서 어떻게 해서라도 벗어나고자 안간힘을 쓰고 있다. 기업 오너의 몰상식한 갑질로 인하여 사회 문제화 되고 불매운동으로 확산하게 되면 폭스뉴스와 마찬가지로 일자리에 상실에 대한 불안감이 전면에 등장하면서 본질을 흐리게 만든다.

실제로 기업에서 구조조정이 진행되면서 내부에서 살생부를 작성하게 될 경우 관리자들에게 몇 명을 해고해야 할지 부서별 목표가 정해지게 된다. 실상은 특정 부서의 관리자가 실력도 없고 능력도 없으며 조직관리도 못하므로 우선 해고 대상이 되어야 하나 관리자의 상사는 자신이 직접 나서서 손에 피를 묻히는 일은 하고 싶지 않으니 일단 관리자에게 맡기게 된다. 문제의 관리자는 일단 살아 남는다. 오히려 한창 일해야 할 젊은 부서원이 떠나게 된다.

이런 불합리한 일들이 전개되는 것을 보면서 직원들은 학습효과를 얻는다. 어쨌거나 상사와의 충돌이나 마찰은 피하는 것이 좋다는 것을 체험하게 된다. 조직은 언제나 정의로운 곳이 아니다. 처세술과 생존력이 강한 하이에나 같은 인물들이 의외로 승승장구하는 곳이기도 하다. 그러나 정의롭지 못하게 일을 처리하면 후유증은 반드시 드러난다.

무능한 상사들이 조직을 장악하고 무기력한 직원들이 남아서 조직을 운영하게 되면 위기에 처하게 되어도 스스로 답을 찾지 못한다. 무엇을 해야 할지 모르니 답답하다. 그렇다고 가만히 있으려면 불안하다.

이럴 때 불안하고 우울하며 허전한 마음을 달래는 유일한 방법이 등장한다. 하던 일 그대로 하는 것이다. 알고 있는 일이니 습관처럼 행동하면 된다. 조직은 무너져 가고 있지만 마음만은 편하다. 그래서 냄비 속의 개구리는 서서히 물의 온도가 높아지면 뜨거운 줄 모르고 임계점에 도달할 때까지 물속에서 편안하게 있다가 죽게 된다. 변화를 못하고 종전과 같은 방법으로 살아가는 조직은 끓는 냄비 속의 개구리가 처한 상황과 같다. 결국 죽고 만다.

주입식 교육과 선행 학습으로 아이들의 청춘이 시들고 있어도, 비정상적으로 치솟고 있는 부동산 가격이 문제인 것을 알고 있으면서도, 아파트 시세에 영향을 주면 단체 행동을 통해 이기적으로 투쟁하면 안 되는 것을 알면서도 비정상적인 사회를 탈출할 방법을 모르고 있기 때문에 기존의 방법을 고수하고 있는 것이다. 남들 다하니까 따라 하면 마음이 편하다. 괜히 나 혼자 독야청청 하다 뒤처지면 후회만 남는다. 같이 가다 무너지면 같이 무너졌으니 배가 아프지 않다.

그러다 온도가 임계점에 도달하면 갑자기 상황이 달라진다. 매우 커다란 연못이 있다. 이 연못에는 매일 2배씩 증가하는 녹조가 있다. 연못 면적의 절반을 채우는 데 100일이 걸렸다. 녹조가 연못을 전부 뒤덮으려면 또 다른 100일이 걸리는 것이 아니다. 바로 다음날인 1일이면 충분하다. 변화는 이렇게 갑자기 다가온다.

사람들의 두려움과 공포를 이용하면 기득권을 유지할 수 있다. 남극의 펭귄들이 맛있는 물고기가 있는 바다에 뛰어 들지 못하는 이유가 바다에는 자신들을 잡아 먹는 바다표범이 있기 때문이다. 어떤 펭귄도 바다에 뛰어 들지 못한다. 배는 고프지만 두려움에 떨면서 참고 기다린다. 그러다가 갑자기 우연히 펭귄 한 마리가 바다에 뛰어들면 걷잡을 수 없이 너도나도 뛰어든다. 퍼스트 펭귄이라고 부르는 현상이다.

사회변화 역시 비슷하게 나타난다. 누군가 먼저 뛰어드는 상황이 오면 갑작스런 변화로 인해 기존 질서는 무너지고 새로운 질서가 등장한다. 물론 안정될 때까지 시간이 걸린다. 그러나 그 동안 철옹성을 굳건히 지켜주던 두려움과 공포는 사라져갔다. 철옹성이 무너진다. 기존의 기득권도 물거품이 된다.

달걀도 스스로 깨고 나오면 병아리가 되지만 누군가가 깨뜨리는 경우는 계란 후라이가 된다는 사실을 명심해야 한다. 스스로 깨고 나올 때도 안에서 깨뜨리는 노력과 밖에서 어미 닭이 깨뜨리는 노력이 동시에 이루어져야 한다.'줄탁동시啐啄同時'의 뜻이다. 변화에 어떻게 대응해야 하는지 방법을 알려주는 사자 성어다.

사회 변화는 필연이다. 버티는 것은 한계가 있다. 결국 사회는 바뀐다. 계란 후라이가 되지 말고 병아리가 되어 새로운 생명체로 탄생하는 것이 두려움을 극복하고 희망을 되살리는 유일한 방법이다.

■ 난장이가 다시 쏘아 올린 작은 공

1978년 조세희 작가의『난장이가 쏘아 올린 작은 공』이 발표되었다. 경제 개발이 한창이던 시절 산업자본에 짓눌려 힘들게 살아가는 사람들의 얘기가 소재이다. 당시에는 산업화 초기였던 시대여서 기계와 공장을 소유한 자본가들의 횡포에 많은 근로자들이 산업재해로 목숨을 잃는 상황이었다. 책 출간 후 50년이 다 되어가는데 사회적 상황은 개선되지 않고 반복되고 있다. 오히려 정보화 시대로 진입한 오늘날은 플랫폼이라는 새로운 정보로 무장한 자본가들의 억압에 택배 노동자들이 과로로 숨지는 일들이 벌어진다. 역사의 아이러니라고 해야 할지 아니면 반복된다고 해야 할지 혼란스러워진다.

인류를 위해서 발명된 정보기술이 오히려 인류를 해치는데 앞장서고 있는 현실이다. 플랫폼을 소유한 기업들은 자신들이 확보한 데이터를 기반으로 인공지능AI 기능까지 더해 단위 시간당 최대한 많은 배달을 신속하게 할 수 있도록 프로그램을 개발한다. 그런데 문제는 현실 상황을 고려하지 않고 데이터 수치에 근거한 알고리듬을 통해 프로그램을 개발한다. 쉽게 얘기하면 골목길을 거쳐 배달을 해야 하지만 직선 거리를 기준으로 배달 소요 시간을 계산한다. 탁상행정과 같은 일을 저지르는 것이다.

배달원들이 예상 소요시간보다 늦을 경우 불이익을 감수해야 하므로 교통질서를 무시하고 무단횡단, 과속 등을 위반하며 시간에 맞추려고 급히 서두르다 사고를 당하기도 한다. 과거 무성영화 시절 찰리 채플린이 등장했던《모던 타임즈》영화가 있다. 조립라인의 근로자가 영혼 없이 정해진 순서대로 부품을 조립하는 힘겨운 상황이 채플린의 익살스러운 연기로 보여준 영화다. 이 영화와 같은 상황이 오늘날 물류센터에서 각 지역으로 배송될 물품들을 분류하는 택배 노동자들의 상황과 겹쳐져서 나타난다.

원래는 분류작업은 별도의 인력이 해야 하는 것이지만 물류회사의 비용절감을 명목으로 택배 노동자들에게 분류작업을 강요하여 근로시간이 초과된 것이 문제이다. 하루 14~15시간을 일하다 보니 과로사로 이어지기까지 한다. 2020년 한 해에 16명의 택배 노동자가 과로로 사망했다. 정보화 시대에 등장한 플랫폼이 21세기 난장이로 하여금 다시 공을 쏘아 올리도록 하고 있다.

이렇게 역사는 반복된다. 원점으로 돌아오면 제자리에 머무는 것이므로 변화가 없다. 나사의 나선 회전 운동처럼 상향 반복 또는 하향 반복의 운동을 하면서 변화를 일으키는 것이다. 우리의 삶이 과거보다는 나아졌기에 미약하나마 인권이 개선되었지만 아직 만족할 수준은 아니다. 미약한 개선을 지속적으로 추진하여 상향 회전운동을 할 수 있도록 만드는 것이 좋은 사회로 가는 것이다. 하향 회전운동 하도록 방치한다면 100미터 경주에서 앞서 달리다 갑자기 뒤로 돌아와 다시 달리는 것과 같다. 시간 낭비, 자원 낭비를 할 수밖에 없고 더욱 아쉬운 것은 경주에서 뒤처지는 것이다.

바나나 공화국들의 경우를 보면 쉽게 확인된다. 한때 우리나라보다 잘살았던 동남 아시아의 필리핀, 남미의 아르헨티나 등과 같은 나라들이 지금 우리보다 취약한 국가로 전락하였다. 우리나라에 노조 운동이 활발히 전개되던 시절 일부 언론에서는 기업주들과 연합하였는지 과격 노조 운동을 보면서 필리핀이나 아르헨티나가 우리보다 못 살게 된 것은 노조 운동 때문이었다고 주장하면서 나라를 망치는 것이라고 탄압하였다. 그땐 사실인 줄 알았다. 그러나 그들 나라들이 뒤처지게 된 것은 부패한 독재정권 때문이라는 것을 알게 되었다. 부패한 독재정권은 자신들의 안위만이 목표일 뿐이고 국민들의 행복 증진은 구색 맞추기로 전락한다. 100미터 경주 잘하다가 다시 출발선으로 되돌린 것이다. 그러했기에 몰락을 한 것이다.

다행인 것은 우리 민족은 모진 탄압과 시련에도 굴하지 않고 민주화를 성취하였으며 이를 토대로 산업화도 성공하였기에 상승하는 나선 회전운동의 사이클로 진입했던 것이다. 다시 되돌아오는 사이클에서도 상승 회전운동을 만들기 위해 공동선의 가치를 향상시키는 방향으로 변화를 추구해야 할 것이다.

| 헬조선과 N포기로 무기력해진 정신 |

■ 3포에서 7포 세대

2007년도에 '88만원 세대'라는 신조어가 등장하였다. 20대 청년들의 삶이 번듯한 양질의 일자리를 얻지 못하고 비정규직으로 임시직으로 생활하면서 평균 소득이 88만 원에 불과하다고 하여 '88만원 세대'라고 불리었다. 이때는 단순히 우리나라의 산업구조가 노후화 되고 재편이 필요한 시기이며 경기 역시 예전과 같지 않아 불황에 따른 취업난으로 인한 일시적인 현상일 줄 알았다. 그러나 이런 현상은 더욱 심화되었다.

자연스레 청년들이 돈이 없다 보니 어깨도 펴지 못하고 성인으로서 경제적인 자립도 이루지 못하니 움츠려 들 수밖에 없었다. 전 세계적으로 비슷한 현상이 나타나면서 미국에서도 '월가를 점령하라' 구호와 함께 청년들이 거리로 나와 시위를 하였다. 그러나 이런 시위도 2008년 글로벌 금융위기로 인해 더욱 어려워진 경제 사정으로 인하여 동력을 얻지 못하고 사라졌다.

우리나라 청년들의 삶도 개선되지 않고 계속 궁핍해지게 되다 보니 어느 날부터 '3포 세대'라는 신조어가 등장하였다. 연애, 결혼, 출산을 포기한다는 표현이다. 연인을 만나 사귀면서 계속 만나기에도 돈이 부족하고 결혼을 하려면 초기에 필요한 결혼 자금도 백수에 가까운 생활로는 마련할 돈도 없다. 자녀를 낳아 기르려고 하면 양육비와 교육비에 짓눌려 아무것도 못하게 되니 맘이라도 편하게 포기하고 살겠다는 것이다.

그림3(38쪽)에서 볼 수 있듯이 연예를 유지하는 데 비용도 들지만 여성들에 대한 악의적 선동과 SNS를 통한 무분별한 확산 및 데이트 폭력

등이 불거지면서 여성들에게도 연예는 가급적 피해야 할 활동으로 인식하게 되면서 정서적, 경제적으로 기피의 대상이 되었다. 결혼도 준비과정에서의 시댁과의 갈등과 결혼 후 더 심화되는 시댁 중심의 삶인'시월드'의 문화적 충격은 결혼 기피로 이어진다. 여성들의 경제적 자립이 가능하면 굳이 무리해 가면서까지 구색 맞추기 같은 결혼과 출산을 해야 할 이유도 없어졌다.

또한 출산은 아직도 우리나라 사회에서는 여성들에게 독박 육아를 강요한다. 직장에서도 육아 휴가나 출산휴가를 다녀오면 퇴사가 기다리며 경력의 단절을 현실로 받아들여야 하고 복직을 할 기회는 주어지지 않는다. 그러므로 자아실현 욕구가 강한 여성들일수록 출산에 강박적일 수가 없다. 예전에는 이런 현상이 비난의 대상이었지만 지금은 비난을 할 수가 없다. 배운 것을 활용하여 사회활동을 하고 자아를 실현하겠다는 것을 하지 말라고 종용하는 것 자체가 여자만이 육아를 잘할 수 있고 해야 한다는 잔재를 보여주는 것이다. 이런 현상은 결혼을 안 하니 가정을 꾸릴 기회도 없고 결혼을 하여도 자식을 낳지 않으니 저출산으로 이어지면서 인구 절벽을 가져오게 되었다.

청년들의 궁핍한 생활은 더욱 심화되어 가고 있다. 과거의 고도 성장과 달리 경제가 침체 국면으로 접어 들고 있으며 분배 불균형으로 인한 양극화가 심화되면서 소수 계층은 상황은 개선되지만 다수 계층의 삶은 무너지고 있어 가계 자체가 위협을 받기 때문에 청년들이 기댈 곳도 줄어든다. 추가로 포기할 것이 생겼다. 취업과 주택을 포기하게 된 것이 '5포 세대'의 등장이다. 일반 대기업의 취직은 과거 조선 시대 장원급제와 같이 힘든 것이 되었다. 고교 시절 상위 10% 이내에 들어 일류대학을 졸업한 학생들과 스펙이라 불리는 각종 자격을 갖춘 사람들이 치열한 경쟁을 통해 합격하기 때문에 다수의 청년들은 원서만 제출하고 기다리는 일이 되었다.

대기업 수준은 아니어도 복지와 급여가 좋으며 안정적인 공공기관의 취업은 부모 찬스를 통해 사전에 내정이 되고 형식적으로 일반인들에게 기회가 제공되는 것을 보고 분노가 일어나지만 해결할 방법은 없다. 그러다 보니 공무원 시험에 올인하는 공시족이 생기고 주거비의 급증에 따라 고시원 같은 열악한 환경에서 하루하루를 보낸다. 여기서 우리가 반성해야 할 부분이 있다.

국가에서 의무적으로 실시하고 있는 초등, 중등, 고등학교 교육이 있다. 사회에 필요한 사람들을 양성하기 위해 국가가 관리하고 있는 교육제도이다. 그렇다면 최소한 평균수준의 학력을 마치면 취업을 하고 경제 활동을 할 수 있어야 하는 게 당연한 권리이고 국가의 의무일 것이다. 현실을 보면 양질의 일자리를 얻기 위해서는 상위 10%나 20% 내에 들어야 하는 것은 공교육의 역할을 재점검해봐야 한다. 서울 포함 수도권 대학에 진학을 못하면 '루저'라고 불리며 스스로도 패배 인식에 갇혀 살아야 한다는 것이 너무 잔인한 현실이다. 스무 살 이전에 학교에서 익힌 지식을 가지고 평생을 통해 계급을 나눈다는 것은 도저히 있을 수 없는 일이다.

이는 개인들이 문제가 아니다. 사회 구조의 문제이다. 사람들마다 초년에 성공하는 사람들도 있지만 대기만성형으로 인생의 중반부에 자신의 역량을 발휘하여 성공하는 사람들도 많다. 그런데 초년에 성공한 사람들만의 세상으로 만든다면 개인의 손해를 넘어 국가 차원에서도 대기만성형 국민들의 성공에 따른 성장의 기회를 손실하는 부작용을 가져오게 된다. 돈을 벌 수 있는데도 넋을 놓고 보기만 하는 것이다.

세상은 빛의 속도로 변하고 있기 때문에 끝없이 학습하고 변신을 해야 한다. 학창시절 습득한 지식만으로 수십 년을 살아간다면 변화에 도태되고 저항만 할 뿐 진정한 발전을 못 이룬다. 그래서 평생교육이 필요한 것이다. 개인적인 사정에 의하여 젊은 시절 공부를 못했던 사람들에게 나이 먹어서도 추가로 공부하면서 발전할 수 있도록 하는 것이고 학창시절 공부를 했던 사람도 변화하는 시대에 적응하기 위해 지속적으로 학습을 하도록 기회를 주는 것이다. 교육의 기회는 언제든지 원하면 학습할 수 있도록 다양하게 제공되어야 한다.

5포에서 끝나지 않고 '7포 세대'까지 나오게 되었다. 인간 관계와 희망마저 포기한 것이다. 무기력해진 것이다. 사람으로서 삶을 포기하는 단계까지 다다랐다. 사람 만나기를 기피하고 혼자 숨어서 생활을 하는 은둔 생활이 오래 갈 수 없다. 희망을 포기했다는 것은 극단적 선택을 하기 직전의 에너지 수준이다. 그래서 인지 청년들의 자살률이 OED 국가들 중 계속해서 1위를 하고 있다. 7포 세대까지 진전된 사회의 문제를 개인의 탓으로 돌리고 방치시키는 한 국가도 무기력 해져 망할 수밖에 없다.

신생아가 태어나지 않아 인구가 줄고 경제가 침체된다고 외치기 전에 자살하는 청년들을 살리는 것도 인구 감소를 막는 것이다. 더욱이 신생하는 태어나도 20년은 지나야 청년이 될 수 있다. 기다리다 숨 넘어간다. 청년들을 살리면 곧바로 경제활동을 할 수 있는 자산이다. 자살률을 낮추고 청년들의 일자리를 창출하여 포기하는 수를 줄이도록 해야 한다. 기존 산업으로 한계가 있다면 환경, 에너지 등 새로운 분야에 정부의 지원을 통해 일자리를 창출하는 것도 한 방법이다. 민간 기업들은 스스로 생존하기 위해 온갖 방법을 동원해 가면서 살아갈 것이다. 정부가 훼

방만 하지 않으면 된다.

새로운 일자리 창출에 리스크 부담이 싫어 민간 기업이 참여를 꺼린다면 이런 분야에 정부의 예산을 지원하고 미래 먹거리를 만들면 된다. 시쳇말로 민간 기업의 성공에 숟가락 얹으며 정권의 성과라고 홍보하지 않기를 바란다. 기업들이 알아서 성장한 것이지 정권이 도와줘서 성공한 경우는 있다 하더라도 정경유착으로 발전하여 역효과만 가져온다. 청년들의 포기 더 이상 방치하지 말고 온 국민이 나서서 해결해야 한다. 개인의 노력으로 해결할 수 없는 사회의 구조적 문제이기 때문에 정부가 나서서 해법을 찾아야 한다.

■ 잘못된 사회구조 그러나 모든 것은 개인의 탓

독일 작가 마이케 반 덴 붐이 쓴 『행복한 나라의 조건』이 있다. 저자는 가장 행복한 13개국(2012 기준)'에서 학자, 기업가, 언론인, 독일 교포, 평범한 시민 300여 명을 만나 '행복한 삶의 비결'을 직접 인터뷰하고 정리한 책이다. 그녀가 선정한 13개국은 룩셈부르크, 스웨덴, 덴마크, 핀란드, 노르웨이, 스위스, 아이슬란드, 캐나다, 멕시코, 파나마, 코스타리카, 콜롬비아, 오스트레일리아이다.

남반구에 위치한 국가들은 전반적으로 기온이 높고 태양 빛이 강한 나라다. 상대적으로 국민소득은 매우 낮은 편이다. 그런데도 행복하다고 느낀다. 돈이 전부가 아니라는 것을 보여준다. 사회적인 안전망이나 사회 인프라에 대한 정부의 지원은 낙후되어 있다. 천혜의 자연환경을 소중히 간직하며 국가의 자원으로 생각하고 관광 산업 등을 중심으로 발전시켜 나간다. 일반 국민들은 낙천적인 기질을 가지고 있어 춤과 음악을 좋아하며 행복하게 살아간다. 가족들과 같이 함께 생활하는 것에 우선 가치를 두고 있다. 핵가족에 이어 핵분열까지 다다른 우리와는 다른 모습이다.

북반구에 위치한 소위 선진국이라고 하는 국가들을 보면 남유럽, 서유럽보다는 북유럽에 치우쳐 있다. 일반적으로 복지 제도를 잘 갖춘 나라들이다. 높은 세금을 부과하지만 세금을 공평하고 투명하게 어려움에 처한 사람들을 도와준다는 것을 정부와 국민이 서로 신뢰하고 있기 때문에 높은 세금에 대해서도 국민들이 불만이 없다. 실제로 자신들이 어려움에 처했을 때 정부로부터 도움을 받을 수 있고 그런 사람들을 많이 보았기 때문에 확인이 가능한 것이다. 청년들에게 자신들이 해보고 싶은 것은 무엇이든지 도전해 볼 수 있도록 기본적인 생활을 보장하면서 다양한 인생을 살 수 있도록 기다려준다.

행복한 나라에 선택되지 않은 다른 선진국들은 어떤 모습일까? 치열한 경쟁에 내몰리며 일상에 찌들어 가고 있고 언제 해고 당할지 모르는 불투명한 미래환경 때문에 불면증에 시달리거나 우울증에 걸리는 등 국민들의 일상 자체가 우리와 크게 다를 바 없을 것이다. 그나마 선진국의 경우에는 사회 안전망을 어느 정도 구축하여 빈곤층에 대한 지원을 어느 정도 시행하고 있고 최저 임금을 보장하여 기본적인 생활을 누릴 수 있도록 정부가 노력하고 있다.

공통적인 특징은 사회 문제에 대하여 개인의 탓으로 돌리지 않는 것이다. 잘못된 사회 구조는 있을 수 있다. 일부 독재 정권들은 잘못된 사회 구조로 국가를 운영하지만 국민들의 삶은 어느 정도 보장을 해주기 때문에 정권을 유지했던 과거 사례를 볼 수 있다.

반면 우리나라의 경우를 보자. 청년들이 학교에서 배우고 익히는 것은 사회에 진출해서 일하는 데 그리고 인생을 살아가는 필요한 기본적인 지식을 배우는 것이다. 그러나 오늘날 우리의 청년들에게는 통하지 않는다. 대학을 졸업하고 일자리를 찾으려 할 때 학교를 갓 졸업했으니 신입사원이 될 수밖에 없다. 기업에 대하여 이해하고 있는 것은 학과 수업에서 경영 관련 내용을 수강했거나 언론을 통해서 전달되는 상식 수준일 수밖에 없다. 그런데 기업이 요구하는 것은 취업과 함께 당장 자신의 일을 처리할 수 있는 경력사원 수준을 요구한다.

어불성설이다. 신입사원 인건비로 경력직의 역할을 할 수 있다면 인건비 절감 때문일 수도 있다. 학교에서 공부만 하였던 학생들이 어떻게 졸업과 함께 기업의 업무를 수행할 수 있다고 생각하는 것부터 생각이 잘못되어 있다. 기업의 조직 구조도 인구 피라미드와 같이 피라미드 구조를 이루어 많은 사원계층들이 열심히 업무를 배워 가면서 성장하고 실력이 인정되면 관리직, 기술직 간부로 승진하고 최고의 정점에 사장이 있어야 한다. 사원들이 부족한 조직 구조의 기업은 언제 쓰러질지 위험하다.

기업이 경력을 요구하게 되니 학생들은 학교를 휴학하고 인턴이나 워킹 홀리데이 같은 경험을 쌓으려고 시간을 보낸다. 4년제 대학을 정상적으로 4년에 졸업하는 경우가 드물어졌다. 오히려 대학교를 졸업한 후 시간이 경과될수록 신입사원 채용에서 불이익을 두려워하며 일부러 졸업을 안 하고 학생 신분으로 남아 있기까지 한다. 이를 뒷바라지 하는 부모의 희생은 덤으로 이어진다.

이쯤 되면 기업의 역할이나 본질에 대해서 되묻지 않을 수 없다. 특히 사회적 책임 부분에서 너무도 소홀히 하고 있기 때문이다. 기업은 사람들이 모여 새로운 제품이나 서비스를 지속적으로 만들어 판매하여 이익을 창출하는 곳이다. 사람들이 모인다는 것은 사원을 채용해야 하는 것이고 판매를 한다는 것은 소비자가 있으며 소비자들이 살아가는 사회도 있는 것이다. 직원들이 경영진의 일을 대신하여 성과를 달성하고, 소비자들에게 판매하여 이익을 창출하였으니 그들에게 공평한 보상을 실시해야 한다. 직원들에게는 급여를 사회를 위해서는 세금을 내는 것과 같이 기본적인 책무가 있다.

그런데 일부 기업인들의 경우를 보면 자신들의 이익에만 전전긍긍하기에 회사를 발전시키고 성장시키기보다는 현재의 상태를 유지하면서 세습만을 생각하고 있다. 직원을 계속 채용할 생각이 없다. 한 사람 떠나면 남아 있는 사람들이 나누어서 일하면 된다. 그것이 싫은 사람은 떠나면 된다. 계속해서 남은 사람이 다 처리할 수 있다. 특히 이런 현상은 구조조정의 시기에 더욱 심해진다. 남아 있는 생계형 직원들은 진짜 일 잘하고 똑똑한 사람들은 떠나고 갈 곳 없는 사람들만 남아 있다고 한 숨을 쉰다.

우리나라가 한강의 기적을 이루던 시기에는 이렇지 않았다. 기업마다 성장을 목표로 노력하였기에 자기 회사에 필요한 사원들을 채용하고 교육시키면서 직원들의 실력 향상이 기업의 경쟁력 확보로 이어지는 선순환을 이루었기 때문에 가능했던 것이다. 직원들을 자산으로 생각하고 인재를 양성한 것이다. 양성된 인재들이 후일 한강의 기적을 완성시켰고 예전엔 상상도 할 수 없는 경영 성과를 달성하고 있는 것이다. 씨를 뿌렸으니 싹이 돋고 성장해서 결실을 맺었으며 빼앗기지 않고 거두어들인 것이다.

오늘날 다수 기업들이 씨도 뿌리지 않고 남의 결실을 빼앗으려고만

한다. 씨에 해당하는 신입사원들을 뿌리지도 않고 결실만 맺으려고 한다. 신자유주의와 기술 발전이 우리에게 가져다 준 착각은 무한 경쟁을 통해 돈과 기술만 있으면 기업은 영속 성장하고 사회도 발전한다는 것이다. 사람이 사는 사회에 사람이 비용으로 전락하면서 착각에 빠져 버린 것이다. 그러나 100년을 넘어 지속되는 기업들을 보면 사람이 중심인 기업문화와 경영철학이 있다. 기술과 자본으로 M&A를 통해 성장하는 기업들은 많지 않다. 다수의 M&A가 실패하는 근본 원인이 화학적 합병이라고 불리는 이질적인 기업문화가 충돌하면서 매수된 기업의 우수한 인력들이 떠나버리고 잔존하는 인력들 간 고질적인 알력이 사내에 존재하면서 충돌을 일으키기 때문에 당초 목표했던 시너지를 창출 못하고 실패하는 것이다.

우리나라의 재벌그룹은 수많은 계열사를 거느리고 있으나 비교적 동일한 기업문화를 가지고 있다. 이러한 동질적인 문화를 가지고 있는 재벌 그룹의 금융권 계열사 간 합병 사례가 있었다. 상식적으로 생각하면 같은 교육을 받았고 경영 이념과 철학을 공유하고 있으니 문제가 없을 줄 알았다. 그러나 부서장 교류회에서 우연히 들은 얘기로는 10년이 지났는데도 합병하고 당한 회사들의 기존 인력들 간 불협화음은 아직도 해결되지 않고 남아 있다고 하였다. 서로 다른 회사 간 M&A가 얼마나 힘든 것인지 깨우쳐 주는 사례이다.

다시 본론으로 돌아와 보자. 기업 입장에서 직원을 자산으로 생각하게 되면 신입사원은 가공되지 않는 원석으로 보게 될 것이다. 어떻게 가공할 것인지에 따라 가치는 무궁할 수 있다. 그러나 경력 사원만을 고집하게 된다면 이미 어떤 형태로든 가공이 되어 있는 직원이다. 모습이 어느 정도 굳어져 있다. 가능성이 줄어든 것이다. 어떤 선택을 할 것인지는 기업의 생각에 달려 있다. 그러나 가능성이 더 많은 자원을 탐내는 것은 인지상정일 것이다.

청년들을 원석으로 바라보고 채용하는 제도를 다시 복원해야 기업에게도 득이 되고 청년들과 정부에도 도움이 된다. 제도를 바꿀 생각은 안 하고 청년 개인들에게 제도에 맞추라고 강요하며 탈락하는 사람들에게는 노력이 부족하다고 세뇌시키고 자기계발을 더 하라고 주문하면서 젊은 시절을 대기업, 공기업, 공무원 시험에 허비하게 한다면 국가적으로도 엄청난 손실이다. 시간을 허비하기 때문이다. 각국마다 21세기며 4차 산업혁명의 주도권을 잡기 위해 보이지 않는 경쟁을 하고 있는데 우리는 내부에서 밥 그릇 키울 생각보다는 뺏기지 않을 생각만 한다면 이미 시합도 하기 전에 경기에 지게 된다.

기업에 무작정 희생만을 강요해서도 안 된다. 생산성이 떨어지는 고임금 고령자들은 때가 되면 정해진 절차에 따라 퇴직을 할 수 있게 해주고 대신 줄어든 인건비에 상응하는 신입사원 채용을 의무화 하는 것도 한 방법이다. 아무리 두들겨도 열리지 않는 채용의 문을 열지 못하고 임시 방책으로 청년들에게 기본소득을 지원한들 조족지혈이다. 차라리 기본소득을 은퇴자들에게 지급하면 그들에게는 긴요하게 쓸 수 있는 금액이다. 청년들은 결혼도 하고 주택도 마련하고 자식도 양육해야 하는 긴 인생길이 남아있다. 기본소득만으로는 숨만 쉴 수 있을 뿐 살아가는데 한계가 있다. 서로 양보하는 미덕을 보여주자. 할 수 있는 것부터 하나씩 실천하는 것이 발전의 지름길이다. 한 방에 해결하겠다는 것은 안 하겠다는 것과 다를 바 없다. 하지 않겠다는 핑계에 불과하다.

|정치, 경제, 사회, 문화 모든 곳이 얽혀 있다|

갑질과 무한 경쟁에 억압받는 정신에서 정의된 4개의 원인들에 대하여 각각의 잠재 요인들을 정리한 그림이다. '특성요인도'라고 하고 물고기 모양처럼 생겼다 하여 '피쉬본 다이어그램Fishbone Diagram'이라고도 한다. 원인들을 작업자Man, 기계Machine, 재료Material, 방법Method으로 분류하여 각각의 잠재 인자들을 발굴해 가는 방법이다. 4가지 분류를 앞 머리글자를 따서 4M이라고 한다.

사회 문제를 분석하는 데 있어 가장 보편적으로 분류하는 정치, 경제, 사회, 문화 관점으로 분류하고 각각의 잠재 인자들을 구분하면서 가급적 많은 잠재 인자들을 우선 발굴하였다. 제조 공정과 달리 사회 현상은 특정 인자 하나로 인해 문제가 발생하는 것이 아니고 여러 인자들이 서로 상호작용을 하면서 발생하기 때문에 특성요인 분석이 오히려 더 필요한 영역이라고 볼 수 있다.

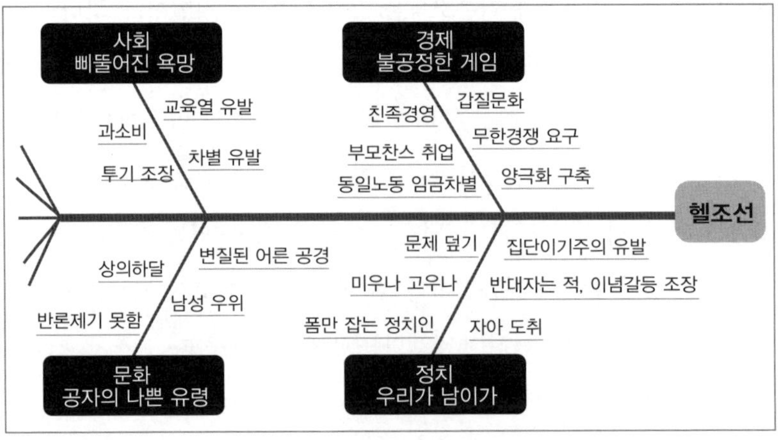

그림 4 헬조선의 잠재요인 및 인자

4가지의 잠재 요인들에 대한 인과 관계를 분석하여 아래 그림과 같은 '인과 관계도Cause & Effect Diagram'를 변형시켜 '헬조선의 숲'을 작성하였다. 삐뚤어진 욕망, 공자의 나쁜 유령, 우리가 남이가, 불공정한 게임들이 뿌리를 내리고 사회의 양분을 빨아들이고 있다. 이 4가지 뿌리들은 자리를 잡고 사회의 영양분을 빨아 들여 각각의 큰 줄기들을 성장시켰다. 삐뚤어진 욕망은 교육열을 유발하고 과소비를 조장하였으며 부에 따른 차별을 만들어 냈고 투기를 조장하였다. 공자의 나쁜 유령은 어른 공경이 변질되어 꼰대 문화를 양산하고, 수직적이고 위계적인 문화를 만들어 경직된 사회문화를 구축하였으며 성차별을 당연한 것으로 생각하게 만들었다. '우리가 남이가'는 집단이기주의를 유발하여 편가르기와 갈등을 부추기고 있다. 불공정한 게임은 경제 전반에 갑질문화와 승자독식의 무한 경쟁을 촉발시켰고 궁극적으로 양극화를 심화시키고 있다.

결과적으로 헬조선의 대표적 상징으로 여겨지는 가지들이 뻗어 나갔고 가치치기를 당한 연애, 결혼, 출산, 취업, 주택, 인간관계, 그리고 희망은 땅에 떨어져 나뒹굴고 있는 곳이 헬조선의 숲이라는 생태계이다. 위의 그림을 보면서 우리가 무기력해진 이유가 상당히 복잡하게 얽혀 있어 한 번에 풀기 어려운 실타래와 같음을 확인할 수 있다. 어떻게 하여 이런 숲이 가능했는지 간단히 파악해 보자.

어렸을 적에 매일 집에는 《동아일보》가 배달되었다. 그러던 어느 날 이상하게 신문지에 빈칸이 많이 보였다. 지면의 위에는 기사들이 실려 있었는데 하단에는 아무 내용도 없었다. 지난 신문을 보니 주로 광고가 차지하던 지면이었다. 이어서 보도되는 뉴스를 들으니 정부에 비판적인 내용을 기사화 해서 정권에 악영향을 준다고 하여 각 기업에 광고를 주문하지 말라는 일명 '동아일보 광고 탄압'이라고 불리는 사건이 벌어지

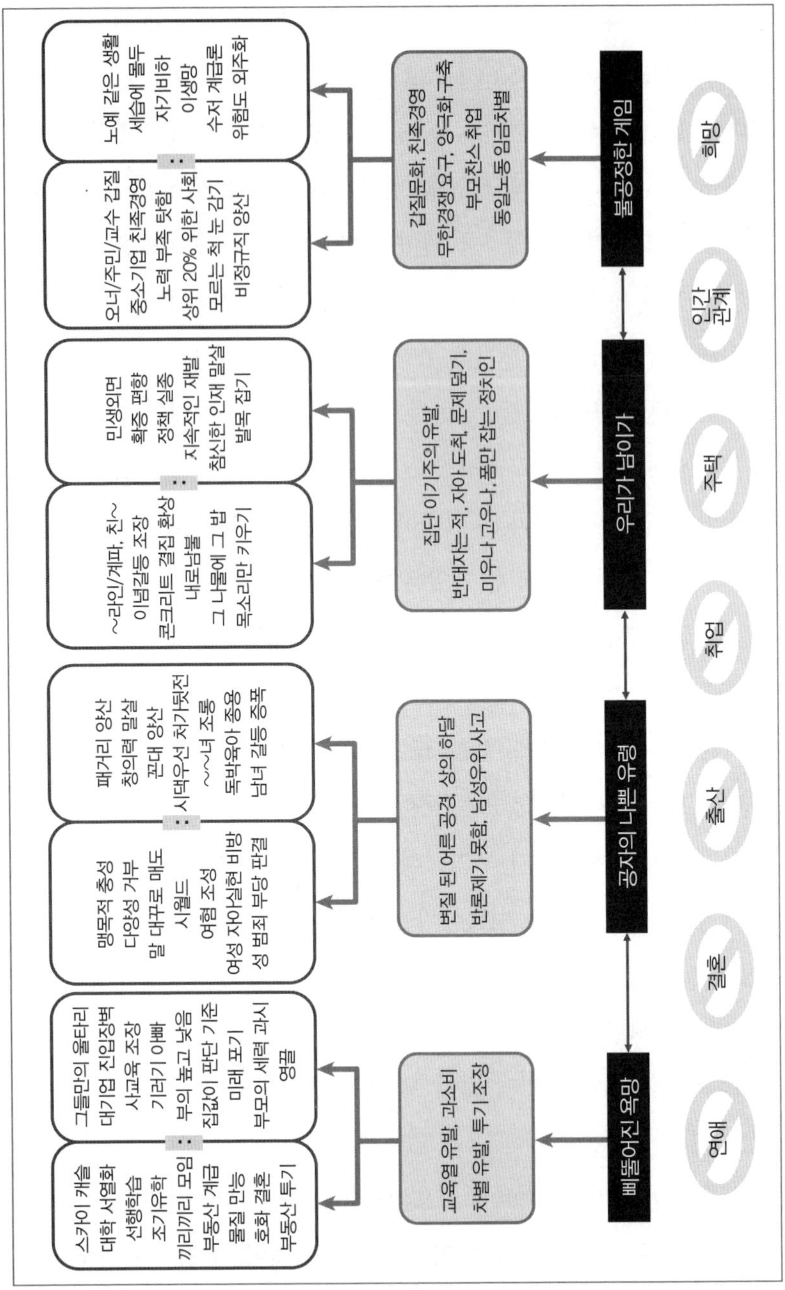

그림 5 헬조선의 숲과 포기사항

고 있는 것이었다. 군사 독재정권에 대항하며 진실을 보도하려고 한 것이 죄목이었다.

라디오 방송국인 《동아방송》도 있었다. 이 역시 야당색이 강하다 하여 지방에 방송국 설립을 허가하여 주지 않아 서울에서만 방송을 송출해야 했던 관계로 타 방송사보다 출력을 강화하여 경기도에서 일부 충청도까지만 청취가 가능했다. 텔레비전은 거의 없던 시절 유일한 언론수단인 신문과 방송을 통제하면서 정권의 치부를 감추려 했던 정부와 이에 저항하여 민주주의의 가치를 실현하려던 언론사를 국민들은 민족의 신문이라며 박수를 보냈었다.

그랬던 민족의 신문이 지금은 어떻게 변질되었나. '쓰레기 언론/신문/기자', 적폐 언론이라 불리며 혐오의 대상이 되었다. 국민은 민주화를 계속 실천하면서 나라를 발전시키고 있는데 앞장서 달려 나갔던 언론들이 어떻게 하여 시대를 거슬러 역주행을 하며 민심에 반하는 일들을 동조하고 찬양하며 카르텔을 형성하게 되었는지 생각해 보게 된다.

아마도 전두환 정권의 언론 탄압 및 기자 해직 등 일련의 반체제 인사들을 제거하고 어용 언론기관을 만든 것이 시발점이다. 1980년에 벌어진 일이었으니 당시 자리를 잡은 어용기자, 어용 사주들의 왕국 건설이 시작된 것으로 볼 수 있다. 돌이켜 보면 세상일들은 계속해서 앞으로만 가지 못한다. '물극필반物極必反', '정반합正反合'이라는 표현에서 볼 수 있듯이 정상과 반대의 현상이 서로 교차되면서 전개되어 나가기 때문이다. 그래서 역사적 사건들의 주기를 보면 대략 30~36년이 흐르면 반대되는 현상이 지배적인 상황이 된다. 1980년도 시작된 언론의 비정상 활동은 30년이 지난 2010년경부터 이미 과거와는 확연히 달라진 모습을 볼 수 있었다. 이명박 정권이 들어서면서 종편 방송이 시작되자 비정상화를 가속화시키게 되었다.

공영방송의 틀에서 벗어난 종편 방송들은 생존을 위해 자극적인 내용, 과장된 보도 등을 통해 가짜 뉴스를 만들어 내는데 큰 기여를 했다. 또 하나 추가되는 것이 유튜브 개인 방송이 아무런 규제 없이 개인 방송이라는 이름으로 돈벌이에 급급한 초보 운영자들을 양산하면서 사회를 혼란으로 빠트리는 기폭제 역할을 지금도 하고 있다.

정치와 언론이 결탁을 하면 이것으로 끝나지 않는다. 언론은 광고가 수입원이 되다 보니 기업에 의존하게 된다. 정부의 보조금을 받아야 하니 눈치를 볼 수밖에 없다. 권력과 돈, 그리고 정보를 가진 사람들이 힘을 모았으니 난공불락의 철옹성이 구축되었다. 이것만으로는 부족하다. 천년 왕국을 건설해야 한다. 과거와 같이 신분제 사회이면 좋겠지만 지금은 일단 자본주의, 민주주의 국가이다. 국민의 눈치를 봐야 한다. 아니면 선거에서 패배하여 천년 왕국은 무너질 수 있다.

보이지 않는 신분제, 계급제를 만들어 간다. 기득권의 먹이 사슬을 만들고 진입을 어렵게 만들면 가능하다. 그리고 잘 모르게 은밀하게 추진해야 한다. 모든 국민들이 착각하고 매진하게 할 수 있는 공통 분모가 있다. 다름 아닌 교육이다. 유난히 교육열이 높은 민족이었고 고도 성장기를 통해 학력이 높으면 좋은 직장에 취직하고 돈 벌어 남부럽지 않게 사는 것을 보았다. 그래서 너나 할 것 없이 명문대학에 자녀를 보내려고 인생을 소비하다시피 매달렸다. 그런데 피라미드의 위로 갈수록 좁아지고 경쟁은 더 치열해 질 수밖에 없으니 선행학습을 통해 불공평한 게임을 시작하기로 했다.

대학입시 제도는 겉으로는 대학 진학의 기회를 더 많이 주고 공평한 제도를 만들겠다고 했지만 결국 부유층 자녀들을 다양한 방법으로 명문

대학에 진학할 수 있는 기회를 주는 것으로 대체된다. 토착 귀족, 신흥 부유층, 부유층 자녀들의 명문대 점령, 부모 찬스로 이어지는 부의 대물림이 착착 진행되면서 천년왕국은 철옹성을 쌓아 간다. 기득권의 먹이 사슬에 어떻게 해서라도 진입하고자 발버둥 치는 사람들이 늘어나면서 사슬의 체인은 점점 더 단단해지고 지쳐서 떨어져 나가는 사람들이 늘어난다.

기득권이 남겨 놓은 한 가닥 희망으로 공무원 사회에 진입하고자 다시금 자기 착취를 하는 것처럼 고시원에서 분투를 하며 청춘을 허비한다. 다시 돌아오지 않은 청년시절을 암울하게 보내고 있다. 이들에게 다양한 기회를 줄 생각을 안 한다. 오히려 '노오력'이 부족해서 그런 것이니 더 자기 학대를 하고 열정을 쏟으라며 '열정 페이' 같은 신조어를 만들어 낸다. 가능성이 희박한 것은 알지만 그래도 실낱 같은 희망에 매달리고 낙오되는 것의 두려움에 떨며 벗어나지를 못한다.

이러는 사이 기득권들이 원하는 세상이 눈앞에 펼쳐지고 있다. 국민들이 다른 생각을 못하는 것이다. 생존경쟁하느라 눈코 뜰 사이 없이 다람쥐 쳇바퀴 돌 듯 생업에 매달리니 조용하다. 조금은 여유 있는 일부 계층들이 소리를 조금 낼 뿐이다. 그것도 사실은 자신들에게도 기득권을 달라는 요구이지 다수를 위한 진정한 목소리는 아니다. 다름 아닌 지식인 계층에 속하는 일부 대학 교수 계층이다.

교수라 하면 명예직 성격이 더 가깝다. 그래서 사람들은 전문성이 있고, 학식이 있으니까 학생들을 지도하기에 존경해주었다. 그러나 여기 또한 안주하는 세력들이 뿌리를 내리면서 기득권화된 계층들이 존재한다. 정치에 참여하여 입신양명하려는 사람들이다. 공직생활을 마치면 다시 학교로 돌아온다. 양손에 떡을 쥔 사람들이다. 작게는 산하기관의 기관장이 되겠다고 그것도 정년 이후 노후를 대비한 보험 목적으로 정치에 참여하는 교수들도 매우 많다. 지방으로 갈수록 점입가경이다. '염불엔 마음이 없고 제삿밥에만 마음이 있다.'는 표현과 같이 제대로 된 정책을 수립하고 사회의 발전을 위한 마음은 애당초 없다. 자신들의 사심을 채우기 위해 나름대로의 추종세력을 구축하고 나눠 먹기를 한다.

사회 곳곳에 예전엔 볼 수도 없었던 기득권들이 산재해 있다. 어지러울 정도로 난무하고 있다. 민생이 철저히 외면 당하는 근본 원인이 여기에 있다. 정작 혜택을 받아야 할 다수의 시민들은 '목구멍이 포도청'이어서 소외 되어있다. 울지도 못하니 젖을 받아 먹을 수도 없다. 울지 않는 대신 징징거리는 세력들이 젖 대신 꿀을 빼앗아 가고 있기 때문이다. 왜 이런 현상이 벌어졌을까? 핵심은 대한민국이 돈이 많아졌기 때문이다. 미국 도널드 트럼프 대통령의 말 대로 부자나라로 발전하였기에 전리품들을 나눠 갖는 과정이었기 때문이다. 그러나 평가가 공정하지 못해 한쪽으로 편중되어 배분됐고 역시나 전쟁터에 직접 싸운 백성들에게는 평화가 돌아 왔을 뿐 충분한 보상은 없는 것이다.

지금 우리 사회에 커져가고 있는 헬조선의 숲이 더 이상 성장하기 못하도록 하기 이해서는 정치, 경제, 사회, 문화 모든 측면에서 서로 얽혀있는 실타래를 풀어야 한다. 실타래를 푸는 것은 지루하고 답답한 일이다. 그럴수록 왜 필요한지 공감하고 인식의 전환을 통해 하나씩 해결해 나가야 한다. 알렉산더 대왕처럼 엉킨 매듭을 칼로 자르면서 해결했다고 할 수도 있다. 그러나 그것은 단발성 방법이지 근본 원인을 제거하지 못한다. 다시 재발할 여지를 남겨 놓은 방법이기에 위험하다. 이번에는 제대로 준비하고 과정을 중요시 하면서 발전해 나가도록 노력해야 우리의 미래세대들이 다시 한번 성공의 후유증을 앓지 않도록 예방할 수 있다.

3부

생각을 바꾸면 행동이 바뀌고 나라가 좋아진다

사람을 위한 효율과 효과 창출에서부터
사람이 원하는 진정한 혁신이 시작된다.
양극화 해소하고 중산층을 복원하자.
모두가 행복해질 수 있다.

| 인문학, 돈 벌기 위한 수단으로 생각했다 |

'응답하라 1988'시리즈가 인기를 끌고 디지털 제품보다 아날로그적 감성이 풍만한 옛날 제품들이 다시 등장하면서 우리 사회에 인문학 열풍이 불어온 적이 있었다. 드디어 정신적이 허기를 채우기 위한 움직임이 일어나는 것으로 생각했다. 그러나 이 열풍은 오래가지 못하고 사라져 갔다. 돌이켜 보면 우리에게 인문학 열풍을 일으킨 가장 큰 영향력을 행사한 사람은 고 스티브 잡스 애플사 사장이었다. 아이패드에 이어 아이폰을 탄생시켜 휴대폰 시장에 혁신을 일으켰던 사람이 애플의 경쟁력의 원천은 인문학적 사고와 이를 반영한 제품의 설계라고 설명한 다음부터 기업들이 앞다투어 인문학적 소양을 갖춰야 한다고 바람을 일으켰다.

이는 취업시장에 변화를 몰고 왔고 취업을 준비 중이던 대학생들에게 인문학적 지식을 쌓아야 한다는 무언의 압박이 작용하였고 공무원 취업 시장에까지 변화의 바람을 일으켰다. 지방자치단체는 평생교육원에 강좌를 신설하고 강사를 초빙해서 교양교육을 실시하면서 맞바람을 일으켰다. 그러나 시간이 흐른 지금은 인문학에 대한 미풍도 감지하기 힘들다. 왜 이렇게 되었을까? 정신적 배고픔을 갈구하던 것이 아니었나 회의를 갖게 한다.

사실이다. 우리는 인문학을 돈을 벌기 위한 수단으로 먼저 받아들였다. 기업은 기업대로 새로운 히트 상품을 만들기 위해서 아이디어를 발굴하고 새로운 디자인을 만들 수 있을 것처럼 착각을 하고 주로 엔지니어들을 대상으로 인문학적 소양을 주입시키려고 했던 것이다. 기업에서의 혁신 경험을 토대로 보면 '우물가에 가서 숭늉 달라'고 하는 것과 같다. 기업이 기존의 제품에서 약간의 변형을 주는 신제품 개발할 경우에는 기능의 추가나 제거를 통해 성능을 개선하거나 모양을 사용자에게 편리하게 디자인하는 등 인문학적 아이디어를 일부 적용할 수 있다. 그러나 새로운 신제품을 연구하고 개발해서 히트 상품으로 만들기 위해서는 일반적으로 10년의 기간이 소요된다.

브라운관 TV가 대세를 이루던 시절 LCD를 이용한 평면 TV를 개발한 회사의 경우도 시제품부터 양산에 이르기까지 10년이 소요되었으며 최근 급속히 성장하는 2차 전지도 10년의 기간이 소요되어 개발을 완성했고 전기 자동차 시장이 형성되면서 히트 상품으로 발전하고 있는 것이다. 이런 과정을 되짚어 보지 않고 단순히 인문학 학습시키고 곧바로 히트 상품 만들라는 것은 마치 수험생에게 고액 과외선생의 지도를 받게 하고 당장 성적이 올라가기를 바라는 것과 같다. 수험생이 지식을 이해하고 자신의 것으로 만들 때까지 시간이 필요하고 이어서 응용할 수 있는 수준으로 도달했을 때 가능한 것이다.

취업을 준비하는 학생들의 입장에서도 취업을 위한 인문학 공부가 우선 시 되다 보니 새로운 스펙을 쌓아야 하는 부담으로 다가오고 면접이나 시험문제를 풀기 위한 암기식 공부로 전락해 버렸다. 그러면서 교육부의 대학평가가 취업률 위주로 전환되자 대학들은 인문학 관련 학과들이 취업에 별 도움이 안 된다면서 학과 통폐합을 추진하면서 없애는데 앞장을 섰다. 인문학이 중요하고 필요하다면서 열풍이 불고 있는데 다른 한쪽에서는 돈 버는데 별 도움이 안 된다고 없애는 이율배반적 행동을 하고 있었던 것이다. 교육을 책임지는 교육부 또한 편향된 대학평가로 인해 불합리한 상황을 만들어 낸 것이다.

우리 사회는 항상 본질이 무엇인지 먼저 확인하기 전에 우리에게 어떻게 편하게 바꿀 것인가를 먼저 생각하는 경향이 강하다. 외국의 좋은 제도가 도입되더라도 그대로 받아들이는 경우가 거의 없다. 우리 방식대로 바꾸는 편법에 능하다. 입학사정관제도의 경우 원래 취지는 대학이 다양한 학생들을 자율적으로 선발하기 위한 것이지만 우리나라의 경우는 부유층의 자녀들이 명문대에 진학하기 위한 수단으로 변질되었다. 다양성을 추구하는 것이 폐쇄성의 상징으로 변했다.

고 이건희 회장이 변화를 주문할 때 먼저 각 회사들에게 지금하고 있는 사업의 개념에 대해서 먼저 정립을 하라고 했다. 업의 본질이 무엇인지 정하라는 것이었다. 일반적으로 백화점의 사업의 본질이 무엇이냐 물으면 유통이라고 대답한다. 그러나 틀렸다는 것이다. 부동산업이 백화점의 본질이라고 하였다. 향후 발전 가능성이 높은 지역에 백화점을 짓고 주변 지역을 발전시켜 상권을 활성화 하여 부동산의 가치를 높이는 것이 업의 개념이라고 했다.

우리가 인문학을 배워야 하는 이유도 같은 맥락으로 풀 수 있다. 인문학을 통해서 취업을 하거나 돈을 버는 것은 백화점을 유통업으로 이해하는 것과 같은 것이다. 우리 삶의 본질을 이해해야 한다. 인간으로서 사람답게 살아가는 방법, 나의 생각과 주장을 다른 사람들과 교류하고 소통하면서 살아가는 방법 등 각자의 자존감을 찾고 자유로운 개인으로서 주체적으로 사회활동을 할 준비를 하는 것이다. 기본 소양이 갖추어져야 사회활동도 원활하게 할 수 있다.

인간은 평등하다고 했는데 왜 남녀 차별이 존재하는지 의문을 갖고 개선할 방법을 찾아야 한다. 평등한 사람들인데 왜 돈이나 권력을 가지고 상대를 억압하는지도 의문을 가져야 한다. 방치할 경우 힘 있는 오만한 지도자가 등장할 때 저항을 못하고 억압받으면서 히틀러 같은 독재자의 탄생을 가능하게 할 수도 있다. 기회도 공평하게 주어져야 하는데 왜 가진 사람들은 더 많은 기회를 갖고 못 가진 사람들은 교육기회에서도 차별을 받아야 하는지 생각하고 균등한 기회를 달라고 주장해야 개선이 된다.

중앙 대학교 김누리 교수의 『우리가 불행한 것은 당연한 것이 아니다』에서 1968년도 유럽에서 시작되어 전 세계로 확산된 68혁명을 소개하면서 각국의 사례를 설명하고 있다. 안타깝게도 우리나라는 당시의 냉전과 분단 상황에서 군부독재로 인해 유일하게 68혁명이 전파되지 못하고 구시대적 사고가 고착되었다는 것이다. 정신적 허기를 채우기 위한 밥도 짓지를 못했으니 우리는 밥상을 구경하지 못하고 있는 것이다. 요즘은 압력 밥솥이 발달되어 20분 내로 따뜻한 밥을 먹을 수 있게 되었다. 늦었지만 성능 좋은 밥솥과 요리 기구를 동원하여 빨리 정신적 허기를 채울 인문학 밥상을 차리자.

20년 만에 다시 읽어 본 상명대 김경일 교수의 『공자가 죽어야 나라가 산다』에 우리 사회의 고착화된 권위적이고 위계적인 문화를 다시금 실감하게 만들었다. 마치 20년 전에 공자를 죽였지만 유령이 살아서 아직도 영향력을 발휘하고 있는 것 같았다. 공자를 죽여야 하는 것이 아니다. 유교 자체가 문제 있는 것이 아니다. 유교의 좋은 사상들은 빼놓고 사람들을 억압하고 지배하기 쉬운 개념들만을 추출하여 자신들의 통치를 위한 수단으로 악용하는 세력들을 없애야 하는 것이다.

인간은 누구나 존엄하고 평등하며 모든 억압으로 자유로워야 한다는 기본 정신으로 되돌아 가야 한다. 그래야만 당연하다고 오해하며 짓눌리는 인권 유린, 성 차별, 무한 경쟁, '갑질' 등의 억압에서 해방될 수 있다. 인문학을 어려운 학문으로 생각하지 말자. 사람이 살아가는데 필요한 기본적 소양이다. 이는 사회생활을 하는데 있어서 본질이고 근본이다. 본질을 소홀히 해서 기회손실이 발생해도 모르고 지내던 백화점 사례를 참조하자. 지금의 물질문명에 만족하면서 피폐해진 정신으로 인해 놓치고 있는 우리 삶의 기회손실이 무엇인지 생각하고 본질을 찾아 정신을 회복시키는 행동이 필요하다.

| 생각을 바꾸자 |

■ 생각의 범위를 넓히자, 효율만 강조하고 사람이 빠져 있다

앞만 보고 달려오던 시절에는 일을 하는 데 있어 투입하는 인풋 대비 산출되는 아웃풋을 증가시키는 것이 최고의 가치였다. 일명 효율을 높이는 것이다. 그런데 문제는 같은 10%의 효율이라고 해도 A=10/100, B=100/1000은 같이 비교할 수 없다. 외형적으로만 보면 같아 보이지만 내실을 따지면 B의 경우는 부실이 많아 보인다. 만약 인풋을 500으로 줄일 수 있다면 B=20%로 증가할 것이다. 인풋을 줄인다는 것은 투입되는 자원의 낭비를 줄이는 것을 의미한다. 안 해도 되는 일, 중복된 일, 처음부터 제대로 하지 않아서 폐기되는 일 등을 줄이는 것이다. 생각의 범위가 인풋, 일(작업), 아웃풋만 고려하면 되었다.

기업에서는 원가 절감이라고 불리는 활동이 있다. 원가 절감을 효과적으로 하기 위해서 지속적으로 작은 것부터 하나씩 개선하는 방법이 있고 대대적으로 문제되는 부분을 없애거나 바꾸는 혁신이라고 불리는 일들이 진행된다. 그렇다면 왜 원가 절감을 해야 하는가? 고객들은 품질 좋고 가격이 저렴하며 원하는 것을 빨리 가질 수 있는 것을 원한다. 그리고 경쟁자들은 이런 고객의 요구들을 하나씩 충족시키면서 고객을 확보하고 만족시키고 있기 때문이다. 나의 고객을 하나 둘씩 빼앗아간다. 생존을 위해서 혁신이 필요해진다.

이제부터는 내가 만들어서 놓은 것을 파는 것이 아니다. 고객이 원하는 것을 만들어서 팔아야 한다. 지금까지와는 반대로 생각을 하고 고객 만족을 위해 일하는 방법을 바꿔야 한다. 내가 만들어 내던 제품이나 서비스인 아웃풋에 대하여 고객이 원하는 것인지 먼저 파악해야 한다. 그러므로 요구사항이 무엇인지 이해하고 제품이나 서비스를 설계하고 만들어야 한다. 이제 고객이 생각의 범위 및 업무에 포함되어야 한다.

범위에 포함해야 할 대상이 하나 더 있다. 고객이 원하는 것을 만들기 위해서는 인풋의 공급이 달라져야 한다. 부품이나 원료도 품질이 좋고, 저렴하고, 빨리 공급이 되어야 한다. 일류 요리사의 실력에는 좋고 신선한 재료가 있어야 한다. 좋은 제품이나 서비스를 위해서도 양질의 부품이나 원료가 필요하다. 이를 공급하는 공급원까지도 관리해한다. 이를 요약하면 공급원(Supplier) 〉 투입(Input) 〉 업무진행(Process) 〉 결과(Output) 〉 고객(Customer)의 순서이며 약자로 SIPOC 프로세스라고 한다.

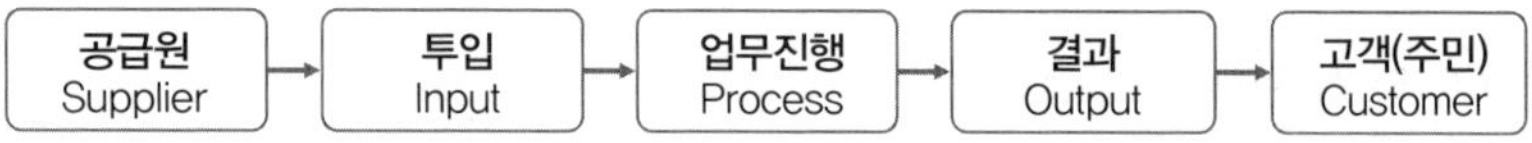

이제는 제품이나 서비스를 만들어 내는 업무에 대해서도 업무의 고객이 누구인지 명확히 해야 하고 업무의 인풋 개선을 위한 공급원이 누구인지도 파악해야 한다. 대상과 범위를 넓히는 생각의 전환이 필요하다. 정부의 행정업무에 대하여 생각해 보자. 행정 서비스의 고객이 누구인지 먼저 정의가 필요하다. 이어서 투입에 대한 근원인 공급원까지 필요하다.

전국의 지방 자치단체들마다 앞다투어 추진하는 문화관광발전 사업의 예를 들어보자.

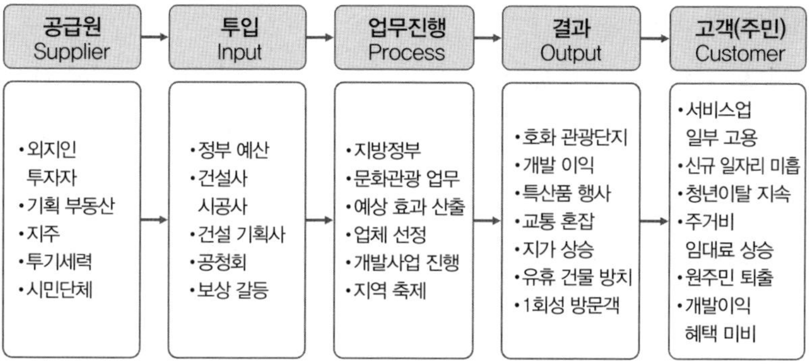

그림 6 문화관광 행정 프로세스의 고객과 공급자 예시

공급원 (Supplier)

많은 지자체들이 비슷한 실수를 반복하는 핵심 요인들에 해당된다. 탐욕에 물든 개발업자들이 주를 이룬다. 또한 지역 내 토지를 소유한 지주들이 지가 상승을 위한 욕심이 근원이 되기도 한다. 경제활성화라는 명분아래 환경보호보다는 개발을 최고의 가치라고 주장한다. 시민단체들이 반대를 하지만 개발이익의 힘 앞에서는 힘이 모자란다. 개발의 배후와 진정 얻고자 하는 것이 무엇인지 알아내야 한다. 주민과 동떨어진 개발자를 위한 개발을 중단하도록 해야 한다.

투입(Input)

공급자들이 깔아 놓은 판에 정부 사업이 추진되기 시작하면 사업 추진을 위한 자원들이 투입된다. 이미 공급자들은 자취를 감추었다. 보상 등 개발 이익에 대한 갈등이 시작된다. 지역내 건설사들이 추진하기 어려운 대형 사업일 경우 외지의 사업자들과 함께 참여한다. 지역의 자본이 역외로 빠져 나간다.

업무진행 (Process)

정부의 관행대로 타당성 조사, 업체 선정, 예상 효과 산출, 전시성 행사 등이 처리된다. 새로운 관광단지가 들어섰을 때 지역 경제에 미치는 영향, 경제적 효과와 실질적으로 주민 생활에 가져다 줄 낙수효과 같은 성과보다는 물리적인 시설 구축으로 보여주기식 성과의 창출이 우선 시 된다. 콘텐츠 개발과 같은 지속적으로 관광산업이 발전하고 유지되기 위한 노력은 찾아 볼 수 없다.

결과 (Output)

관광단지가 오픈이 된다. 초기 호기심을 갖고 관광객들이 방문한다. 그러나 특색이 없다. 거의 표준화된 시설물들이 세워졌다. 콘텐츠라도 있으면 다른 지역과 차별화 할 수 있지만 하드웨어 중심으로 개발되었기에 더 이상 볼 것이 없다. 지역의 먹거리를 판매하는 부스도 거의 동일한 메뉴들이 재등장한다.

지역 특산품 축제를 가 보아도 판매 종류만 다를 뿐 부스에서 판매하는 먹거리들도 동일하다. 주차 문제로 시간 허비한다. 결국 1회성 방문으로 끝나고 추가 관광객 유치가 어려워진다. 지역을 홍보한다는 목적으로 설립된 많은 문학관, 기념관, 전시관 등은 찾는 손님이 없어 폐허 수준으로 텅 비어 있다. 호화 리조트는 지역에 체류할 관광객들을 흡수하여 민박 등 수요를 잠식해버린다. 일부 지자체에서는 민박 개량사업을 통해 체험형 관광객 유치도 시도한다. 하지만 다양한 문화 체험과 같은 콘텐츠가 부족하여 머무를 이유가 없어 떠나게 만든다. 그런데 개발 이익은 누군가가 가져갔다.

고객(주민/Customer)

지역경제 활성화를 위해 투입한 문화관광 사업이었지만 지역에 살고 있는 주민들에게는 어떤 영향도 미치지 않는다. 관람객으로서 진행과정을 지켜 보는 것밖에 할 수 있는 것이 없다. 공무원들이 지역 주민들의 소리를 청취하고 해결하기 위해 같이 고민한 적이 없다. 형식적인 공청회 몇 번하고 보상하고 끝낸다.

사업의 목표 및 성과가 실제로 주민들이 원하는 일자리 창출, 관광객 증가를 통한 주민 소득 증가 등 실생활의 변화가 아니다. 개발을 위한 개발 사업의 성공이 목표였다. 일정 내 책정된 예산 소진하고 시설물 구축하고 행사 시행하는 것이 목표였기에 공무원들은 소기 목표를 달성했다. 주민의 소리가 아닌 조직 상부의 소리에 귀 기울이기 때문이다.

개발 후폭풍으로 지가가 상승하면 주택 가격, 상가 임대료가 상승하여 기존 주민과 영세상인들이 몰락한다. 젠트리피케이션gentrification[5]이 일어나서 원주민들은 내쫓기듯 떠나고 외지인들이 들어선다. 난개발로 인해 지역은 옛 정취를 잃어버리고 현대식 건물들로 대체되었기에 추억을 찾던 사람들도 오지를 않는다. 불신과 갈등의 후유증만 남는다. 누구를 위한 개발인지 되묻지 않을 수 없다.

일본의 사케 술도가 한 곳의 사례를 보자. 발효 시 보스 스피커에 모차르트 곡을 들려 주면 사케의 맛이 좋아지는 것을 발견한 술도가 장인은 폭주하는 주문에 밀려 하루 평균 5,000대의 차량이 시골마을을 오고 가는 호황을 누리게 된다. 공장은 확장을 해야 한다. 당연히 지역 주민들의 소음, 분진, 교통 체증 등 민원이 발생하게 된다. 이때 술도가는 상생

---

5) 젠트리피케이션gentrification: 도심 인근의 낙후 지역이 활성화되면서 외부인과 돈이 유입되고, 임대료 상승 등으로 원주민이 밀려나는 현상이다.

의 아이디어를 제안한다. 사케를 포장하는 종이 박스와 종이 끈을 지역의 노인들이 만들어서 공급하도록 하였다.

술도가를 구경하러 수많은 관광객들이 방문하게 되자 지역의 특산품과 기념품을 만들어서 팔 수 있도록 하였다. 사람이 늘어나고 매장도 증가하게 되니 자연스럽게 일자리를 찾아 청년들이 모여들게 되었다. 노년 일자리와 청년 일자리가 동시에 해결되었고 시골 마을은 활기를 되찾게 되었다. 지역 발전과 개발에 따른 이익을 특정 계층이 독점해서는 안 된다. 기존 지역의 산업도 살릴 수 있고 새로운 일자리를 만들면서 지역 경제를 활성화 하고 동시에 술도가도 발전하는 상생의 모델이다.

우리나라도 관광산업을 개발할 때 술도가와 같은 산업 생태계 및 지역 발전의 기회를 같이 도모할 수 있도록 계획을 세워야 한다. 대규모 자본을 가진 사람들만 이익을 보는 산업화 시대의 개발 전략은 필요하지 않다. 오히려 환경을 파괴하고 오염을 불러올 뿐이다. 관광과 문화가 어우러진 문화관광산업 시대에 맞는 상생 발전의 기회를 만들어야 한다.

새로운 협력 모델로 제시되는 민관협치가 단순히 개념이나 구호로써 끝나지 않으려면 고객인 주민이 원하는 것을 해결하기 위해 공무원들과 주민들 그리고 시민단체들이 주민의 요구를 해결하기 위해 함께 머리를 맞대고 협력해야 실행 가능해진다. 그렇게 하기 위해서 행정 업무의 범위를 Supplier 〉 Input 〉 Process 〉 Output 〉 Customer로 확장하여 관리해야 효율과 효과를 동시에 달성할 수 있다. 더 이상 주민이 관람자로서 소외되면 안 된다. 민생문제 해결의 주체로서 정정당당히 요구하고 실행해야 민생문제가 해결되기 시작한다. 아쉬운 사람이 움직여야 도와줄 사람도 등장하고 일이 해결된다. 해결해 주기를 기다리고 의지하면 우선 순위에서 밀리고 시간만 흘러간다. 생각의 변화와 실천이 필요한 시기이다.

지금까지 주민의 만족보다는 행정업무의 효율 자체에 치중했던 행정 서비스에 대한 관점을 주민과 함께하는 고객 만족도를 향상시키는 관점으로 바꾸어야 한다. 서비스를 제공받을 고객이 누구이며 무엇을 원하는지 명확히 파악하고 만족시키려 노력해야 한다. 동시에 행정에 필요한 자원에 대해서도 대상을 확대하여 필수 자원을 확보하는 노력도 함께해야 한다. 공급자와 고객으로까지 업무의 범위를 넓혀 생각해야 종전과 다른 아이디어 및 해법들을 발굴할 수 있다. 행정기관 혼자서 다 할 수 없다. 행정기관의 자원의 한계로 인해 못하는 것도 있다. 이제는 주민들의 전문성과 경험을 포함하여 주민과 행정기관이 함께 협업하여 문제를 해결해야 한다.

현장을 더 잘 알고 있으며 진정으로 주민들에게 필요한 것이 무엇인지 발굴하여 핀셋처럼 족집게 서비스를 하게 되면 예산도 절감할 수 있다. 절감한 예산만큼 세금을 줄일 수 없다면 복지 등 필요한 다른 부분으로 전용할 수 있다. 최소한 증세는 방지할 수 있을 것이다. 행정기관과 주민 모두 만족하는 일들이 자주 발생할 것이다. 인식을 전환하고 생각만 바꾸어도 할 수 있는 일들이 많다. 행동으로 실천하여 성과를 만들어 가면 된다.

■ 변화는 주어지는 환경이고 혁신은 변화에 대응하는 것이다

기업에서 제품을 만드는 공정의 작업자가 불량품을 만들어 냈을 때 과거 품질 검사를 위주로 하던 시절에는 작업자의 잘못을 추궁했다. 심지

어는 작업자별 불량품 발생 수를 비교하면서 실적이 낮을 경우 질책과 비난을 주면서 생산성을 올리라고 주문했다. 지금도 같은 지시를 하는 많은 작업장들이 있을 것이다.

그런데 선진 기업들을 벤치마킹하고 나서 품질 검사가 아닌 품질 경영과 프로세스 혁신을 이해하게 되니까 생각이 달라지고 행동 또한 변하게 되었다. 품질검사 수준은 단순히 만들어진 결과물을 놓고 합격, 불합격을 따지는 것이다. 다시 말해 결과를 중시하는 문화이다. 하지만 제품이 만들어지려면 원료나 부품이 투입되고 만드는 과정이 있고 나서 제품이 나오는 순서가 진행된다.

만약 만드는 과정이 잘못 되었다면 작업자가 아무리 열심히 하여도 불가항력적으로 불량품이 나올 수밖에 없는 것이다. 과정을 점검하지 않고 결과로서 작업자를 평가하는 것은 잘못되었다는 것을 깨닫게 되었다. 불량품을 만든 작업자를 탓할 것이 아니라 불량품을 만들어 내는 과정으로 작업 지시, 작업 방법, 표준 등은 제대로 만들어졌으며 지켜지고 있는지 되짚어 보게 되었다. 결과를 중시하는 문화에서 과정을 중시하는 문화로 바뀌고 사람들의 인식이 변화하게 되었다.

혁신은 이렇게 시작되는 것이다. 혹자들이 사실 여부를 오해하고 막연하게 인용하는 '혁신은 가죽을 새롭게 하는 고통스러운 과정이다.'라고 말하는 것처럼 혁신은 죽을 것 같은 희생이 강요되는 것이 아니다. 사실 여부를 오해 한다는 것은 가죽 '혁革' 자는 이미 죽은 동물의 가죽이라 생명력이 없는 것이다. 당연히 고통이 있을 수 없다. 단지 헌가죽을 다듬어 새롭게 하는 작업자의 노동이 필요한 것이다.

반면 가죽 '피皮' 자는 피부라는 단어에서 알 수 있듯이 살아 있는 생명체의 가죽 아래에 있는 살과 같은 것이다. 과거 봉건 왕조 시절 처형

중 하나로서 죄인을 놓고 "저 놈의 껍데기를 벗겨라"하는 형벌이 이에 해당될 것이다. 그러므로 혁신을 피부를 새롭게 하는 것이라고 착각하게 하는 것은 엄청난 과오를 일으키게 하는 명백한 잘못이다. 필자도 처음 유명한 교수로부터 이런 표현을 들으면서 혁신에 대한 잘못된 인식을 갖게 되었다.

그러나 20년간의 혁신을 직접 추진하고 체험하는 과정을 통해 잘못된 인식에서 벗어나서 혁신을 다른 말로 좀 더 부드럽게 표현하면 변화라고 설명할 수 있음을 이해하게 되었다. 혁신이 무엇이냐는 질문을 받게 되면 이제는 자연스럽게 '변화變化'라고 답한다. 변화도 풀어서 설명하면 '변變'은 변한다는 뜻이고, '화化'는 변해서 무언가 된다는 것이다. 변하여 결과를 만들어 내는 것이 변화이다. 물질적인 물건을 만드는 것도 원료를 변화시켜 제품을 만드는 것이고 생각을 바꿔 행동이 변하는 것도 변화이다. 모든 만물에 적용되는 반복되는 과정이다.

아무 것도 안 하고 움직이지도 않는 사물도 반감기를 가지고 있다. 오랜 시간이 걸리지만 스스로 반으로 줄어드는 기간이 있다. 세상에 변치 않는 것은 없다. 우리가 살아가는 세상도 똑같이 변화하고 있다. 그러므로 혁신을 하기 전에 우선 변화의 원리부터 이해한다면 혁신을 추진하는 것이 한결 수월해질 것이다. 생각이 변해야 행동이 바뀌고 행동이 변하여 반복되면 습관이 된다. 눈에 보이지 않는 사회 현상은 상기 과정을 거친다. 사회를 변화시키기 위해서는 구성원들의 생각이 변해야 한다. 지난 60년간 한강의 기적을 이룩한 우리 민족도 돌이켜 보면 집단의 생각이 환경에 따라 어떻게 대응하면서 변해왔는지 이해를 도울 수 있다.

보릿고개 넘기는 고생을 하던 시절에는 배고픔을 극복하기 위해 움츠린 배에 허리띠까지 졸라매면서 모든 것을 참고 견뎌냈다. 인권 탄압이라는 단어는 귀에 들어오지도 않았고 독재 정권의 횡포도 눈 감았다. 경제 성장과 더불어 허기를 메우고 나게 되면서 이제는 사람답게 살아보자고 독재타도를 외치며 민주화 운동을 하였고 산업현장에서의 인권유린과 탄압에 대항하고자 노동조합을 만들면서 투쟁해 나갔다.

해외 수출이 증가하고 경제가 순풍을 달고 '아시아의 네 마리 용'이란 수식어가 붙을 정도로 호황기를 맞이 하게 되자 내 집 마련의 꿈을 실현하고자 하였다. 때마침 노태우 전 대통령은 주택 100만호를 건설하겠다는 공약과 함께 경기도 지역에 신도시를 건설하면 내 집 마련의 희망을 갖게 했다. 이제는 허리띠 풀고 살 수 있게 되었다.

그러나 이때부터 정상궤도에서 벗어나기 시작하게 되었다. 우리 말에 '사돈이 땅을 사면 배 아프다.', '배 고픈 건 참아도 배 아픈 건 못 참는다.' 는 사고가 지배적으로 작용하기 시작했다. 어렵게 내 집을 마련했는데 주위를 보니 나보다 더 큰 집, 더 호화로운 집을 가진 사람이 보이기 시작한다. 배가 아프기 시작한다. 경쟁에 돌입한다. 너나 할 것 없이 더 큰 아파트로 달려가기 시작했고 이런 심리를 악용하는 '복부인'들이 등장하면서 투기판으로 변질되었고 이러한 기조가 오늘날까지 이어져 오고 있다.

욕망이라는 폭주 기관차에 탄 승객으로 변하였고 이 기관차도 종착역이 있을 텐데 끝없이 달려갈 것으로 착각하고 환상 속에서 생을 보낸다. 어릴 적 일본 만화영화《은하철도 999》를 보고 자란 세대여서 철로 없이 달리는 꿈속에 빠져 있는 것 같다.

사회 문화적으로는 베이비붐과 남아 선호 사상이 결합하여 집집마다 아이들을 많이 낳았다. 자원은 없는데 인구가 급격히 증가하면 문제가 된다며 '산아 제한'정책을 전개했다. 출산을 장려하는 지금과 비교하면 정반대의 일이 전개되고 있다. “딸, 아들 구별 말고 둘만 낳아 잘 기르자” 둘만 낳다 보니 남아 선호에 대한 의미가 퇴색되면서 선택의 폭도 좁아지게 되어 여아들만 태어난 가구들도 많이 증가하였다. 잘 기르자고 하였으니 여아들도 과거와 달리 남아들과 동등한 교육을 받으면서 성장하였다. 여성 해방 운동과 함께 그리고 고등교육을 받은 여성들의 사회진출 증가와 함께 좁은 일자리를 놓고 경쟁하는 남녀 갈등의 길로 궤도 이탈을 하고 있다.

『82년생 김지영』이란 소설이 등장하면서 한 동안 여성을 혐오하는 여론이 일부 남성들을 중심으로 확산되면서 성 대결 구도를 만들어 갔다. 필자는 소설 책 대신 영화를 보았다. 보고 느낀 점은 앞서 물건 만드는 작업장의 작업자 사례와 같음을 확인하였다. 대한민국 사회에서 여성이라는 작업자가 잘못된 작업 방식과 작업 표준으로 인해 불량품을 만들었다고 비난 받는 것과 다를 바 없다. 공자의 제자들이 만든 유교문화가 시대의 변천에 따라 변하지 않아 생기는 현상이라고 말할 수 있다. 특히 남존여비, 가부장제 같은 현대의 사회, 경제 환경에서 보면 고리타분하고 폐기되어야 할 것들을 아직도 목숨 걸고 지켜야 할 가치인 것처럼 숭상하는 지배세력들부터 생각을 바꿔야 한다.

농경사회 시절 남자들의 근력과 완력을 활용해 생계를 유지하던 시절에 만들어진 규범, 도덕들을 수천 년이 지난 정보화 사회에서도 똑같이 유지하려는 것부터 잘못된 시작이다. 남자와 여자는 성적으로 다른 것을 인정해야 한다. 어느 한쪽의 우월한 부분을 가지고 우열을 판가름하는 것은 1차원적 사고이다. 서로의 장단점이 있는 것을 인정하고 상호보완하는 것이 서로의 발전을 위해서 해야 할 일이다.

농경 사회에서부터 산업화 사회까지는 남성적 사고나 힘이 경제를 발전시키고 사회를 이끌어 가는데 유리하게 작용했던 것은 사실이다. 수직적 지위 체계에서 일사불란하게 움직이면서 산업을 일구는데 남성들의 노동력이 우수했다. 그러나 정보화 사회로 진입하면서 수평적인 네트워크가 가능해지고 겉으로 드러나는 물리적인 힘보다는 내적으로 잠재해 있는 소프트적 힘이 경제발전과 사회 구성에 유리한 시대로 접어들고 있다.

교육 또한 과거 남성들 중심으로 혜택을 받았지만 이제는 여성의 학구열과 교육 수준이 남성들보다도 앞서고 있다. 물리적인 힘보다 소프트적인 감성과 공감이 중요해지는 사회에서 천성적으로 이를 보유하고 있는 여성들이 교육과 지식 측면에서도 남성들과 차이가 안 난다면 당연히 동등한 기회를 보장해 주고 일할 수 있도록 하는 것이 국가와 사회에 이바지하는 것이 훨씬 크게 된다. 하지만 과거의 인습에 묶여 여성들을 범국가적 차원의 인재로 보지 않고 한 가정의 특정한 일에만 매달리도록 강요하고 있기 때문에 문제가 발생하는 것이다. 잘못된 매뉴얼이다 개정을 해야 한다..

독박 육아, 경력 단절을 여성들에게만 강요하는 것 또한 변해야 한다. IMF 사태 이후 우리 국민들은 평생직장 개념이 사라진 것을 깨달았다. 한 직장에서 뼈를 묻겠다고 맹세하여도 자신이 죽을 때까지 그 회사가 존재한다고도 믿을 수 없게 되었다. 가장 혼자서 가계를 책임질 수 없는 상황도 수시로 가능해졌다. 맞벌이로 내몰리는 가정도 늘어 나고 있다.

여성들도 많이 배우고 지식 수준이 높아지다 보니 자아실현의 의지가 강해졌다. 자연스러운 현상이다. 이를 두고 시집 가서 애 낳고 남편 잘 건사하면 된다는 식의 강요는 인권탄압이다. 아무런 죄책감 없이 식구라는 미명 아래 가사에만 전담할 것을 암묵적으로 수시로 강요한다. 그러려면 무엇 하러 공부한 것인가. 단순히 남편의 수준에 맞추기 위한 구색 맞추기였다면 사회적 손실이고 당사자에 대한 인격 모독이다.

지금은 많이 변하였지만 결혼하고 나면 아직도 시댁 문화에 익숙해질 것을 요구하는 문화가 남아 있다. 호칭에 있어서도 시댁 식구들은 높여 부르는 호칭들이 현재에도 사용되고 있다. 서로 다른 두 집안이 만나서 대립을 하기보다는 양가 가풍의 좋은 점들은 서로 보완하면서 살아가도록 기다려줄 수 있어야 한다. 폭력 조직에 가담하려면 그 조직에 충성해야 한다. 일반 조직과 다른 점이 바로 무조건 복종하는 것이다. 조폭하고 다를 바 없다. 사회 생활을 하면서도 새로운 회사에 취직하거나 이직을 하게 되면 다른 문화에 적응할 수 있는 시간이 필요하고 조직 구성원들도 이해해 주면서 적응할 수 있도록 도와준다. 하물며 평생을 같이 지낼 사람을 맞이하면서도 최소한의 배려나 적응 기간 없이 "너는 집에서 그렇게 배웠냐!" 식의 모멸감을 주는 언사나 행동으로 초지일관 한다면 견뎌낼 수 있는 사람 많지 않다. 과거에는 참고 살았다고 한다. 과거는 그랬지만 지금은 상황이 다른데 왜 자신들의 한을 며느리에게 쏟으려고 하는지 앞뒤가 맞지 않다.

이러한 양성평등의 인식이 자리잡지 못하면 위에서 설명한 현재 우리 사회가 당면하고 있는 많은 문제들을 해결할 수 없다. 왜냐하면 기존과 다른 새로운 질서를 요구하는 환경이고 이것에 대응하기 위해서는 종전과 다른 혁신을 추진해야 하는 상황이기 때문이다. 최근 연일 쏟아져 나오는 정치, 사회, 경제 등 다방면의 문제들을 보자. 검찰 집단의 이기주의, '무전유죄 유전무죄'로 비난 받는 법원의 비정상적 판결, 공무원들의 직무 관련 땅 투기 등 상식적으로 이해할 수 없는 일들이 그 동안 묻혀져 있었지만 한계에 도달했다. 이제는 더 이상 감출 수 없는 환경이 되었기에 드러나기 시작하는 것이다. 환경이 변하였고 이에 적응하기 위해서는 변화된 환경에 맞게 대응해야 한다. 여름에서 겨울로 계절이 변하였는데 계속 여름 옷 입고 버틸 수 없다. 겨울 옷을 꺼내 입어야 한다. 진화의 법칙에 충실해야 한다. '강한 종種이 살아남는 것이 아니라 변화에 적응하는 종이 살아남고 진화한다.' 그래서 우리 사회는 혁신을 해야 21세기에 생존할 수 있게 된다. 하기 싫다고 안 할 수 있는 것이 아니다. 현상 유지만 하면 된다고 버틸 수도 없다. "피할 수 없으면 즐겨라!" 이 말 외에는 답이 없다.

■ 세대 차이는 필연이다. 그러나 갈등으로 분열되면 안 된다

전화기가 없던 시절 인류의 소통 방법은 직접 만나서 대화하거나 문자를 이용하는 편지 또는 전보를 통해 이루어졌다. 전화기의 발명은 시간과 공간의 제약을 뛰어넘어 언제든지 연락할 수 있는 기회를 갖게 되었다. 초기 전화기는 말하는 곳과 듣는 곳이 분리되어 있어 두 손을 사용하여 통화를 했다. 이후 기계식 교환기가 발명되면서 전화기에 0~9까지의 숫자가 적힌 기계식 다이얼이 부착되고 이를 돌리면서 원하는 전화번호로 상대방과 통화가 이루어졌다. 1990년대 무렵 전자식 교화기가 보급되면서 전화기에서 기계식 다이얼이 사라지고 버튼을 누르는 전자식 다이얼이 부착되었다. 돌리던 방식에서 누르는 방식으로 전환되었다.

마이크로소프트의 설립자 빌 게이츠가 전화기 관련된 자신의 일상을 소개한 적이 있다. 기계식 다이얼이 있는 전화기를 자녀들에게 주면서 전화를 걸어 보라고 했더니 한참을 들여다 보면서 방법을 못 찾고 고민하면서 나중에는 기계식 다이얼 구멍에 적힌 숫자를 보고 손가락을 넣어 누르는 것을 봤다고 했다. 사람은 성장하면서 경험하는 주변 환경에 많은 영향을 받으면서 자신들만의 새로운 지식을 축적해 나간다. 기계식 전화기를 경험하지 못한 세대는 전화 다이얼을 돌리면서 태엽과 같은 감는 소리와 다이얼이 되돌아 가는 시간 동안 초조해 하며 누군가의 통화를 애타게 기다리던 감정을 이해하지 못한다. 재빨리 번호만 누르면 곧바로 통화가 이루어진다. 통화중만 아니면 곧바로 연결된다.

단순한 전화기 하나에서도 세대 간 차이가 발생한다. 서로 경험한 것이 다르기 때문이다. 공통 부분이 없다면 서로 이해하기 힘든 것이다. 같은 모국어를 사용하지만 대화가 안 된다. 통역이 필요하다. 기술의 발전은 전화기에서 보다 더 폭 넓고 빠르게 진행되고 있다. 자동차도 기계 장치의 비중보다 전자 장치의 비중이 높아지고 있다. 가전 제품들도 인터넷과 연결되면서 스마트폰으로 제어가 가능해지고 있다. 보릿고개는 사라지고 일부러 맛있는 음식 먹겠다고 몇 시간씩 차를 타고 가서 또 몇 시간씩 줄을 서서 기다리고 먹는다.

사무실에서의 일하는 방식도 과거 수작업으로 처리했던 일들이 전산으로 처리되고 보고서도 이메일 형태로 실시간으로 주고 받음으로 신속한 의사결정이 가능한 환경으로 변화했다. 이동 중에도 스마트폰이나 컴퓨터를 이용하면서 업무처리가 가능하다. 이런 환경에서 성장한 청년세대들의 생각과 행동이 기성세대와 다를 수밖에 없을 것이다. 일하는 방법, 생활하는 방식, 추구하는 가치가 다른 것은 당연하다. '자식 겉을 낳지 속으로 낳느냐'는 옛 어른들의 말씀을 되새겨 보아야 한다. 그렇다고 하여 새로운 방식이 항상 옳은 것은 아니다. 처음 경험하는 세대는 시행착오를 아직 겪어보지 못했기에 예상되는 문제를 알지 못한다. 마치 첫사랑에 실패하게 되는 원인이 사랑하는 방법을 모르기 때문이라는 것과 일맥 상통한다. 연애를 잘하려면 다양한 상황에 대처할 수 있는 여러 가지 방법을 실전 경험을 통해 알아야 하기 때문이다.

살아가는 방법이 아직 서툴러서 자신들만의 방식으로 살아가며 부딪히는 문제를 기성세대가 이해하며 함께 발전시켜야 한다. 대다수의 동물들을 보면 생식이 끝나면 종족 보존의 역할을 다하면서 그리 오래 살지 못하고 죽는다. 그러나 우리 인간은 생식이 끝나도 죽지 않는다. 오랜 시간을 더 살다가 간다. 할아버지, 할머니로서 역할을 하며 중년과 노년의 시간이 주어진다. 이때 이루어 지는 것이 삶의 지혜와 지식의 전수이다.

동물과 달리 인류는 유아기와 아동기를 거쳐 혼자 자립할 수 있는 기간이 무척 길다. 야생의 동물들 중에는 태어나자 마자 걷고 달릴 수 있는 종이 있다. 이런 종은 본능적으로만 살아 가기에 생존은 할 수 있지만 발전은 기대하기 힘들다. 부모 동물로부터 지식을 전수받을 시간이 거의 없다. 환경변화에 적응하여 생존에 필요한 본능만 DNA에 축적되어 간다.

사람은 다르다. 걷는 법도 배워야 하고 글을 쓰고 읽는 것도 배워야 한다. 하지만 부모와 조부모의 도움을 받으며 살아가는 법을 터득하게 된다. 여기에도 환경이 변화하고 있다. 부모 세대의 평균 수명이 연장되면서 함께할 시간이 엄청나게 길어졌다.

고령화 문제를 여기저기서 얘기한다. 의료비, 생활비, 연금 고갈 등 비용부담이 주요 이슈다. 역시 사람을 돈으로 보는 자본주의적 산업화 시대적 사고이다. 이번 코로나19 사태에서도 주요 선진국들의 악마의 선택을 보면서 확인할 수 있었다. 고령의 노인들도 누군가의 부모이고 조부모이며 생을 살아가는 사람이다. 병실이 부족하다는 이유로 치료 기회를 젊은 사람에게 주고 고령자는 생을 마감하는 방향으로 유도하는 것이다. 향후 추가로 발생할 연금, 의료비, 복지비용 등 부담을 줄이기 위한 선택이라는 것은 충분히 추측할 수 있다.

다행히 우리나라는 그렇지 않았다. 고령환자들도 동일한 치료 기회를 제공했다. 경북 청도에 거주하는 97세의 할머니가 확진 후 12일 만에 완치된 사례를 보도한 것을 보았다. 고령에도 극복할 수 있으니 모든 환자들에게 희망을 가지라고 전달할 수 있게 됐다. 고령화를 문제로 보지 말고 기회로 보자. 수명이 늘어난 기간만큼 노인들의 지혜와 지식을 전수할 기회가 많아졌다. 평생교육을 활용하여 젊은 노인들을 우선 재교육을 하는 것이다. 새로운 지식을 습득하는 것도 좋지만 세대 차이, 세대 갈등을 완화시킬 수 있는 소통 방법 등을 먼저 실시하는 것이다. 용어가 통일이 되어야 소통이 이루어진다. 변화나 혁신을 추진하기 전에 용어부터 표준화 하여 같은 모국어 소통에 필요한 통역을 없애야 한다.

세대 갈등이 줄어들고 서로를 이해하게 되면 대화가 이루어진다. 선대들의 성공과 실패경험을 공유하여 청년들의 시행착오를 줄이고 새로운 방법을 찾을 수 있도록 하면 기회로 변한다. 초고속 산업화를 이루면서 파괴했던 환경에 대한 실패 사례를 공유하면서 미래세대들이 살아갈 청정한 자연환경을 만들 방법을 함께 고민하는 것이다. 기성세대가 자연을 파괴했으니 자연을 복구하는 것을 도와 주어야 한다. 환경을 복원하는 산업, 재생 에너지를 활용하는 산업을 구축하는데 산업화 과정에서 축적했던 지식과 기술을 응용할 수 있도록 도와주면서 4차 산업을 발전시키도록 협력하는 것이다.

인류의 발전은 과거의 지식과 발전을 토대로 하나씩 그 위에 쌓아 올린 것이지 갑자기 없던 지식이나 기술이 등장하여 발전한 것이 아니다.

4차 산업 역시 3차 산업까지 축적한 지식과 기술을 기반으로 더해 가는 것이다. 우리나라가 제조 강국으로 누렸던 명성과 지식을 베이비붐 세대의 은퇴와 함께 버리는 것은 국가적 차원의 엄청난 손실이다. 재활용하여 국가 경쟁력을 높일 수 있도록 은퇴 세대 재교육과 함께 청년들과 협력할 수 있는 제도를 만들어야 한다. 위기는 기회라는 말을 되새겨 보자. 고령화 위기를 자연의 섭리에 따라 4차 산업 발전의 기회로 삼을 수 있다.

지금까지 자연을 파괴한 것도 모자라 환경을 보호하자는 협약을 발로 차버리고 계속 환경을 파괴하겠다는 트럼프 대통령의 파렴치한 행동과 환경 보호를 외치는 손녀뻘 되는 그레타 툰베리(Greta Thunberg, 2003~) 청소년을 비꼬는 모습은 세대 간 갈등만 증폭시킬 뿐 전혀 도움이 되지 않는다. 반면교사로 삼아야 한다.

■ 기성세대의 경험과 연륜으로 청년세대의 새로운 발전을 도와줘야 한다

디지털 치매라는 용어가 있다. 주로 개인의 일상생활에 있어서 컴퓨터나 스마트폰에 의존하다 보니 전화번호를 암기하지 못하고 스마트폰에 저장시켜 놓고 이름으로만 검색하여 사용하였기에 전화번호를 외우지 못하는 현상이 대표적이다. 과거에는 사람마다 차이가 있지만 대략적으로 수십 개의 사람 이름과 연락처를 기억하고 번호를 누르면서 통화를 할 수 있었다. 정보기기의 사용 의존도가 높아 인간의 암기력이 떨어지고 있는 현상을 디지털 치매라고 한다.

문제는 디지털 치매가 기업에 근무하는 직원들에게도 업무를 추진하는 현장에서도 발생하고 있는 것이다. 직원들이 회사 업무 처리하는 방법을 기억 못하게 되는 현상이다. 전산화 이전에는 모든 작업이 수작업으로 이루어졌다. 주판으로 회계장부를 계산하거나 전자계산기를 직접 두드리며 장부를 정리하였다. 고객의 주문을 접수하고 견적서를 작성하거나 구매 발주를 내는 일들이 사람의 손을 거치면서 처리되고 있었다.

지금은 업무 담당 직원에게 컴퓨터의 도움 없이 수작업으로 처리하라고 하면 '멘붕'에 빠지게 될 것이다. 일단 하는 방법을 모른다. 입사부터 시작하여 이미 전산화된 사내 시스템에 접속해서 주어진 메뉴에 따라 업무를 처리하였기 때문에 어떻게 하여 결과가 만들어지는지 과정을 모르기 때문이다. 수작업 업무가 프로그램화 되어 컴퓨터 내에 보이지 않게 저장되어 처리되므로 근본 작동 원리를 모르는 것이다.

가까운 예로 은행에 취직한 신입 직원들의 경우 전자계산기를 가지고 예금이자를 계산하지 못하는 경우가 있다는 것이다. 사내 전산시스템에 원금과 이자율과 기간만 입력하면 다양한 형태의 이자 및 현재가치, 미래가치 등이 계산되어 나오기 때문이다. 비단 예금이자 계산에 국한 된 것이 아니다. 업무를 전산화한 영역에 모두 해당된다.

전산시스템이 정지되는 비상 사태가 발생하면 직원들은 손을 놓고 아무것도 못한다. 그러나 고참 간부들은 응급 처리가 가능하다. 과거 수작업으로 하던 업무 지식에 대한 기억이 남아 있기 때문이다. 수작업과 전산화 작업이 모두 가능한 양수겸장兩手兼將의 기능을 가졌기 때문이다. 물론 수작업이 더 중요하다고 강조하는 것이 아니다. 전산화된 시스템만을 사용하면서 근본 원리인 업무(프로세스)를 이해하지 못하면 오히려 개선이나 혁신을 할 수 없기 때문에 변화하는 환경에 대응이 늦어져 경쟁력을 상실하게 되는 원인이 되기 때문이다.

내가 현재하고 있는 업무가 왜 해야 하고 어떻게 처리되며 다른 부서에서는 내 업무를 참조해서 무슨 일을 하고 있는지 알고 있어야 현재 하고 있는 일들의 생산성을 높이기 위한 개선 방안을 찾을 수 있는 것이다. 이런 내용들은 모르고 단지 기본 데이터만 입력하면 컴퓨터가 알아서 해주니 업무에 대해서 알려고 할 필요가 없다는 기업이면 개선은 포기해야 한다.

경쟁 업체가 우리보다 저렴한 가격으로 신속하게 주문에 대응하고 있다면 우리도 방법을 찾아야 한다. 그런데 현재 우리는 어떻게 일을 하고 있는지 경쟁자의 방법과 다른 것이 무엇인지 모른다면 무엇이 문제인지 알 수도 없고 문제를 모르면 개선할 수 없으므로 기존의 방법을 고수할 수밖에 없다. 물론 방법은 있다. 기존에 하던 업무를 포기하고 경쟁자가 하고 있는 방법대로 따라 하는 것이다. 새로운 업무 전산시스템을 도입하는 것이다. 기존 업무 방식이나 조직의 문화에 대한 고려 없이 추진한다면 대단히 큰 위험이 따른다.

우선 도입하여 구축하고 사용하는데 평균 2년이 소요된다. 새로운 방법에 익숙해져야 하니 사용자인 직원들의 혼란이 가중되어 추가로 적응하는데 시간이 필요하다. 1년 이상 추가로 소요되기도 한다. 그 사이 경쟁자는 앞서 나간다. 뒤쫓아 가려고 하면 예전보다 수 배 이상의 노력을 해야 한다. 근본 업무의 원리를 아는 사람들이 있다면 전산시스템을 구축 기간을 절반 이상 단축시킬 수 있으며 적응 또한 큰 어려움 없이 해결해 낼 수 있다.

같은 논리가 기계나 설비의 자동화, 공장의 자동화 같은 제조현장의 전산화에도 동일하게 적용된다. 그러므로 우리가 인더스트리 4.0과 같은 제조업 고도화를 추진하려고 해도 현장의 업무와 작업 방식을 이해하지 못할 경우 외국에서 만들어 놓은 시스템을 가져다 사용해야 하는 경우가 발생한다. 시스템을 만든 회사들도 이제는 내부 프로세스를 오픈하지 않는다. 기술이 유출되기 때문이다. 문제가 생기면 해당 회사의 기술자들을 불러 서비스를 받아야 한다. 시간이 오래 걸리고 답답해진다.

산업 현장의 베이비붐 세대들이 수작업과 전산시스템을 동시에 활용한 양수겸장의 인력들이다. 이들이 은퇴하게 되면 전산시스템만을 사용한 세대들은 새로운 시스템을 스스로 만들지 못한다. 국산화를 포기하고 외제를 수입해서 사용해야 한다. 4차 산업 경쟁에서 늦게 출발할 수밖에 없다. 앞지를 수가 없게 된다.

오늘날 은퇴 세대들은 체력적으로나 정신적으로 과거 은퇴 세대와 다르다. 충분히 일을 할 수 있고 의욕도 있다. 단지 은퇴했다는 이유로 전직의 경험을 살리지 못하고 소일을 하거나 단순 일용직을 하고 있다. 실제로 정부가 지원하는 은퇴자 프로그램을 찾아가도 단순한 일 외에는 전문적이니 재능기부 등은 찾을 수가 없다.

4차 산업의 경쟁에서 늦지 않기 위해서라도 은퇴 세대의 경험과 지식을 활용할 수 있도록 전산화 세대들과 협업할 수 있게 지원해야 한다. 시니어 인턴과 같은 방법도 한 방법일 수 있다. 헐리우드 영화《인턴》에서 비슷한 사례를 볼 수 있다. 인터넷 의류 쇼핑몰을 운영하는 30대의 젊은 여성 사장 앤 해서웨이와 전통적인 아날로그 기업에서 부사장을 하고 은퇴한 70대 노인 로버트 드니로가 사장과 시니어 인턴으로 만난다. 시니어 인턴의 노련한 경험으로 젊은 여사장의 의사결정과 인생 방향 설정에 도움을 준다. 회사 내에서는 디지털에만 익숙한 젊은 청년 직원들에게 아날로그식 일 처리 방법을 가르쳐 주며 생산성을 높이게 한다.

비슷한 방식으로 은퇴자의 경험과 지식이 필요한 중소기업에 인턴으로 채용되어 업무를 지원하는 것이다. 경험한 사람 입장에서 보면 젊은 사람들이 작성한 개선방안에 대하여 폭 넓게 그리고 다양한 관점에서 검토할 수 있도록 도와 줄 수 있다. 시행착오를 줄일 수 있으며 업무의 완성도를 높여 업무 생산성을 높일 수 있다. 요즘 인공지능AI을 가르칠 교사가 부족하다는 기사를 봤다. 양성하는데 시간이 걸리므로 공백기가 생긴다고 하면서 비관련학과 출신들도 채용하려고 한다는 내용을 보았다. IT 업계 은퇴자들을 활용하는 것도 좋은 방법이 될 것이다. 이미 컴퓨터 프로그램을 경험한 사람들에게는 인공지능 알고리듬이 생소한 것이 아니다. 재교육을 통해 새로 시작하는 사람들보다 빠르게 이해하고 실전에 활용할 수 있는 가능성이 매우 높다.

현재의 일반적인 방법은 대기업 은퇴자들이 자신이 종사했던 분야에서 명맥을 유지하기 위해 관련 중소기업으로 전직해 간다. 중소기업 차원에서는 고직급과 높은 수준의 급여와 대우를 지불하게 되면 투자 대비 효과를 거론할 수밖에 없다. 은퇴자들은 중소기업의 근무환경과 작업 방식이 대기업과 달라 조직이 받쳐 주지 못하면 성과를 낼 수 없다. 결국 오래 있지 못하고 기업 문화에 적응하지 못해 마찰을 일으키며 떠나는 경우 대부분이었다.

인턴으로 채용되어 실제 필요한 업무와 기술을 제공하면 다시 말해 직무 중심으로 인턴 활동을 하면 종전과 같은 처우 문제가 대두될 필요가 없다. 의사 결정에 관여할 필요가 없으니 오너와 충돌을 일으킬 필요도 없다. 은퇴자가 가장 잘할 수 있는 일을 하고 일에 대한 상응한 대가를 받을 수 있도록 하는 것이다. 미국의 경우 은퇴가 없다. 평생 자신의 직무만을 수행하고 자신이 원할 경우 은퇴하는 것이다. 나이 때문에 물러나는 경우는 없다. 연공서열이 아닌 경험한 직무를 바탕으로 은퇴세대들을 재취업에 활용하고 정부가 중소기업에도 급여의 일부를 지원한다면 중소기업으로서는 생산성 향상과 비용절감 효과의 일석이조를 만들 수 있다.

일본의 경우 2차 세계대전 후 태어난 단카이[団塊] 세대가 은퇴를 하였을 때 국가적 차원의 지원 없게 되자 우리나라를 비롯한 동남아 기업의 고문으로 전직을 하면서 일본 제조업의 많은 지적 재산이 해외 경쟁사들에게 유출된 경험을 하였다. 우리나라도 몇몇 은퇴자들이 중국 기업으로 전직을 하는 것을 볼 수 있다. 더 일할 수 있는 기회를 제공하지도 않고 단지 외국 기업을 위해 일한다고 매국노라고 비난할 수만은 없다. 재능을 활용할 수 있는 여건을 마련해 주면서 국부 유출을 막아야 한다.

노년 일자리 창출과 제조업 경쟁력 강화를 위해서 그리고 세대 갈등을 해결하고 사회적 소통을 향상시킬 수 있는 기회를 정부 차원에서 지원 해주어야 한다. 그리고 중소기업에 실질적인 도움이 될 수 있도록 검토해야 한다. 중소기업 경영 위기 시에 자금지원으로 생존할 수 있도록 하는 것은 단기적인 처방이고 먹을 고기를 주는 것과 같다. 고기 잡는 법을 가르쳐 주어야 오래 살아갈 수 있듯이 중소기업의 내실을 다지고 경쟁력을 높일 수 있도록 은퇴 세대를 활용할 수 있는 실질적인 정책이 필요하다.

■ 혁신 정책의 성공을 위한 4단계

미국 기업 구글의 인공지능AI 알파고와 우리나라 바둑 프로기사 이세돌

간의 바둑 대국이 있었다. 결과는 이세돌이 한 판만 이기고 알파고가 4승을 거두며 일방적으로 끝났다. 드디어 인간이 인공지능AI에게 압도당하는 암울한 미래가 올 것이다. 그래도 우리도 1승을 했기에 한 가닥 희망이 있다고 보도되었다. 이러한 사회적 분위기에 편승해서 인공지능AI의 중요성이 강조되자 정부는 앞으로 인공지능AI 강국이 되겠다고 발표한다. 수많은 사회적 이슈가 나올 때 마다 정부의 대책은 대부분 5년 이내에 달성한다고 한다. 아마도 3년은 상식적으로 볼 때 짧아서 무리인 것 같고 5년 정도되면 국민들의 기억 속에서 사라져 가고 관심이 시들해지니까 경험적으로 확보한 지식 같아 보인다.

새로운 정책이라 함은 기존 것과는 다른 것을 의미한다. 국가가 세계적으로 경쟁 우위를 가지려면 지난한 노력과 변화가 필요하고 혁신적인 사고와 행동도 필요하다. 지금까지 하던 일의 연장선상에서 좀 더 노력한다고 되는 일이 아니다. 국민들에게 미칠 영향, 경제에 미칠 파급 효과, 사회 관계의 변화 등 다양한 형태의 변화가 일어나게 되며 저항 세력도 등장하고 갈등이 조장되며 일정 기간 충돌과 대립을 통해 서로 이해하게 되면서 안정을 이루게 되는 것이다.

아무리 좋은 정책도 시행을 하다 보면 처음 의도와는 다른 결과가 나온다. 난감해진다. 그러나 이는 진행과정 중 통과하는 의례이다. 정부에서 추진하는 정책은 대부분 중기 이상의 기간을 가지고 추진하는 경우가 대부분이다. 변화가 진행되는 과정도 자세히 들여다 보면 기승전결의 단계를 거치게 되어 있고 이 과정에서 처음과 다르게 반대되는 현상이 나타나기도 하여 곤혹스럽게 할 때가 있다. 물론 이런 전개 과정을 알고 있으면 대응이 쉽지만 대부분의 경우 시간이 상당히 흐른 뒤 나타나기에 맥락을 이해 못하고 당황하게 되며 반대 세력들의 공격을 견디어 내기 힘들어 진다.

오랜 기간 기업에서 추진하는 혁신을 진행하면서 깨달은 것이 있다. 거대한 변화를 추진하기 위해서는 변화도 관리해야 한다는 것이다. 처음 시작과 전개, 확산, 그리고 성과 창출 및 유지 관리의 단계가 기승전결과 같이 진행된다는 것을 이해하고 이후 혁신을 추진할 때 마다 변화관리를 병행하면서 성과를 창출하게 되었다.

정부의 각종 정책들도 중장기로 길게 내다보면서 전개 과정을 사전에 먼저 시뮬레이션 해보면 정책의 변화관리도 시행할 수 있고 성공 확률도 높일 수 있다. 어떤 단계를 거치면서 변화가 진행되는지 소개하고자 한다.

모든 변화에는 시작과 과정과 끝이 돌고 도는 순환 주기가 있다. 혁신을 추진하는데 있어서도 이 순환과정이 있는 것이다. 순환과정을 이해하게 되면 우선 전체 과정을 확인할 수 있게 되므로 지금 현재 어느 단계에 있는지를 점검하면서 지나온 과정상의 문제는 없었는지 그리하여 보완할 사항은 무엇인지 찾을 수 있으며 앞으로 준비해야 할 과정, 단계는 어떤 것인지 확인하면서 인내심을 갖고 추진하기가 수월해진다.

우리에게 익숙한 기승전결의 단계도 각각 나누면 4개의 단계가 된다.

1. 시작 단계

새로운 준비와 함께 시작을 하는 시작 단계가 있다. 변화를 시작하여 열심히 추진하지만 처음 계획했던 것과 다르게 예상하지 못했던 문제들이 나온다. 계획했던 변화에 대한 이해 부족과 현실과의 차이에 의한 것이다. 또한 구성원들이 새로운 변화에 대한 사전 교육이 부족하여 기존 방식대로 새로운 방식을 해석하기 때문에 혼란이 온다. 일단 새롭게 시작한 제도가 운영될 수 있도록 안정시켜야 한다.

2. 안정화 단계

새로운 제도나 시스템의 사용법에 익숙해지면서 극도의 혼란은 잠잠해진다. 시간이 지나면서 자연스럽게 해결되는 것이 아니다. 계속해서 교육과 발생한 문제에 대하여 신속한 조치를 병행하며 불편함을 누그러뜨려야 한다. 불편함이 사라진다고 끝나는 것이 아니다. 사용에 익숙해지는 것이지 내용에 대한 이해는 아직 부족한 상황이다. 왜 변화를 시도했는지 그리고 좋아지는 것은 무엇인지 이해하게 만들어야 원상 복귀하지 않고 개선이 유지될 수 있다.

3. 내재화 단계

작은 성공들이 입소문을 타고 퍼지면서 추가 성공사례들이 계속 나온다. 구성원들이 이해하기 시작했고 변화에 따른 효과를 보기 시작하면 적극적으로 활용한다. 변화에 대한 저항에서 수용으로 국면이 전환된다. 이 단계까지 오면 변화는 정착이 되어 모두가 이해하고 새로운 방법으로 자리매김한다.

4. 체질화 단계

새로운 제도의 완전한 정착이라고 할 수 있다. 새로운 방법에 따라 문제해결에 활용하고 실제로 적용을 하는 단계에 도달하는 것이다. 새로 추진했던 혁신이 조직의 문화로 형성되어 경쟁력으로 확고히 되는 단계이다. 비로소 혁신이 완벽하게 성공했다고 말할 수 있다.

전체 과정을 이해하지 못하고 성급한 리더들은 안정화 단계 진입 후 성공했다고 선언하고 관심을 끊으면서 실패의 길로 들어선다. 성과를 눈으로만 볼 수 있지 손에 쥐어 보지 못하고 끝난다. 안정화를 성공적으로 마무리하고 내재화 단계까지 갔다면 조그마한 성과라도 손에 쥐어 볼 수 있다. 인내심과 열정으로 체질화 단계까지 갔다면 두 손이 모자라게 손에 쥘 것이 쏟아진다.

1995년 서울시가 도입했던 버스중앙차로제를 예를 들어보자. 만성적인 교통체증 문제를 해결하고 대중교통의 효율을 높이기 위해 버스의 통행을 원활하게 하고 대중교통 이용을 늘리기 위해 도입한 제도였다. 당시만 해도 버스는 보행로에 인접한 길가에 정류장이 있어 타고 내리고 하였다. 보행자와 탑승자들이 섞이고 택시 이용자들까지 겹치면서 정류장 인근은 아수라장이 되어 교통체증을 더 악화시키는 문제가 있었다. 반면 도로 중앙은 상대적으로 한산하였다.

문제 해결을 위해 도로중앙에 버스 정류장을 설치하고 버스는 중앙차선으로만 이동하도록 하였다. 버스와 택시 승객이 분리되는 것이었다. 승객을 분산시키고 도로 중앙을 더 활용하자는 취지였다. 1단계 시행이 되었다. 지금까지 길가에서 버스 타는 것에 익숙했던 시민들은 횡단보도를 건너 도로 가운데 설치된 정류장으로 가고 도로중앙 차선은 주로 좌회전 차량들이 사용했는데 버스가 지나가니 운전자들은 혼란이 발생했다.

당시를 기억해 보면 시행 취지는 좋았지만 너무 속도전을 방불하게 서둘러 시행한 것이었다. 시민들이 새로운 제도를 충분히 이해할 수 있도록 사전 홍보, 교육 등이 선행되었으면 혼란이 덜 했을 것이다. 그러나 되돌릴 수는 없다. 2단계로 진입하면서 시민들이 하나둘 익숙해져 간다.

일부 구간에서 교통 흐름의 개선이 보여지고 혼잡도 덜해지니 좋은 것 같다고 느끼지 시작한다. 3단계 국면전환이 이루어진다. 효과는 입소문을 타고 퍼지면서 4단계 체질화로 이어진다. 계속해서 버스중앙차로제를 도입하는 구간이 늘어나고 전국으로 확산된다. 버스중앙차로제 시행 이후 태어난 세대들은 원래 버스는 도로 가운데서 타고 내리는 것이 상식으로 알고 지낼 것이다.

버스중앙차로제 하나를 보더라도 성공한 사례임에도 불구하고 시행에서부터 완전 정착까지 대략 20년이 소요되었다. 중간에 실패하는 많은 사례들은 4단계를 극복하지 못했기 때문이다. 탁상공론으로 대표되는 서류상의 계획은 실생활과의 차이가 날 수밖에 없다. 수많은 요인들을 계획 단계에서 모두 감안할 수 없다. 설령 감안한다 하더라도 요인들간 복합적으로 작용하는 것까지 예견할 수 없기 때문이다.

삼성전자가 자랑하는 경영 시스템인 글로벌 공급망 시스템도 1995년 시작한 프로세스 혁신을 통하여 수많은 시행착오를 겪은 끝에 신경영의 성공을 뒷받침 하게 되었고 4단계 과정을 약 20년에 걸쳐 진행하였다. 도요타 생산방식으로 유명한 일본의 도요타 자동차도 1948년부터 Pull 생산방식[6] 도입을 시작으로 라인 스톱[7], Just In Time[8], 다 기능화[9], 벤더

---

6) 제품을 생산함에 있어 공급자 중심으로 정해진 단계별로 생산하는 방식을 밀어내기(Push) 생산방식이라고 한다. 수요와는 상관없이 계획대로 만들고 남으면 재고로 관리한다. 반면, 재고를 없애기 위해 수요자 중심으로 생산을 진행하는 방식을 끌어당기는(Pull) 생산방식이라고 한다. 필요한 만큼만 생산을 하기 때문에 생산의 유연성이 확보되어야 효과를 볼 수 있다.

7) 제조현장에서 제품을 생산하는 과정에서 불량이 발생하면 계속 다음 공정으로 내 보내지 않고 불량이 해결될 때까지 라인을 세우는 것이다. 이전에는 불량이 발생하여도 다음 공정에서 해결하거나 재작업을 통해 수리하도록 하면서 생산을 계속 진행하였다. 라인을 세우고 해결 후 다시 가동을 함으로써 불량의 원인을 근절하는 효과를 가져왔다.

8) 작업에 필요한 원료나 재료들을 미리 쌓아 놓고 재고로 관리하면서 사용하는 것이 아니고 필요한 수량 만큼 필요한 시기에 공급을 하여 생산하는 방식이다. 중간에 존재하던 재고를 감축시키는 효과를 가져왔다.

재고관리(VMI) 등을 순차적으로 성공시키며 1973년에 도요타 생산방식을 완성시켰다.

평균 수명이 30년인 일반기업도 생존을 위한 혁신을 추진하고 완성하는데 20여 년의 시간이 소요된다. 수명이 수백 년 이어져야 하고 구성원도 기업보다 훨씬 많은 국가가 국가의 미래와 경쟁력 확보를 위한 정책을 수립하면서 5년 만에 완성한다고 말하는 것 자체가 일 안 해본 사람들이 탁상공론하고 있다고 설명할 수밖에 없다. 빨리빨리 문화로 성공하였다면 더 이상 성공에 발목 잡히지 말고 백년대계를 꿈꾸며 장기적 안목에서 정책을 수립하고 성공할 수 있도록 호흡을 길게 하고 추진해주기를 바라는 마음이다.

9) 전형적인 조립라인은 한 명의 작업자가 한 가지 일만 수행한다. 그러나 1자형 조립라인을 원형으로 만들고 서로 다른 작업을 할 수 있도록 배치하면 한 사람의 작업자가 여러 가지 일을 수행하면서 이동시간도 줄일 수 있으므로 생산성이 향상된다.

|행동이 바뀐다|

■ 정부예산도 역성장할 수 있다

아래 그림은 우리나라의 연간 GDP 성장률과 정부 예산을 보여주는 그래프이다. 1979년 석유파동과 1998년 IMF 금융위기를 빼곤 한 번도 마이너스 성장을 한 적이 없다. 놀라운 실적이다. 한강의 기적이 무엇을 의미하는지 볼 수 있다. 이렇게 "+" 성장률의 누적으로 인하여 대한민국 경제는 크게 성장하였고 정부의 수입 또한 기하급수적으로 늘어나게 되었다.

정부 예산의 증가 곡선을 보면 S자 곡선이 확연하게 드러난다. 조만간 정체 국면으로 다가갈 것이며 최근 성장률의 둔화가 이를 뒷받침하

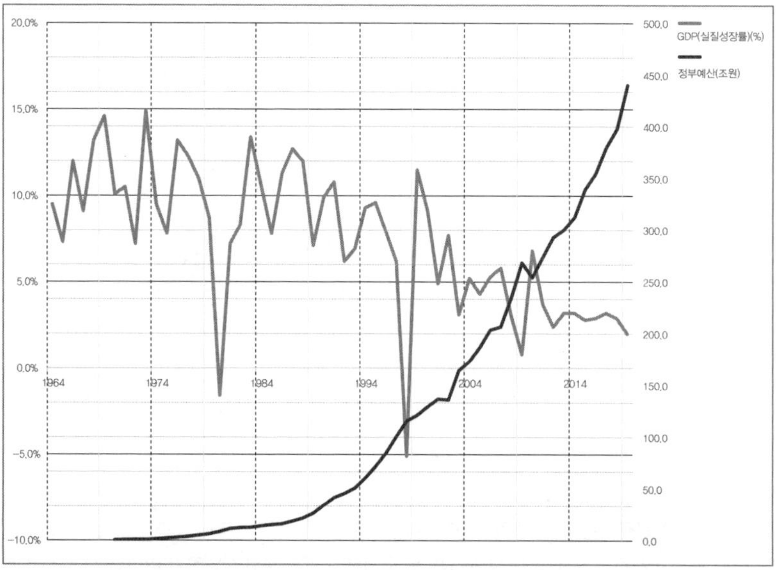

그림 7 연도별 GDP 성장률과 정부예산 (출처: 통계청)

고 있다. 과거와 같은 경제 성장은 바라보기 힘들게 되었다. 우리 경제의 규모가 그 만큼 커졌다는 반증이기도 하다. 그럼에도 불구하고 경제는 계속 고도 성장을 할 것이라는 가정 하에 경제 정책을 운용하려는 것은 이해하기 힘들다.

돈만 푼다고 경제가 활성화 되고 산업이 발전하는 것이 아니다. 새로운 산업이 등장해서 새로운 먹거리를 창출하지 않는 한 현재의 산업구조는 이미 50년을 넘게 운영해 왔기에 설비도 노후화되고 후진국이 무섭게 턱 밑까지 쫓아 왔기에 수익성이 좋지 않은 구조이기 때문에 더욱 우려가 된다.

자치단체 자문위원으로 활동하면서 해당 도의 미래산업분과에 참석하여 담당 공무원들이 발표하는 내용을 보면 만감이 교차하는 느낌을 갖게 된다. 특히 대기업들의 경우 정부가 간섭하지 않아도 스스로 생존을 위해 미래를 준비하고 투자를 하고 있음에도 해당 산업의 활성화를 통해 지역경제를 살리겠다고 예산을 수립하는 것을 보면서 답답함을 느낀 바 있다. 기업이 할 일과 지방정부가 할 일이 엄연히 다르지만 발표 내용은 거의 비슷하다. 발표 항목별로도 기업에서 조차 1년 내 완료할 수 없는 수년에 걸쳐 진행해야 할 정도의 항목들이 주를 이루는 것을 보면서 용두사미가 될 수밖에 없는 행정의 특성을 이해하게 되었다.

중소기업에 대한 지원도 전시용 항목들이 대부분이다. 진정 중소기업의 경쟁력을 살리기 위한 제도적 뒷받침은 보기 힘들고 중소기업을 지원하는 단체를 만들겠다는 식의 옥상옥의 안이한 정책만 수립하고 있다. 정작 자신들이 할 수 있는 일보다는 폼 나고 보여주기 좋은 하고 싶은 일들 중심으로 정책을 수립하고 있는 것을 보면서 할 수 있는 것 중심으로 수립할 것을 권고하였지만 고쳐지지는 않는다. 정부는 산업이 발전할 수 있도록 공정한 제도와 룰과 원칙을 제시하고 기업들이 자유경쟁을 할 수 있도록 해주는 것이 가장 최선의 길이다.

정부가 하는 일의 가장 대표적인 특징은 특정 산업이 해외 대비 낙후되어 있거나 떠오르는 산업에 준비가 안 되어 있는 것이 확인이 되면 해결책을 찾는데 1주일도 소요되지 않고 단기간 내에 세계 상위권으로 도약하겠다고 서둘러 발표한다. 참으로 놀라운 기획력과 발상의 전환이다. 선진국들은 수십 년에 걸쳐 꾸준히 준비해온 결과를 발표하고 있는데 우리는 아무것도 안 하고 있다가 선진국들이 만들어 놓은 결과물들 보고 비슷하게 흉내를 내고 편집하여 발표하는 창의력이 대단하다.

기업에서 혁신과 기획 등에 관련된 일을 해봐서 알지만 우리 정부의 공무원들이 일하는 방식은 참으로 무책임함의 극치를 달리고 있음을 부정할 수 없다. 마치 학생이 공부는 안 하고 놀기만 하고 책과는 거리를 두고 있다가 갑자기 일류 대학에 가겠다고 목표를 세우고 세부 시간별 계획까지 만들어 놓고 결국엔 있던 계획조차 지키지 않는 것과 다를 것이 없다. 학생의 본분에 충실하게 예습과 복습을 꾸준히 하면서 자신의 실력을 연마해야 실현 가능한 것을 남이 한 것을 보고 짜깁기 식으로 정책을 만들고 발표하는 것은 더 이상 보지 않기를 바랄 뿐이다.

더욱 답답한 것은 용두사미가 될 정책을 위해 새로운 예산을 증액하고 세금을 더 거두겠다고 하는 것이다. 이럴 바엔 차라리 가만히 있는 것이 도와주는 일이 된다. 어설프게 해보고 어정쩡하게 실패하면 패배감만 돋게 되어 정작 필요한 때가 되어 실행을 하려고 할 경우 역설적으로 실패했던 것이어서 안 된다고 반대만 늘어날 것이기 때문이다. 시작도 못하게 만든다.

예산의 집행에 있어서도 고쳐지지 않는 문제가 있다. 일단 책정된 예산은 반납은 거의 금기 시 되어 있다. 연내에 무조건 소진해야 한다. 연말만 다가오면 멀쩡한 도로 파내고 다시 포장하는 것을 보면서 또 예산 소진하기 위해 일하는구나 하고 국민들은 덤덤하게 받아들인다. 가끔 의식 있는 사람들끼리 모여야 문제라고 논의만 할 뿐 더 이상 시정되지 않는다. 정책 결정권을 공무원들이 가지고 있으니 시민이 아무리 얘기하여도 듣는 척하고 내부의 규정 운운하면서 임기응변식으로 넘어간다.

심각한 낭비를 유발하는 제도이다. 계획은 수립했지만 시행 단계에서 문제가 발견되어 중지하게 되면 남는 예산은 당연히 반납하는 것이 상식이다. 그러나 상식을 부정하는 관행을 고칠 생각을 하지 않는 것도 비정상이다. 국민들이 낸 세금을 자신들의 돈이 아니라는 생각으로 방만하게 사용하고 낭비하는 것 또한 무책임한 행동이다.

더욱 안타까운 것은 낭비되는 세금이 그나마 필요한 계층에 적절히 사용된다면 그래도 마음의 위안을 삼을 수 있다. 하지만 급조한 용두사미형 정책과 예산 책정은 집행 과정도 공정하지 못하다. 많은 대학들이 국책 사업에 참여한다. 각각의 행정부 예산을 진행되는 각종 국책사업을 공무원들이 직접 실행할 수 있다면 정말 행복할 수 있다. 전문성이 없는 공무원들이다 보니 자신들이 직접 하기보다는 용역을 통해서 해결하고 자신들의 문서관리만 하고 있다. 정부 및 자치단체 산하기관들이 먹이 사슬에 자리잡고 있다.

서울특별시 산하의 한 기관에서 프로젝트를 수행한 적이 있다. 기업에서 은퇴한 지도 얼마 안 되었기에 아직 남아 있는 업무 열정을 발휘해서 근본적인 조사 및 원인 분석과 대안을 제시하려고 열정적으로 진행하였다. 하지만 상대 측 공무원들의 반응은 필자의 열정을 누그러뜨리기에 충분했다. 기관장의 시대착오적 행동과 조직 구성원들과의 단절로 인해 조직 내부는 신뢰가 무너져 있고 서로 믿지 않으며 대립하고 있으면서 갈등을 치유할 생각도 안 하고 방치되고 있는 조직 분위기였다. 도저히 존재할 수 없는 조직 문화를 보면서 이런 산하기관들의 존재 이유에 대해 심각하게 연구하게 되었다.

공무원들의 업의 특성상 전문성을 추구하기 어렵고 기존의 상태를 유지하는 것이 본업이라고 하면 규정대로 산하기관이 그런 전문적인 역할을 할 수 있어야 한다. 하지만 산하기관들의 구성을 보면 보통 2년 내지는 3년의 임기로 기관장들이 부임하고 떠난다. 새로운 기관장이 오면 나름대로 내세울 것을 찾기 위해 기존 조직을 흔들어 놓기만 한다.

직원들은 패배의식에 사로잡혀 냉소적이 되고 만다. 좀 더 있으면 새로운 기관장이 올 것이니 기다리면 된다. 그리하여 복지부동의 문화가 영속되고 있는 것이다. 사라질 수가 없다. 제도와 환경이 복지부동의 존재를 영속시켜준다. 산하기관 역시 전문성이 떨어지다 보니 용역을 주는 공무원들도 그 사실을 알고 있다. 서로 불편한 진실을 감추고 있다. 산하기관의 정책 보고서는 공무원들이 내부 보고서를 작성하는데 필요한 자료를 제공하는 수준에서 머물게 된다. 암울한 예산 낭비의 현장이다.

남들과 달리 정년이 보장되는 공무원들에게 있어서 한 분야에서 10년 정도 일하게 되면 당연히 그 분야의 전문가가 되어야 하고 될 수 있을 것이다. 민간 기업에서 그 사례를 보여주고 있고 직원들이 보유한 전문지식을 축적하고 데이터베이스화 하여 지식경영을 하고 있다. 왜 공무원 사회에서는 볼 수 없는지 의문이 간다. 공무원의 경우 한 업무에 2~3년 있으면 다른 부서로 이동하기 때문에 힘들다고 핑계를 댄다. 민간기업에서는 부서 간 협업을 원활하게 하기 위하여 타 부서의 업무를 익히도록 정기적으로 부서 이동을 시킨다. 그렇다고 전문가가 못되는 것이 아니라 오히려 회사 경영을 폭 넓게 이해하여 향후 승진하였을 때 도움을 받는 경우들이 흔하다.

공무원 조직에서 못할 이유가 하나도 없다. 외국인 공무원이 아니고 우리나라에서 같이 생활하고 교육받은 대한민국 국민들인데 수준 차이가 날 수도 없다. 의지가 없어서 안 하는 것으로밖에 보이지 않는다. 일을 제대로 하자고 하는데 만약 노조가 반대한다면 노조 자체도 존립의 이유가 성립되지 않는다. 우리나라 국민들의 수준이 이미 그 이상이다. 핑계를 위한 핑계로 얼버무리지 말아야 한다.

아무리 신의 직장이라도 머리 싸매고 공부하여 입사를 했는데 하는 일 자체에 보람을 느끼지 못하면 정년이 되기 전에 알아서 떠난다. 간혹 영혼을 포기하고 장기전으로 돌입한다고 하지만 이 또한 오래 갈 수 없다. 문제 해결을 위해서는 조직의 분위기를 바꿔 주면 된다. 이 역할은 리더가 해야 한다. 리더십을 발휘하라는 것은 조직의 분위기를 생산적으로 바꾸고 이를 통해 조직의 성과를 내도록 구성원들을 독려하고, 질책하고, 토론하는 것이다.

리더십이라고 하여 조직의 우두머리라고 일은 안 하고 책임도 안 지면서 권위만 내세우고 자리만 보존하려고 하면 리더로서 자격이 없는 것이다. 조직도 불행해지고 결국에는 본인도 인생 허비하면서 영혼을 가출시키게 된다.

필요하면 공무원법도 개정을 해야 한다. 불황이 다가와서 정부 예산이 부족해지면 우호적인 분위기로 바뀔 것이다. 일 안하고 노는 사람들을 위해 빚 내서 월급을 준다는 것은 미래세대들도 용납할 수 없고 기성세대들도 그렇게 해서는 안 된다. 그러므로 비정상적인 불합리한 관행들과 제도들을 없애기 위해 미래세대의 주역이 될 청년들도 정치에 참여시켜야 하는 것이다. 미래 그들에게 어떤 일이 벌어질지, 어떤 영향을 받게 될지 이해하고 의견을 피력하고 대비하도록 해야 한다.

막연하게 국민연금이 고갈된다, 미래에는 청년들이 부양해야 할 노인 수가 늘어난다는 무책임한 발언과 이를 위해 부담금을 인상해야 한다는 매우 안이한 생각으로 청년 세대들을 골탕 먹이면 안 된다. 가계에 소득이 줄면 씀씀이를 줄이고 살림살이를 긴축하는 것이 상식이다. 소득이 줄었는데도 예전과 같이 생활하겠다고 빚을 내서 흥청망청하고 죽으면서 자식들에게 빚더미만 남기고 죽는다면 이젠 더 이상 이러한 만행을 수용할 청년 세대들은 없을 것이다. 차라리 상속 포기를 하고 관계를 끊으려 할 것이고 당연히 무책임한 행동에는 상응하는 행동을 할 권리도 있는 것이다.

호황 때 불황을 대비하라는 말을 귀가 따갑게 들으면서 직장 생활을 해왔다. 몸에 베어 있어서 그러한지는 몰라도 유비무환의 자세를 실천하는 좋은 문구이다. 정부 예산은 국민들에게 세금만 올리면 언제든지 확보할 수 있다는 안일한 생각을 버리고 정부 역시 불황이 왔을 때를 대비하여 나라 살림살이를 긴축할 수 있는 준비를 해야 한다.

미래를 정확히 알 수 없다고 하지만 과거 우리가 해온 것들이 누적되어 결과로서 다가오기 때문에 어느 정도 예견을 할 수 있다. '달도 차면 기운다.' '물극필반物極必反: 만물은 극에 달하면 반드시 반대 현상이 일어난다.'는 격언에서 유추할 수 있듯이 우리나라의 과거의 행적을 그래프를 통해서 보았을 때 반대 현상이 조만간 나타나리라고 예측할 수 있다. 그런데도 대책 없이 세월만 보낸다면 모두가 피곤해지고 힘든 시기를 맞이하게 될 수밖에 없다. 아직 시간이 있을 때 여유 있게 준비를 하자.

■준비된 위기는 기회다

혁신이란 단어처럼 모든 곳에 수식되는 단어도 흔치 않을 것이다. 경영혁신, 기술혁신, 제조혁신, 사회혁신, 공공혁신 등 갖다 붙이면 된다. 뭔가 문제가 있으니 바꾸자는 정도로 이해하고 끝난다. 다이어트란 단어 또한 자주 혼용된다. 우선 과체중을 줄이고자 살을 뺀다고 시작한다. 하지만 이내 포기한다. 맛있는 음식의 유혹 앞에서 내일부터 다이어트 하면 된다는 자기합리화를 통해 용감하게 다이어트를 잊고 음식을 즐긴다. 같이 일하던 중년의 외국 여성들도 책상 위에 간식거리가 항상 준비되어 있고 회의 시간에 간식을 즐기면서 먹는 것을 보고 항상 다이어트 해야 한다고 말하면서 세끼 외에 간식을 하면 무슨 소용이냐고 물어 본 적이 있다. 그 여성들이 말하기를 "다이어트란 해야 한다고 생각하는 것만으로도 충분하다"고 변명하면서 같이 웃은 적이 있다.

하지만 본질적으로 다른 점이 있다. 혁신은 배고픈 사람이 하는 것이다. 반면, 다이어트는 배부른 사람들이 하는 것이다. 두 가지다 빼야 한다는 것은 같은 목적이지만 상황은 정반대이다. 또 다른 공통점이 있다. 우리는 다이어트를 할 때 일단 거창하게 운동 계획을 세우고 식단도 바꾸고 하면서 자꾸 실천하기 어려운 계획들을 먼저 만든다. 계획을 세웠다는 뿌듯함만 잠시 느낄 뿐 3일을 넘기지 못하고 포기하게 된다.

우선 안 하던 걷기부터 작은 것부터 시작해도 되는 것을 헬스 클럽에 등록을 하거나 수영을 하거나 테니스를 하거나 새롭게 돈을 투자하고 가뜩이나 부족한 시간을 쪼개서 계획상의 시간을 만들어 내려고 애쓰는 것이다. 시간도 모자란데 돈까지 투자해야 한다. 처음부터 지키기 힘든 목표를 설정하고 후회한다. 제대로 후회하면 다음을 기약할 수 있지만 후회하면서 곧바로 포기한다. 다음을 기약하지 못하고 끝이 난다.

기업에서도 혁신을 제대로 이해하지 못했을 때 비슷한 일들이 전개되었다. 혁신을 하는 것은 우리 몸의 망가진 신진대사를 회복하고 불필요하게 쌓인 지방 및 콜레스테롤 등을 없애는 것처럼 기업 경영상 발생한 불합리한 업무, 낭비 제거 등을 먼저 없애면 되는 것이다. 그러나 선진기업에서 어떤 기법을 활용하여 혁신에 성공했다고 하면 성공의 핵심 요인들을 배울 생각보다는 기법 자체에 매달린다. 기법을 중심으로 성공요인을 정리하고 팀을 구성하고 혁신을 추진한다.

다이어트와 똑 같은 일이 전개된다. 실현 불가능한 계획을 가지고 성과에만 매달리며 직원들을 닦달을 한다. 주객이 전도되었다. 시간이 흐를수록 혁신을 추진하는 부서 중심으로 성과를 만들어 내기에 분주해진다. 왜냐하면 성과를 보여주지 못할 경우 자신들의 조직이 없어지게 되기 때문에 자리를 보존하기 위한 활동이 많아지고 직원들의 관심을 잃기 시작하면서 쇠퇴하고 마지막에는 포기하게 된다. 하지만 이제는 다르다. 혁신을 성공하기 위해서는 본질을 이해하고 기법만이 아닌 문화와 리더십과 인재가 필요하다는 것을 이해했다. 기법은 성공을 위한 하나의 도구이다. 기법이 목표가 되는 것은 혁신을 위한 혁신으로 샛길로 빠져 나가게 된다.

작금의 현실을 보면서 지금 우리 사회는 곳곳에 혁신이 필요한 시기인데 기업에서의 이러한 경험을 사회에 어떻게 접목할 수 있을까 하고 곰곰이 생각하고 있었다. 그러던 차에 사회혁신에 대하여 검토해 보게 되었다. 영국의 런던 시 람베스 구에서 시작되었던 자구 노력을 벤치마킹하면서 생활 속의 실험을 통해 시의 행정을 주민들이 주도적으로 해결하고 있다는 내용을 이해하게 되었다. 이 과정에서 대학이 지역사회를 연결해 주는 역할을 한다면서 전국적으로 LINC+ 사업이 추진되고 있다는 것을 알게 되었다.

혁신의 경험을 통해서 필요한 요소들이 무엇인지 알고 있는데 기업에서의 혁신의 관점에서 현재 진행중인 사회 혁신을 보니 누락된 것들이 보이기 시작했다. 영국에서 시작된 활동이 이런 누락된 요인들을 빼고도 성공을 할 수 있었을까? 아니면 소개되지 않은 것일까? 궁금해서 추가로 확인을 해보았다.

역시나 영국의 성공요인에는 있으나 현재 우리나라에서 추진하는 방법에는 빠진 것들이 있음을 확인했다. 반쪽자리 혁신을 추진하고 있는 것이다. 성과를 만들어 내기 위한 가식적 활동들이 주를 이루고 있는 것이다. 물론 아무것도 안 하는 것보다는 뭔가를 하는 것이 실패를 하더라도 교훈이 남고 발전에 기여하는 것은 사실이다. 그러나 제대로 일을 하게 되면 안 해도 되는 일들을 만들고 복잡하게 만들기 때문에 낭비와 시간과 자원을 소비하기 때문에 문제가 되고 악영향을 끼친다.

누락된 것은 다름 아닌 공무원들의 혁신 노력과 지방의회의 적극적인 협조가 있었던 것이다. 말로는 공무원과 시민이 공동 생산자가 되어야 한다고 한다. 그리고 공무원들을 조력자, 협조자의 역할을 하면 된다고 주장한다. 결과만을 놓고 생각하는 사고가 아직도 남아 있다. 공무원들이 사회 서비스 공급자 역할을 하면서 권위의식과 늑장 행정처리로 지탄의 대상이었는데 완전히 반대가 되는 생산자 역할을 어느 날 갑자기 수행할 수 있다고 믿는 것부터 깊이 생각해보지 않은 발상이다.

결과가 달라지면 과정도 바뀌어야 한다는 것을 이해 못하고 있는 것이다. 물건을 생산만 하던 사람한테 어느 날부터 공급만 하라고 지시한다면 멘붕에 빠질 수밖에 없다. 방법을 모르기 때문이다. 공무원의 역할이 바뀌게 되면 하고 있던 업무가 변경될 수밖에 없다. 새로운 업무 지침을 만들고 일을 처리해야 한다. 기존의 업무 처리 방식이 더 이상 맞지 않기 때문이다. 자연스럽게 업무 혁신이 뒤따라야 한다. 가장 좋은 것은 먼저 업무 혁신을 준비하면 역할 변화에도 문제가 없지만.

안타깝게도 이런 행정의 변화 모습은 어디에서고 찾아 볼 수 없다. 종전처럼 예산의 공급자로서의 역할만을 충실히 하고 있는 듯하다. 이러한 사회혁신은 실패에 따른 실망감과 부작용을 불러일으켜 향후 여건이 조성되어 제대로된 혁신을 추진하고자 할 때 걸림돌로 작용하게 될 뿐 별로 도움이 되지 못한다.

앞에서 다이어트는 배부른 사람이 하고 혁신은 배 고픈 사람이 한다고 하였다. 영국의 경우도 배가 고파져서 생존을 위해 몸부림치 듯 시작하게 된 것이었다. 2차 세계대전 이후 눈부신 성장을 이루면서 배가 부르게 되자 복지에 관심을 가지며 '무덤에서 요람까지'라는 기치 아래 국

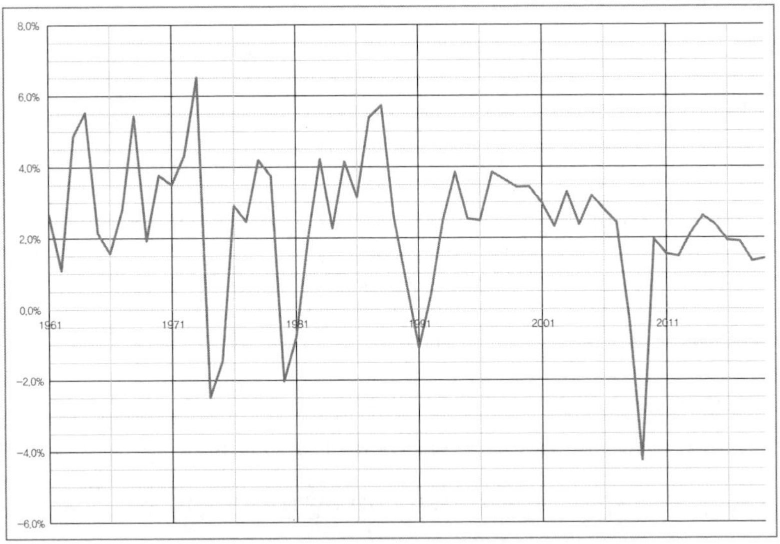

그림 8 영국 연도별 GDP 성장률 (출처: 월드뱅크 오픈 데이터)

민들에게 많은 것을 베풀려고 하였다. 그러나 경기가 하락하면서 재원이 부족해지면서 어려움을 겪고 있던 차에 2008년 글로벌 금융 위기로 인해 결정타를 맞게 되었다.

그림8(166쪽)에서 쉽게 확인할 수 있다. 우리는 겪어 보지 않은 마이너스 성장이 반복되면서 저성장이 굳어지고 있다.

중앙 정부로부터 예산은 절반으로 삭감되었고 지방 정부는 알아서 살아 남으라는 최후 통첩을 받게된 것이었다. 예산은 없어졌고 지원하던 복지를 갑자기 줄일 수는 없게 되자 람베스 구에서 자구 노력으로써 지역의 상황을 가장 잘 이해하고 있는 주민들과 함께 공동으로 문제를 해결하는 변화를 추진한 것이었다.

우리의 경우도 비슷하게 전개되고 있다. 1964년 경제개발 5개년 계획을 시작하고 산업화를 추진한 결과 눈부신 경제성장 덕분에 정부의 예산은 기하급수적으로 증가하였다. 그러나 최근 10여 년 전부터 성장은 정체되고 활력은 잃어가고 있는 것을 볼 수 있다. 돈을 풀어서 경기를 부양하는 양적 완화에 기대어 간신히 연간 2% 성장이라는 실질적 "0%"에 가까운 침체에 들어서고 있다. 영국의 상황과 비슷하다. 조금만 외부에서 충격이 오게 되면 곧바로 무너질 살얼음판 위를 걷고 있는 중이다. 그러나 정부예산은 계속해서 증가하고 있다.

불황이 오는 것은 언제 올 것인지의 문제이지 피해갈 수 없는 상황이다. 불황을 대비해서 원가를 절감하고 불요불급한 예산을 절감하는 것은 기업들은 늘 하고 있는 경영활동이자 혁신활동이다. 행정도 이런 사고 방식을 갖고 미래를 준비해야 한다. 영국 람베스 구의 사례를 반면교사 삼아 미리 준비한다면 불황이 왔을 때 한결 마음의 여유가 생기게 된다. 위급 상황에 처할수록 몸은 서둘러 움직이더라도 마음은 평정심을 유지해야 살아 남을 수 있다. 패닉 상태에 빠지면 살을 수 있는 기회도 놓치고 더 위험한 상황으로 내몰리게 된다. 그래서 '호랑이한테 물려가도 정신만 차리면 살 수 있다.'는 옛말이 있는 것이다.

■ 행정혁신으로 복지비용 확보

양극화는 심해지고 인구는 출생자수보다 사망자수가 더 많아지면서 감소하고 있으며 경기침체로 인해 일자리는 줄어들고 있다. 그런데도 경제는 G7 국가 중 이탈리아를 넘어섰다고 한다. 국민들이 체감하는 경제와는 너무도 동떨어진 현상이 벌어지고 있다. 결국은 성장의 과실이 공평하게 분배되지 않고 양극화로 인하여 소수에 몰리기 때문인 것이다.

대안으로서 여기저기서 복지문제를 들고 나온다. 출산율을 높이려면 재정적 지원을 해야 한다. 일자리 부족으로 인해 실업률이 치솟고 있으니 기본소득을 지급해서 경기를 살려야 한다. 고령화 문제를 해결하기 위해서도 노인 수당을 높여야 한다. 그러나 구호만 요란할 뿐 재원 마련에 대해서는 증세밖에 없다고 주장한다. 세금을 낼 사람들이 줄어드는데 무슨 증세를 거론하는지 답답하다. 그러면서 세월만 흘러가고 국민들의 고생은 심각한 수준으로 진행되고 있다.

인식의 전환이 필요하다. 제품과 서비스를 만들어 판매하는 기업들을 보자. 특히 전자제품의 경우는 획기적인 신제품을 출시하여 가격을 인상하지 않는 한 매년 가격이 떨어진다. 그런데 매년 직원들은 급여를 인상해 달라고 요구한다. 매출이 늘어나지 않는 한 급여를 지급할 현금이 충분하지 않다. 설상가상으로 판매 가격까지 하락하면 진퇴양난이 된다.

이때 시작하는 것이 원가를 절감하자는 것이다. 투입되는 인풋인 자원을 줄이는 활동을 시작한다. 가장 빨리할 수 있고 효과도 크면서 투자도 최소화 할 수 있는 것이 낭비를 제거하는 것이다. 불필요하게 남아 있는 재고나 자산들을 처분하여 현금을 확보하고 제조 방법을 개선하여 투입 대비 산출의 비율을 높여 단가를 낮추는 것이다. 그 다음 안 해도 되는 일들부터 제거하기 시작한다.

현재 우리나라 1년 예산이 500조원을 넘어섰다. 1975년 처음으로 정부 예산이 1조를 돌파한 후 46년 만에 500배로 늘어났다. 그 동안 한 번도 예산이 줄어든 적이 없었다. 항상 증가만 했다. 그 만큼 세금을 잘 걷었다는 반증이다. 그런데 인구는 줄어들고 있다. 앞으로는 인구 감소와 높은 실업률로 인해 경제활동인구가 줄어들고 수출 비중이 40%가 넘는 우리의 경우 세계적 불황에 따른 수출 감소로 기업들의 법인세 세금도 줄어들 것이고 예산을 집행할 곳도 줄어들게 된다. 정부 예산도 역성장할 수밖에 없다. 그런데 복지 관련 예산은 증가해야 한다. 부자 증세가 필요한데 기득권들의 반발이 심하다. 어떻게 재원을 마련해야 하나 고민이 깊어질 것이지만 이미 기업들은 원가 절감과 혁신을 통해서 실천하고 있다. 정부의 행정도 이제부터 원가 절감을 시작해야 한다.

기업에서 실시하는 원가 절감과 혁신 노력을 적용한다면 1년 예산의 30% 이상을 절감할 수 있다. GE가 식스시그마를 통해서 제대로 일하지 않아서 낭비되는 일들을 제거하기만 해도 매출 대비 10%~30%까지 절감 가능함을 보여 주었다. 매년 원가를 줄이는 기업에 있어서도 아직도 많은 낭비들이 발생하고 있는 것을 감안하면 한 번도 원가 절감을 안 해 본 행정조직의 경우 30% 이상은 충분히 가능하다고 경험적으로 말할 수 있다.

500조 원의 30%면 150조 원이다. 현재 당장 필요한 복지 재원을 상당부분 충당할 수 있을 것이다. 세금을 추가로 내지 않아도 된다. 단지 생각을 바꾸어 행정의 낭비를 제거하면 충분히 가능한 일이다. 일반 국민들이 연말이면 경험하는 악습이 있다. 정부 예산이 연내에 소진되지 않으면 다음 해에 예산을 받지 못한다는 명분 아래 멀쩡한 보행로를 뜯어내고 새로 공사를 하는 아주 단순한 낭비 사례를 누구나 목격했을 것이다. 예산이 남으면 정직하게 반납을 하고 다음에 필요한 시기에 별도로 받으면 된다. 그리고 중앙부처도 예산을 정확도만을 놓고 평가하면 안 된다. 이런 식의 서류상 숫자만을 가지고 평가를 하기 때문에 탁상행정이라는 비난을 받는 것이다.

다음은 공무원들의 일하는 방법을 바꾸기만 해도 업무효율 상승과 함께 비용을 절감할 수 있다. 민간 기업과 달리 공무원들은 정년이 보장되어 있다. 박봉이라고 하지만 보장된 정년과 은퇴 후의 연금을 보고 젊은 세대들이 공무원 시험에 매달리고 있다. 민간 기업은 실적이 안 좋으면 언제 해고될지 모르는 불안 속에서 원가 절감을 위해 머리를 싸매고 있지만 그렇다고 정년이 보장된 것도 아니기에 불안하다.

정년이 보장된 사람들은 고용 불안이 없으니 오히려 안정적으로 하고 있는 일들에 대한 개선 방안을 강구하고 실천해야 한다. 충분히 시간을 가지고 단계적으로 추진할 수 있는 좋은 여건이다. 그런데 편해서 그런지 반대로 행동한다. 변화를 주기보다는 현상을 유지하고 싶어한다. 민원이 접수되어도 가급적 핑계를 대고 바꾸지 않으려고 한다. 근무 자세의 문제이다.

필자가 지방의 정책자문위원으로 참여를 하면서 경험한 내용이다. 산하 기관들이 매우 많이 존재하는데 역할에 대한 의문이 생겼다. 공무원들의 계획 수립 과정을 보면 산하 기관에 일종의 연구 용역을 의뢰한다. 그런데 전문성이 떨어진다. 공무원들 역시 산하기관의 전문성에 대해서는 별다른 기대를 하지 않는다. 그런데도 용역은 의뢰한다. 용역 결과는 단순 참조용으로 전락하고 서류만 남는다. 업무에 그다지 큰 도움이 되지 않는다. 실제로 보고서를 보면 장황하게 사례들만 늘어놓은 평이한 보고서이지 핵심을 짚어내는 전문성을 찾아보기 힘들다.

그러면 여기서 당연히 왜 그런 산하 기관들이 존재해야 하는지 의문이 제기될 수밖에 없다. 정년이 보장된 담당 공무원들이 자신들의 전문성을 확보하여 스스로 해결할 수도 있고 새로운 분야라서 모르는 경우에는 차라리 민간 전문 기관에 의뢰해서 학습과 함께 지식을 축적해야 하는 것이 정상적인 업무 방법이다. 그렇게 일을 하면 산하 기관을 줄일 수 있다.

산하 기관의 존재 이유를 보면 일종의 전관예우가 확장된 개념이다. 기관장의 임기가 보통 2년이면서 한 번 연임을 할 수 있다. 고위 공무원들이 보장된 정년이 끝나고 난 뒤 기관장으로 임명되는 많은 경우를 볼 수 있다. 자격 요건을 보면 보이지 않는 울타리를 만들어 놓았다. 일반적인 조건을 보면 '해당 분야 20년 이상 근무 경력자, 대학에서 5년 이상 근무한 경력이 있는 자, 국가 또는 지방자치단체에서 3급 이상 공무원으로 3년 이상 근무한 경력이 있는 자' 등과 같다. 주로 해당 분야 공무원이나 대학교수들로 이루어져 있다. 기관장이라고 하면 전문성도 필요하지만 조직의 비전을 제시하고 관리를 통해 성과를 달성할 수 있는 관리 능력도 중요하다. 그러나 대학 교수들의 경우 관리 능력에 있어서 의문이 많이 제기되고 실제로 조직관리 역량이 부족하여 조직원들과 충돌 및 갈등으로 밀려나는 경우도 자주 존재한다.

서울특별시의 한 산하기관과 소통관련 프로젝트를 추진할 때였다. 신임 기관장에 대한 평가가 매우 부정적이어서 조직을 진단해 보고 충격을 금할 수가 없었다. 관리부재라고밖에 표현할 방법이 없었다. 기관의 방향을 잡지도 못하고 있으며 직원들을 동기부여 하지도 못하고 있다. 대학 교수라는 전문성을 일부 가지고 있으나 전문성에만 함몰되어 새로운 방법을 수용하지 못한다. 학벌, 개인의 사생활 등을 거론하며 직원들의 자질을 자의적으로 판단하면서 소통을 막아 버린다. 결국에는 무엇을 결정해야 하는지도 모르는 상황으로 치달은 상태였다. 어디부터 손을 써야 하는지 깜깜하였다.

실제로 해당 기관의 목적에 부합되는 일반 전문직, 관리직 인력들을 포함하여 다양하게 선발을 해야 기관도 발전할 수 있다. 특정 계층의 사람들로 구성하고 운영할 경우 전문성을 향상시킬 수 없다. 특히 관료주의에 흠뻑 젖은 고위 공무원이 다시 기관장이 될 경우 조직은 관료주의에서 벗어나지 못하고 심화되게 된다. 가끔 공공기관에서 갑질 문제나 성희롱, 성추행 등과 관련된 문제가 터지는 것도 연관성이 있다.

이렇게 그들만을 위한 리그로 존재하는 산하기관이라면 통폐합을 하여 예산을 절감하고 전문성을 강화하도록 해야 한다. 실제로 사회에 도움이 되어야 기관의 존재 가치가 증명되는 것이지 특정인들의 노후 안식처로 전락된 산하기관은 사회악이나 마찬가지다.

실제 민원과 직결되는 사례가 있다. 필자가 거주하는 지역에 상가 단지가 있는데 쓰레기 버리는 곳이 관리가 되질 않아 주말에 외지인들이 관광하러 왔다가 미관이 안 좋아 인상을 찌푸리고 되돌아 가는 경우가 자주 발생하여 쓰레기 버리는 장소를 이동시키고 정비해 달라는 민원을 상인들이 신청하였다. 쓰레기 수거는 수거업체가 따로 있으니 수거업체에 연락해서 해결하라는 울화통 터지는 회신이 온 것이다. 한 번 현장 확인도 안 해보고 절차만 따지면서 주민들이 알아서 해결 방안을 가지고 오면 검토해보겠다는 것이다. 해결해 준다는 것도 아니고 검토해보겠다는 것이다.

기업의 사장들이 고객과 만나기 위해 현장을 경영을 하고 직원들의 고충을 듣기 위해 현장을 방문하여 직원들과 대화도 한다. 행정도 국민들의 삶이 돌아가는 생활현장에 자주 나와 국민들과 함께 소통하며 불편을 해소하도록 노력해야 한다. 공무원 자신들을 위해서도 필요하다. 현장을 이해할수록 고객이 진정으로 원하는 것이 무엇인지 이해하게 되면서 불필요한 일들을 없앨 수 있기 때문이다. 서로 윈윈 하는 방법이다.

행정조직의 업무 개선기회의 단적인 예를 하나 더 살펴 보자. 정보화 시대에 맞게 각 지방 자치단체별로 인터넷 홈페이지를 운영한다. 대표적인 자치단체인 광역시 포함 17개 시도들에 대한 홈페이지를 접속하여 조직도 현황을 알아보기 위해 몇 단계를 거쳐야 하는지 시험해 보았다. 코로나19 사태로 인하여 접속 초기화면이 이전과 달리 코로나 현황이 먼저 나오므로 이 단계는 건너 띄고 홈페이지 접속부터 회수를 단계로 카운트 하였다(다음 표 1 174쪽 참조).

전반적으로 용어조차도 통일되어 있지 않았다. 조직도, 행정조직도, 행정조직 등 다양하게 표현하고 있다. 조직도를 알아보기 위해 2단계에서 4단계까지 클릭을 해야 함은 물론 화면상에서 조직도가 어디에 있는지 화면을 스캐닝 하는 것도 쉽지 않았다. 느낀 점은 표준화가 안 되어 있다는 것과 관리가 중복될 수밖에 없는 것을 확인했다.

자치단체를 소개하는 홈페이지는 일종의 자치단체의 관문이라고 할 수 있다. 자치단체별로 차별성을 부여하고 싶을 수 있지만 고객인 국민

자치단체명	1회 클릭	2회 클릭	3회 클릭	4회 클릭
서울특별시	홈페이지 접속	부서안내		
부산광역시	홈페이지 접속	부산소개	부산시청안내	조직도
대구광역시	홈페이지 접속	대구소개	시청안내	행정조직도
인천광역시	홈페이지 접속	인천소개	시청안내	조직도
광주광역시	홈페이지 접속	광주소개	시청안내	행정조직도
대전광역시	홈페이지 접속	대전소개	시청안내	조직도 및 직원안내
울산광역시	홈페이지 접속	울산소개	시청안내	행정조직
세종특별자치시	홈페이지 접속	행복도시세종	세종소개	조직도
경기도	홈페이지 접속	경기도소개	경기도청안내〉 조직도	
강원도	홈페이지 접속	강원도소개	도청안내	조직도
충청북도	홈페이지 접속	함께하는 충북	도청안내	행정조직
충청남도	홈페이지 접속	충남소개	도청안내〉 조직도	
전라북도	홈페이지 접속	전북소개	도청소개〉 행정조직	
전라남도	홈페이지 접속	전남소개	도청안내〉 조직도	
경상북도	홈페이지접속	경북소개	도청안내	조직도
경상남도	홈페이지접속	경남소개	도청안내〉 조직도	
제주특별자치도	홈페이지 접속	제주소개〉조직도		

표 1 광역시도별 홈페이지 내 조직도 접속 클릭 횟수

의 관점에서 바라 볼 필요가 있다. 고객이 민원을 청구하기 위하여 해당 자치 단체의 어느 부서, 누구에게 문의해야 할지 궁금할 경우 어디부터 어떻게 찾아야 하는지 표에서 제시한 것처럼 혼란스러울 수 있다. 다른 시도로 이사 간 경우 대한민국 내에 거주하고 있는데 자치단체별로 용어가 다르다고 하면 외국으로 이민 간 것도 아닌데 이해하기 힘들어진다.

각 자치단체의 특성을 무조건 반영하는 것은 용어의 혼란, 검색의 어려움, 통합 유지관리의 어려움 등이 발생한다. 전국 17개 시도 자치단체의 공통 포맷을 지정하여 운영하고 각 자치단체별 차별화 영역을 가져갈 수 있도록 한다면 오히려 접근성 및 정보 검색이 용이해질 수 있다. 공통 포맷의 경우 프로그램을 공유한다면 17개 개별 프로그램을 운영할 때보다 유지 비용 절감도 가능하고 개선도 신속히 동시에 이루어질 수 있다.

정보시스템 중에서 개발 및 운영 난이도가 매우 낮은 홈페이지 사례에서 본 낭비 요인이다. 정부 각 부처가 운영하고 있는 국가 행정 전산시스템을 사용해 보면 홈페이지의 낭비와는 비교도 안 될 엄청난 규모의 낭비가 존재하고 있을 것임을 확신한다. 왜냐하면 각종 행정 시스템이 부처별로 전산시스템을 개발하여 운영하고 있다. 이 경우 타 부처와 데이터를 주고 받으려면 직접 전달하지 못하고 데이터를 요청하는 부처에 맞게 변환해서 주거나 받는 부처에서 자신들의 용도에 맞게 재가공을 하는 경우가 생길 수밖에 없다.

표준화가 안 되었으니 같은 내용을 다르게 표현해서 교환이 안 된다. 추가 작업이 필요하고 이 과정에서 오류가 발생하여 재작업을 한다. 데이터 및 업무 표준화가 되어 있지 않으므로 전산시스템이 통합이 되어 있지 않다. 단지 데이터만 주고 받는 수준이므로 한 번에 끝낼 수 있는 일들이 여러 단계를 거치면서 지연되고, 재작업을 하면서 행정의 스피드가 늦게 되는 것이다.

낭비는 이렇게 곳곳에 숨어있다. 문제의식을 가지고 바라보느냐 당연한 것으로 생각하고 넘어가느냐 차이가 낭비 개선 및 혁신의 출발점이다. 생각과 관점만 바꾸면 할 수 있는 것이다. 대규모 투자가 필요하지 않다. 단지 교육이 필요할 뿐이다. 낭비는 제대로 하지 않아서 생겨난 문제들과 이를 해결하기 위해 투입되는 비용들을 말하는 것이다. 애당초 처음부터 제대로 했으면 안 해도 되는 일이기 때문에 없애야 하는 것이고 효과는 즉각 확인이 되는 것이다. 항상 낭비 제거를 생활화하고 있는 기업들에 있어서도 개선할 여지는 10%~30%까지 존재하고 있다. 그래서 계속해서 원가 절감과 혁신을 하는 것이다.

행정의 낭비도 같은 관점에서 바라보고 개선할 대상을 발굴하고 추진해 나간다면 앞서 강조했던 예산의 30% 절약이 실현 불가능하지 않다. 재원 마련 어떻게 하느냐고 논쟁하면서 시간을 보내기 전에 눈에 보이는 낭비부터 제거해 나가면 우리 고유의 정서대로 빨리빨리 예산을 절감할 수 있고 그렇게 해야만 한다. 할 수 있는 것부터 먼저 해 나가는 것이 혁신 추진의 가속도를 높이는 길이다.

■ 자아에 맞는 다양한 일자리 창출

경기가 침체되고 불황이 깊어지면서 실업률이 올라가고 실업자 수가 급등하고 있다. 특히 사회 첫발을 내딛어야 하는 청년들의 실업률은 나아질 기미를 보이지 않는다. 이십 대 태반이 백수라는 의미의 '이태백'이란 신조어가 등장한 지 오래 되었지만 개선될 기미가 보이지 않는다. 한쪽에서는 요즘 젊은이들의 눈이 높아져서 힘든 일 안 하려고 하기 때문이라고 젊은이들 탓으로 돌린다. 근거로서 중소기업에 일손이 모자라도 가질 않기에 외국인 노동자들이 대신 일을 하고 있다고 주장한다.

한편으로는 수긍이 가기도 하지만 그렇다고 인정을 할 수 없다. 왜냐하면 여러 가지 요인들이 얽혀 있기 때문에 콕 집어 어느 한 문제만 부각시킬 수 없기 때문이다. 오늘날 모두는 아니지만 많은 수의 중소기업의 상황이 꼰대 소리 듣는 어른들이 청년시절 보냈던 중소기업 상황하고 많이 다르기 때문이다. 중소기업 사장들의 기업가 정신이 달라졌기 때문에 막연하게 자신의 경험을 바탕으로 "나 때는 말이야"라고 함부로 말하면 안 된다.

대략 30년 전 만해도 공대를 졸업한 학생들은 손에 기름을 묻히며 중소 공장으로 취직을 하고 열심히 일했다. 당시에는 지금의 삼성이나 현대도 중소기업이었다. 글로벌 대기업이 존재하지도 않았다. 당시의 중소기업가들은 회사의 성장과 발전이 가장 큰 목표였다. 돈 버는 것은 우선순위에서 밀려났다. 그러므로 직원들과 함께 방법을 찾으며 동고동락하고 회사를 키워가는 분위기였다. 자연스럽게 사장과 회사와 직원들 간의 일체감이 형성되면서 동고동락과 일심동체로 일을 했기 때문에 희로애락을 경험한 끈끈한 인간관계를 바탕으로 함께했던 시절이었다.

그러나 지금의 중소기업 현실을 보면 매우 다르다. 신자유주의 물결에 떠밀려 주주이익 극대화를 최고의 가치로 삼는 자본주의 체제하에서 오늘날의 중소기업들은 이익을 최우선에 두는 경향이 매우 강하다. 사회 전반적으로 문제화 되는 각종 갑질 관행, 친인척을 동원한 본사와 지점 간 중간 거래회사를 활용한 이익 강탈 등 많은 중소기업 사장들은 성장보다 이익에 치중하고 부의 대물림에 더 깊은 관심을 보이고 있다. 이런 분위기의 회사에 취직하면 직원들도 분위기 파악을 재빨리 하고 더 이상 희망이 없다는 것을 직감한다. 일은 대기업 수준으로 시키려고 하면서 교육이나 인력 충원과 같은 자원에 대한 지원도 없다. 알아서 해오라는 식이다. 급여는 최저 임금 수준이다. 차라리 아르바이트를 하면 비슷한 임금 수준이지만 마음 편하고 갖은 수모당하지 않고 정시 퇴근이 가능하다. 그러니 중소기업에 취직하지 않으려 한다. 이 경우는 전적으로 중소기업 사장들의 책임이 크다.

다른 요인은 대기업의 갑질에 의한 원인이다. 대기업에 수직 계열화된 중소기업들은 흔히 1차, 2차, 3차 벤더 순으로 종속되어 일을 한다. 원래 대기업은 거대해지고 비대해 지면서 관료화 되기 때문에 변화에 대응하는 속도가 떨어지고 변화에 둔감하게 된다. 강점은 막강한 자금력과 조직력이다. 반면 중소기업은 작지만 자신들의 고유 기술력을 바탕으로 재빠르게 환경변화에 대응하면서 성장을 해간다. 독일의 수많은 히든 챔피언 기업들이 좋은 사례이다. 작지만 민첩하고 축적된 기술을 바탕으로 대기업보다 자주 기술발전을 일으키면서 내공을 쌓아간다.

그러나 작금의 대기업과 협력업체 간 관계를 보면 거의 노비 계약과 다를 바 없다. 대기업이 목표 이익을 창출하기 위하여 원가 목표가 설정되면 거래하는 업체들에게 일방적으로 납품 단가를 정해서 통보한다. 협상이라는 단어조차 없다. 중소기업들은 울며 겨자 먹기식으로 할 수 없이 계약을 승인할 수밖에 없다. 거래 상대방에게 어느 정도 적정 이윤을 보장해 주어야 상생이 가능하지만 거의 상극관계로 끝나 버린다. 중소기업들이 기술개발을 할 자금조차 확보하지 못한다. 1차 벤더가 쪼들리게 되면 2차, 3차 벤더에게도 그대로 전가되면서 노비 계약이 확산된다. 중소기업 역시 살아남기 위해 직원들의 인건비에 손을 대기 시작한다. 외주화시키거나 인건비가 저렴한 외국인 노동자들을 고용하면서 손실분을 만회하려고 한다.

문제는 외국인 노동자들의 생산성이 높지 않은 것이다. 비용이 절감되었지만 생산성은 떨어진다. 의사소통에도 문제가 생긴다. 공업계 고등학교를 졸업하면서 이러한 중소기업 공장에 취직한 우리 젊은이들은 어떤 지도도 받지 못한 상황에서 외국인 근로자들을 관리해야 하는 일종의 관리자 역할이 주어진다. 의사소통이 잘 안 되므로 문제가 발생하면 할 수 없이 한국인 직원들이 조치에 나선다. 인력을 합리화하고 있으니 도와주는 선배 사원들도 없다. 당장 그만두거나 몇 년 정도 참고 지내면서 다른 곳으로 이직하는 게 희망이 되어 버린다.

필자를 포함한 베이비부머 세대들의 신입사원 시절엔 꿈도 꿀 수 없던 열악한 근무 환경이 지금의 청년 세대들에게 주어지고 있다. "요즘 젊은 것들은 나약하고 배부르다"고 말하는 사람들은 이러한 상황을 이해하고 그러한 투의 말을 하고 있는지 의문이 간다. 우리 사회의 구조적 문제점들이 드러나고 있는데 이것을 문제로 보고 해결하려는 노력보다는 개인들이 알아서 적응해야 한다고 방치하는 것은 현실을 외면하는 것이다.

반면 대기업의 경우를 보자. 막강한 자금력과 여유 있는 인력, 그리고 그 동안 축적된 혁신역량과 노하우를 기반으로 글로벌 경쟁력을 확보하고 비교적 안정적으로 경영을 하고 있다. 성과 중심의 문화를 통해 파격적인 보상이 제공되면서 많은 이들의 부러움을 사고 있다. 그러나 이곳 역시 과거처럼 많은 인력을 채용하지 않는다. 기존 사원들에 대해서는 상시 구조조정이라는 명분 아래 조금이라도 경영 여건이 어려워지면 명예퇴직이나 사업 구조조정을 단행한다. 법정 정년을 보장받기 어렵게 일찍 떠나야 한다.

그러나 귀족 노조가 막강한 대기업은 고참 직원들을 함부로 내보내기도 어렵다. 전체 직원을 위한 노조 활동보다는 기존의 노조 가입자들의 고용 안정과 급여 인상에만 몰두하여 사회의 빈축을 사고 있지만 아직도 굳건히 버티고 있다. 신입사원 채용에 부작용을 일으킨다. 인건비 상승 부담을 느끼는 기업은 인건비 총액을 맞추기 위해 신규 채용을 가급적 하지 않는다.

제조 현장은 정보기술을 통한 자동화 및 지능화에 힘입어 적은 인력으로 높은 효율을 달성하게 되었고 사무 간접 부문의 정보시스템은 업무 생산성 향상을 가져왔으므로 예전처럼 많은 사람을 필요로 하지 않는다. 고용 없는 성장이 실현되고 있는 현장이다. 또한 신입사원을 채용한 후 처음부터 교육을 시키고 전력화 하기에는 시간이 많이 소요되고 비용도 수반되기 때문에 경력사원을 선호하게 된다.

그 결과 대기업의 신규 채용은 계속 줄어들고 있어 취업하기가 하늘의 별 따기 수준으로 어려워졌다. 물론 입사만 하면 초봉부터 중소기업 대비 많은 차이의 급여를 받고 전반적으로 복리후생 수준도 높아 실질적인 소득 측면에서 보면 중소기업과 비교가 되지 않는다. 하지만 갈수록 취업은 어려워진다. 그런데 반드시 내가 원하는 대기업에 입사하겠다고 마치 고시 공부하듯 매달린다. 안타깝게 시간은 흘러간다. 인생에서 다시 찾아오지 않을 황금의 20대 시기를 놓치게 된다. 요즘 자주 말하는 가성비 차원에서 고려해 보면 매우 비능률적인 활동이다. 왜냐하면 예전처럼 암묵적 정년 보장이 되는 것도 아니고 언제까지 다닐 수 있는지 확정된 것도 없는 불확실한 미래를 살아 가기 때문이다.

어차피 현실의 상황에서는 대기업에 취업하는 것은 한정된 인원에게만 가능하다는 것을 인정해야 한다. 대기업 역시 글로벌 경쟁환경에서 언제 어떠한 형태의 경영 위기가 올지 모르는 것도 마찬가지이다. 대마불사大馬不死가 더 이상 통용되지 않는 세상이다. 특히 현행 교육환경과 사회 환경하에서는 대학졸업자들의 상위 10% 정도만 대기업이나 공기업에 취직하게 된다. 나머지 90%는 매년 낙오된다. 만약 5년을 준비했는데도 취직이 안 되었다면 더 이상 신입사원으로 취직은 불가능해진다. 우리나라 기업문화의 특성상 신입사원이 기존 사원보다 나이가 더 많으면 함께 일하기가 거북스러워 피하게 된다.

여기서 우리가 근본적으로 고민해야 하는 부분이 있다. 기업의 규모가 크던 작던 기본적으로 수행하는 업무는 크게 다르지 않다. 제조업의 경우 제품을 만들기 위해 원료를 구매하고 기계를 구입하고 작동시키면서 제품을 만들고 불량이 판매되지 않도록 품질을 검사하고 신속히 고객에게 제품을 배달하고 판매 대금을 회수하는 일련의 과정이 동일하게 적용된다. 단지 규모가 커지고 제품도 다양한 기업들은 관련 업무의 전문성이 높아지기 때문에 중소기업과 차이가 나는 것이다. 기본 업무 지식은 크게 차이 나지 않는다. 그렇기 때문에 신입사원과 달리 채용 즉시 활용할 수 있는 경력 사원을 채용한다.

성공 확률이 낮은 대기업 신입사원으로 취직하는 것보다 일단 규모는 대기업보다 작지만 내가 좋아하는 일을 할 수 있는 곳에서 배운다는 자세로 일하면서 경력을 쌓을 경우 경력사원이나 간부로 입사할 수 있는 기회가 있게 된다. 도서관에서 공부만 하면서 시간과 기회비용을 허비하는 것이 아니라 일을 하면서 기본적인 소득을 통해 경제적인 자립도 성취하면서 보람차게 시간을 보내는 것이다. 보너스로 원하던 좋은 직장으로 취직도 성공한다면 일석이조가 될 수 있다. 일종의 우회작전을 생각해 볼 필요가 있다.

얼마 전 유재석, 조세호가 진행하는 모 방송사의 대담 프로그램에 영양사 한 분이 출연한 것을 보았다. 학교 급식에 랍스터를 1인당 한 마리씩 제공하여 이미 SNS 상에서 유명해졌던 분이다. 학교 영양사로 출발하였지만 자신이 담당하고 있는 분야에 열정을 가지고 일을 했다. 랍스터는 고가이므로 한정된 급식 예산으로는 아무도 고려하지 않는 것이다. 출연한 영양사는 급식 예산을 항목별로 분석하였다. 학생들이 음식을 남기면 폐기하는 비용도 무시할 수 없다는 것이다. 그래서 발품을 팔면서 다양한 시장을 방문하고 가격을 낮춘 결과 랍스터를 급식으로 제공할 수 있었다고 하였다. 이후에도 몇 차례 특식을 제공하면서 학생들에게 인기를 얻고 인터넷상에 유명하게 되었다. 이러한 개인의 노력과 열정 소식을 접한 한 기업에서 스카우트 하여 지금은 대기업에서 영양사로 근무하고 있다는 것이다. 처음부터 대기업 영양사로 취직하겠다고 시도하였다면 시험 문제와 면접의 굴레를 반복하면서 정작 자신의 재능을 보여줄 기회조차 없었을 것이다.

한 지역의 국회의원 사무실에서 비서로 일하고 있는 한 여성을 만난 적이 있다. 서울 소재 유명 여자대학교 문과 출신이었다. 수도권을 벗어난 지역이지만 취직하여 지방에서 생활하고 있었다. 대기업처럼 많은 급여를 받는 것은 아니지만 일단 내가 일해서 벌은 돈으로 하고 싶은 일이 있을 때 부모님에게 손 빌리지 않고 스스로 할 수 있는 것에 만족한다는 답을 들었다. 또 다른 한 명도 서울 소재 유명 여자대학 문과 출신이다. 지방의 외국계 제조 회사에 다니고 있다. 급여는 일반 중소기업하고 크게 차이가 나지 않는다. 하지만 담당하고 있는 업무에 대해 열정이 강하고 재미있어 한다. 경력을 쌓고 기회가 되면 더 큰 회사로 이직하면서 자신의 경력을 관리할 생각도 하고 있다. 직업의 귀천을 따지기 전에 내가 좋아하고 재미있어 하는 일을 해야 그 분야에서 성공할 수 있는 것이다.

사회 생활을 시작하면서 여러 사람들과 만나다 보면 예기치 않게 새로운 기회를 접할 수도 있게 되고 이를 통해 새로운 인생이 펼쳐 지기도 한다. 다양한 기회와 가능성이 주변에 펼쳐져 있음에도 불구하고 오로지 번듯한 직장에서 일하면서 사회적으로 인정받겠다고 제한된 기회만 제공되는 곳에 매달리며 제한된 공간에서 제한된 사람들과 시간을 보낸다는 것은 생각하지 못한 기회 손실이 크게 될 수도 있다.

인생이라는 마라톤에서 사람에 따라 일찍 성공하는 사람, 늦은 나이에 성공하는 사람 등 각자의 재능에 맞게 인생을 살아가는 것이다. 획일적으로 나이에 따라 평균적인 사회 활동을 해야만 하고 뒤처질 경우 인생의 낙오자처럼 루저라고 스스로 비하할 필요가 없는 것이다. 각자의 다양한 성격과 같이 다양한 직업을 가지고 다양하게 살아가는 것에 만족하고 살면서 아직 오지 않은 기회를 맞이할 준비를 하며 오늘보다 나은 내일을 만들어 가면 된다.

요즘 SNS가 발달하면서 1인 기업, 1인 방송 등 다양한 형태의 일거리가 생기고 있다. 미래학자 고 앨빈 토플러가 예견했던 프로슈머가 등장하고 하나의 직업으로서 자리잡고 있다. 어느 한 곳에 노예처럼 예속된 삶이 아닌 자유인과 같은 프리랜서의 삶을 살아가는 것도 이제는 하나의 정상적인 직업이 된다. 우리나라의 눈부신 경제 성장을 가져다 준 제조업은 이제 완연한 레드오션Red Ocean에 있기 때문에 과거와 같은 성장을 바랄 수가 없다. 산업 자체도 수명 주기상 성숙기에서 쇠퇴기로 접어들기 때문에 더 이상 황금알을 낳는 거위로서의 역할은 한계에 다다랐다.

새로운 미래 먹거리를 위한 산업을 일으켜야 한다. 물론 당장 이루어지지 않는다. 시간이 걸리지만 만들어야 한다. 환경, 에너지, 안전 등 새롭게 태동하는 산업에 많은 중소기업들이 등장할 수 있도록 지원하고 직원 채용을 권장해야 한다. 이러한 산업은 지역 자치단체별로 진행할 수 있다. 예전처럼 수출이 용이하도록 임해공업단지가 필요한 것도 아니다. 중앙정부에서 모든 것을 관장하기에는 우리나라의 경제규모가 커졌으며 복잡도도 증가하였기에 중앙집중식 통제는 불가능해지고 있다. 집중화되었던 중앙 권력을 분산시켜 자치단체별로 추진하는 것이 훨씬 더 효과적이 될 수 있다.

분산화된 자치 정부의 자치단체별 특화된 전략은 서울과 수도권 외곽의 지방대학 출신학생들을 위한 기회로 활용할 수 있다. 자기가 태어나서 자란 곳 또는 공부하면서 살았던 곳에서 일자리를 구하고 경력을 쌓으면서 인생을 설계하고 실천해 나가는 기회를 주는 것이 더 합리적이고 생산적이다. 일자리를 구한 청년들이 그곳에 머무르면 지역의 인구소멸도 완화시킬 수 있다. 새로운 기회 창출이 가능하다. 성장은 정체되고 불황은 깊어지는 상황에서 모든 걸 한번에 해결하려는 한탕주의식 경제발전을 추구하는 것은 모험에 가깝다고 할 수 있다.

기존 성숙된 산업을 모델로 제2, 제3의 기업이나 산업을 발굴하려는 것은 과거의 성공에 함몰되어 미래의 신성장 동력을 놓치게 되는 결과를 가져온다. 실제로 기업이 신규 사업을 발굴하기 가장 힘든 것은 기존 사업이 워낙 좋은 실적과 경쟁력을 가졌을 때이다. 새롭게 돋아나는 후보 사업군이 눈에 차지가 않는다. 겨우 그 정도 돈벌이로 미래를 책임질 수 없다고 무시한다. 기존에 하던 것에서 좀 더 노력해서 한 푼이라도 더 버는 것이 위험도 회피할 수 있다며 차일피일 미루다가 위기에 변신하지 못하고 무너지는 것과 같다.

사회적 기업을 활용하자. 미래 산업을 일으킬 씨앗을 뿌리는 것이다. 새로운 먹거리가 나올 것이다. 지역 대학을 나온 청년들이 모여서 협동조합 형태의 자그마한 회사를 운영하면서 경제적 자립 및 기업 경영을 경험하도록 하는 것도 필요하다. 청년 창업을 권장하면서 벤처 신화를 부추기고 있지만 이는 요행을 바라는 사행심을 조장하는 행위와 다르지 않다. 훌륭한 아이템 하나만으로 유니콘 기업을 만드는 것이 아니다. 기업을 운영한다는 것은 제품개발 이외에도 조직관리, 업무 생산성 관리 등 고려해야 할 요소가 엄청 많고 관리 능력도 필수적이다. 이런 기본 지식과 경험이 부족한 상태에서 초반에 반짝하는 성과를 만들어냈다고 무한 성장하는 것을 기대하는 것은 실패를 앞당기는 결과를 가져온다. 벤처 성공률이 낮은 이유이다.

요즘 자치단체마다 협동조합 형태의 기업 운영에 대한 기회를 많이 제공하려고 한다. 청년들끼리 협동조합 형태의 사업을 시작하는 것을 권하고 싶다. 주입식 입시 위주의 교육에 익숙해진 우리 청년들에게 서로 협력하고 도와 가면서 일하는 방법을 협동조합이라는 작은 단위의 조직부터 시작해서 스스로 학습할 필요가 있다. 조직관리가 안 되면 내분과 갈등으로 인해 조직이 와해 되고 무너지는 경우가 발생한다. 힘들게 일구어 놓은 사업이 허무하게 내부의 문제로 쓰러지는 아픔을 겪게 된다.

조직생활과 사회생활이 힘든 제일 큰 이유는 사람들과 부대끼는 데서 오는 스트레스가 주요 원인이다. 실력과 능력으로만 성공이 보장되지 않는다. 오히려 좋은 인간관계를 가진 사람들이 마지막에 웃는 경우도 자주 있다. 그래서 사람들 간의 이해관계를 깨달으면서 조직운영, 사업

운영 등의 노하우를 하나씩 쌓아가는 것이 바람직하다. 이러한 경영의 기술을 축적해가면서 사업이 번창하게 되면 주식회사로 발전시키면서 경쟁력을 갖춘 기업으로 성장시키는 것도 추천해 볼 만하다.

충남 아산에서 '협동조합 그려'를 운영하는 전형준 이사를 통해 협동조합을 통한 일자리 창출 및 청년들의 경제적 자립의 가능성을 확인하였다. 전형준 이사 역시 처음부터 큰 기대를 갖지 않고 5명이 모여서 협동조합을 설립하였다. 특이한 점은 다른 협동조합들의 경우 대부분 같은 일을 하는 사람들끼리 모여서 조합을 설립하고 운영한다. 반면 '협동조합 그려'는 5명의 구성원이 각자 다른 분야에서 일을 하고 있었다. 공연기획, 디자인, 행사진행, 공무원 등 서로 다른 일들을 하면서 운영해 나갔다. 주위에서는 오히려 서로 다른 일들을 하는 사람끼리 잘 굴러갈 수 있을지 걱정을 많이 했다고 한다. 그러니 3년의 시간이 흐른 지금 사신들은 별 문제없이 확장을 하고 있지만 다른 협동조합들은 의견의 차이, 민주적 절차의 부적응 등으로 어려움을 겪고 있다는 것이다.

많은 사람들이 우리나라 문화에서는 동업은 어렵다고 한다. 함께 일하는 것에 익숙해 있지 않아서 그런 것이다. 그래서 협동조합을 성공하기에 많은 장애요인들이 있다고 부정적으로 얘기한다. 협동조합에 대한 이해 부족에서 나오는 말이다. 협동조합과 주식회사의 의사결정은 다르다. 주식의 수에 비례하는 주식회사와 달리 협동조합은 출자자 수에 상관없이 1인 1표의 민주적 의사결정 방식을 갖는다. 협동조합에 단순히 지분 참여만 한 후 주식회사처럼 배당을 달라고 요구하고 자신의 기여가 없다면 조합원 자격이 없는 것이다. 투자금이 아닌 기여도에 따른 배분방식도 주식회사와 차이점이다. 각자 자기의 역할을 하고 함께 협력한 결과 동등하게 배당을 가져가는 것을 이해 못하고 협동조합을 운영하기에 갈등과 함께 분열로 이어지게 된다.

'협동조합 그려'의 성공 요인은 의외로 기업을 경영하는데 필요한 기능을 각기 다른 사람들이 보완해 준 것이라고 말할 수 있다. 협동조합도 법인이다. 기업과 같이 움직여야 한다. 기업을 운영하기 위해서는 개발, 제조, 운영, 지원 등 각각의 기능들이 필요하다. '협동조합 그려'는 구성원들이 각자 가치사슬 상의 기능을 수행하면서 민주적 의사결정을 통해 갈등을 최소화 하고 협동조합의 성장에 필요한 일들을 차근차근 하나씩 해결하면서 성장한 것이다. 기업 경영에 필요한 지식을 실전을 통해 경험하고 있는 것이다. 조금 더 성장할 경우 주식회사로 전환하여 일반기업으로 성장을 도모할 때 협동조합에서의 경험은 소중한 자산이 될 것이다. 이러한 사전 준비 없이 곧바로 청년 창업을 시도할 경우 대부분 3년 이내 사업을 접거나 계속 하더라도 10년 동안 생존 확률은 10%에도 못 미치는 것이 우리나라 현실이다. 기업은 일으키는 것만이 능사가 아니다. 숱하게 맞이하게 될 위기관리를 소홀히 할 경우 규모가 작은 회사들일수록 한 번에 무너지는 경우가 자주 발생한다.

지역 경제의 활성화 및 일자리 창출을 통해 청년들이 머무를 수 있도록 하기 위해 협동조합을 활성화 하기 위한 방법을 제시한다. 그림 10(188쪽)과 같이 4개 분야의 이해관계자들이 서로 협력하면서 균형을 이루어 나가야 한다.

재정 자립도가 낮으면서 청년 인구의 유출이 이어지는 지방 자치단체별로 자급자족의 지역경제 활성화 및 청년 일자리 창출을 위해 우선 추진해야 할 모델이다. 지역을 살리고 마을에 생기를 불어넣기 위해 이해관계자들이 서로 각자의 역할에 대해 이해하고 공동의 목표를 설정한 후 지방 정부와 어떻게 협업을 할 것인지 함께 토론하고 논의하여 과제

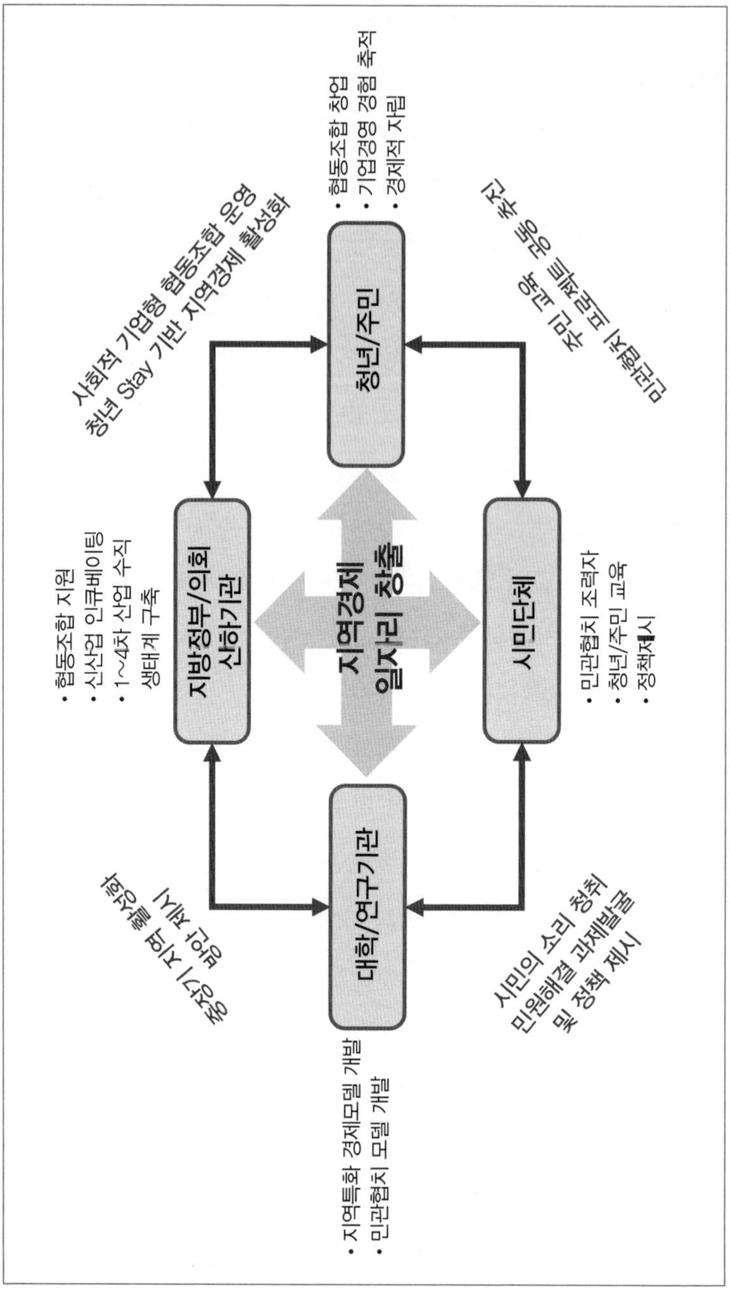

그림 10 자급자족 지역경제를 위한 일자리 창출 협력 모델

를 발굴하고 추진하여 성과를 창출하면 된다. 따로 놀았기 때문에 상대가 잘 되면 배가 아프고 실패하면 속으로 쾌재를 부르는 놀부 심보가 만연했던 것이다. 서로 이해하고 서로 윈윈하려고 할 때 일은 재미 있고 신속하게 시너지 효과를 만들어 낼 수 있다.

청년 일자리 창출의 핵심은 청년들이 경제적으로 자립할 수 있는 기회를 제공하고 스스로 독립된 삶을 살 수 있도록 해주는 것이다. 기업들에게 일자리를 늘리라고 주문한들 자신들의 생존에 직결되지 않으면 움직이지 않는다. 청년을 고용한 기업들에게 자금지원을 해주는 경우 단순한 숫자 놀음으로 자격조건을 충족한 후 정부의 특혜를 받고 실질적인 조치는 없이 현금만 챙기는 기업들도 다수 존재한다. 더 나쁜 경우는 기업이 성장할 수도 있지만 성장시킬 경우 정부의 혜택을 받지 못한다 하여 회사를 분할하거나 현재 상태를 유지하는 편법도 동원된다.

청년들에게 혜택을 주려고 한 제도가 청년들이 아닌 기존 사주들에게 돌아가는 아이러니한 상황이 연출된다. 그러면서도 당국자들은 청년 취업을 위해 자신들이 한 실적이라고 자화자찬하게 된다. 진정으로 청년들의 경제적 자립을 위한 정책을 수립하고 진행해야 7포 세대에게 희망을 주고 무기력에서 탈출할 힘을 얻게 된다. 고객이 누구인지 명확히 하고 고객이 원하는 것, 필요로 하는 것을 어떻게 해결해 줄 것인지를 기성세대의 경험을 토대로 제공하고 도와주어야 한다. 개인의 노력이 부족하다고 일갈해 버리는 것은 무책임한 일이고 미래 사회에서는 더더욱 있어서는 안 되는 일이다.

누구나 부러워하는 양질의 일자리를 얻는 것을 당장 포기하라는 것이 아니다. 요즘처럼 부모 찬스를 사용하면서 원천적으로 진입을 차단하고 서열화된 대학 출신들에게 더 많은 기회가 제공되는 세상에서 일단 생존을 해야 한다. 무기력하게 포기하면 안 된다. 넓은 세상을 넓게 보고 보지 못했던 기회를 찾을 수 있도록 다양한 삶을 살아가는 것이 21세기 4차 산업혁명의 시대를 살아가는 방법이 될 것이다. 불확실한 미래이자 새로운 세상은 지금과는 다른 세상이 될 수밖에 없다. 현재 통용되는 지배적인 방식과 사고가 무너지고 새로운 방식과 사고를 필요로 하는 세상이 오게 된다. 역사적으로 증명되는 사실이다. 단지 보고 싶지 않기 때문에 믿으려 하지 않고 무시하고 있는 것이다. 특히 현재의 기득권을 가진 사람들은 더욱 심하다. 하지만 변화는 오게 되어 있다. "닭의 목을 비틀어도 새벽은 온다"고 하였다. 유연한 사고와 다양한 사고를 통해 협력할 수 있는 준비가 된 사람들에게 새로운 미래는 꿈이 넘치고 희망이 샘솟는 사회가 될 것이다.

■ 균등하고 경쟁 없는 교육과 평생학습 기회 제공

1960년대 정부는 경제개발 5개년 계획을 추진하면서 산업발전에 필요한 특단의 조치를 병행하게 된다. 다름 아닌 인재를 양성하는 일이었다. 문맹률을 없애 국민 모두가 글을 읽을 수 있도록 하기 위하여 당시로서는 국민학교라고 불리는 초등교육을 의무 교육화 하여 국민 모두가 학교에 다니며 글과 지식을 배울 수 있었다. 이어서 중학교 평준화와 고등학교 평준화를 추진하였고 직업훈련을 확대하면서 공업고등학교, 상업고등학교를 설립하면서 중등교육과 고등교육을 배울 수 있는 기회를 제공하였다. 이는 유난히 세계적으로 교육열이 높은 국민성과 결합하여 우수한 산업 일꾼들을 많이 배출하게 되었다. 다시 말해 국가의 미래를 위한 100년 대계로서 교육에 대한 혁신을 단행한 것이다.

교육의 결과는 당시 정부가 추진했던 경공업 발전에 필요한 생산 인력을 대량으로 공급하여 산업발전에 이바지 하였고 이어졌던 중등교육과 고등교육의 확대로 인하여 중화학 공업 육성 및 기술집약 산업을 발전시키는데 우수한 인력들을 공급하였고 그 결과 한강의 기적의 원동력이 된 것이었다. 아쉬운 점은 이후 이렇다할 교육개혁이 이루어지지 않고 있는 현실이다. 이미 경공업은 쇠퇴하여 제3국가들에게 넘어갔고 일부 제조업도 중국, 인도, 베트남 등의 추격에 밀려 고전하고 있으며 국내 기업들은 원가 절감을 목적으로 해외 현지에 진출하면서 국내 제조업이 공동화 현상에 처할 위기에 직면해 있다.

그 사이 국내 교육환경에 진행된 것은 주로 입시제도 변경에 초점을 맞추었다. 온 국민의 열화와 같은 교육열과 대학 졸업장만 있어도 취업을 할 수 있던 시절을 되새기며 누구나가 대학에 진학하려고 열망하였다. 초기에는 졸업 정원제를 도입하여 수요를 충족시키려고 하였으나 결과적으로 고교 졸업생의 80% 이상이 4년제 대학에 진학하고 있다. 대학이 엄청 늘어난 것이다. 서울에 소재하는 대학에 입학하는 것만으로도 '서울대학교에 입학했다'고 할 정도로 대학 입시 경쟁이 치열해 졌다. 경쟁이 치열해지다 보니 선행학습을 통해 남보다 먼저 공부하고서 다른 학생들과 경쟁 우위를 확보하게 되니 너나 할 것 없이 사교육을 동원하여 입시 경쟁에 돌입하게 되었다. 그리고 평준화된 고등학교의 성적을 상대적으로 평가하여 내신 등급을 정하게 되니 경쟁은 과열되어 갔다. 학교의 내신은 내신대로 올려야 하고 국가에서 실시하는 수능시험도 잘 봐야 하는 이중고에 학생들은 시달렸고 대학 선택의 기회를 많이 제공하겠다던 '입학 사정관제'는 부유한 계층이 수시 모집을 통해 입학하는 지름길로 변질되기도 하였다.

정권이 바뀔 때마다 입시제도만 손을 대고 있다. 그러는 사이 세계는 인공지능AI, 로봇, 자율 주행자동차, 우주산업 개발 등 인류가 경험하지 못했던 세상을 꿈꾸며 앞서 나가고 있다. 그 핵심은 자율적이고 창의적인 교육을 통해서 인재를 양성하고 경제를 발전시킬 준비를 하는 것이다. 대학 전공과목의 개념은 이미 무너지고 있고 문과와 이과의 구분도 없어지며 학문 간 융합을 통해 새로운 기술을 만들고 시너지를 창출하고 있다. 하지만 우리는 과거의 교육체제와 학과 구분에서 벗어나지 못하고 있다.

외국의 석학들은 항상 대한민국의 교육에 대하여 지적한다. 향후 10여 년 내에 필요하지도 않을 지식을 위해 평균 20년을 시간과 자원을 투자하면서 고생하고 있다고 말한다. 과거 경제 발전을 위해 시도했던 교육 개혁을 왜 또 다시 변화한 시대에 맞게 준비하지 못하고 있는지 답답하다. 물론 여기에도 기득권들의 보이지 않는 압력이 작용하고 있다. 대한민국의 민주화를 이루었던 586세대들이 사교육 시장을 장악하고 있으니 정치인들에게는 무시할 수 없는 세력으로 존재한다. 사교육을 없애고자 하면 조직적으로 저항을 하고 교과서 개정이 이루어지면 학부모들에게 공포를 조장하며 학원으로 달려 오도록 만든다. 그러는 사이 공교육은 무너지고 있다. 학교에 등교한 학생들은 부족한 잠을 수업 시간에 보충하고 하교 후에는 학원으로 가서 밤 늦게까지 심할 경우 새벽까지 공부를 하고 집으로 간다. 초인적인 힘으로 버텨야 하는 학생들이 안스럽다.

성인이 된 직장인들도 야근이나 주말 근무를 하라고 하면 반발하고 싫어하는데 학생들은 그러지도 못한다. 일종의 인권유린이다. 학생들은 오로지 공부만 하면 된다고 밀어 부치는 부모들의 압력에 인간다운 삶을 유지하지 못하고 있는 대한민국 학생들이다. 인생에 다시 오지 않을 청춘의 시기를 암울하게 보내고 어렵게 대학을 졸업하여도 이제는 경기 침체로 인해 유명 대학을 졸업하여도 취직이 안 되어 놀게 되었으니 억장이 무너질 수밖에 없다.

성인이 되어서 경제적으로 자립을 못하고 안정된 소득도 없이 파트타임에 매달리며 한 달에 88만원을 번다고 하여 '88만원' 세대라는 신조어까지 나왔었다. 어두운 현실은 계속진행되어 '헬조선'이라는 봉건시대의 계급사회화된 한국을 조선 시대와 같은 지옥이라고 폄하하고 있다. 암울한 분위기가 계속 이어지자 연애, 결혼, 출산을 포기한 3포 세대가 등장하더니 얼마 지나지 않아 취업과 주택을 추가로 포기한 5포 세대, 희망과 인간관계를 포기한 7포 세대까지 도달했다. '이번 생은 망했다(이생망).'고 하며 희망을 포기하였다.

희망을 포기했다는 것은 인간의 에너지 수준이 자살 직전까지 간 상황이다. 그래서인지 청년 자살률이 OECD 국가 중 최고를 계속 유지하고 있다. 저출산으로 인구가 준다고 천문학적인 돈을 쏟아 붓고 있지만 출산율은 늘지 않는다. 살아 있는 사람들이라도 제대로 간수할 수 있으면 인구 감소라도 막을 수 있다. 인구 증가를 위해서 해야 할 일들이 무엇인지 구분도 못하고 애먼 곳에 힘을 쏟고 있다.

결혼, 출산, 연애를 포기한 근본 원인은 생각하지 않고 막연하게 구시대적 사고로 여자들이 애를 낳지 않는 것만 탓하는 고리타분한 문화도 엄연히 존재하고 있다. 여성들의 독박 육아, 경력 단절에 대해서는 당연한 것이라고 선을 긋는다. 여성들의 사회활동 참여와 자아실현을 조소하면서 여성들을 폄하하는 여혐 문화를 조장하기도 한다. 엄청난 사교육비 부담에 자식 갖기를 포기하는 커플들도 많다. 이런 복합적인 문제를 해결할 생각보다는 단순히 출산 장려금, 육아 돌봄 같은 전시적 정책만 부르짖고 있으니 근본 해결이 안 되는 것이다.

4차 산업 시대에는 동종 업계 내에서 경쟁이 아니라 산업 간 경쟁이 심화되는 사회가 될 것이다. 디지털 기술이 등장한 이후 디지털 컨버전스는 계속 심화되어 사회 곳곳에 디지털화를 확대해 나가고 있다. 그림, 사진, 음성, 영상의 순서로 디지털화가 이루어지면서 실시간 동영상 서비스가 제공되고 있으며 자동차도 전기 자동차의 등장과 함께 내연기관이 없어지는 상황으로까지 발전하고 있다.

이 시기에 필요한 인재는 산업시대에 요구되었던 지시형 리더나 상명하복에 익숙한 사람들이 아니다. 이런 사람들은 수평적 사고와 협력의 개념에 노출되면 스스로 방향을 못 잡고 방황하게 된다. 무엇을 해야 하는지 물어 보기만 한다. 혼자서 진행하지 못한다. 대한민국의 교육은 초기 산업시대에 필요했던 틀에서 벗어나지 못하고 있다. 그러면서 우리나라에는 왜 유니콘 같은 벤처들이 안 나오지 모르겠다고 한다. 나올 수 없는 환경을 만들어 놓고서 낫 놓고 기역자도 모르듯이 이해 못하고 있다.

최근 한 방송사에서 '싱어게인'이라는 프로그램이 성황리에 종료되고 새로운 스타들의 탄생과 함께 여진이 계속 이어지고 있다. 방송 취지는 오랫동안 무명의 가수생활을 오래하고 있는 사람들, 반짝하고 등장했다 잊혀진 가수들, 노래는 기억하는데 가수는 기억이 나지 않는 사람들로 대표되는 대중에게 잘 알려지지 않은 가수들을 대상으로 오디션을 진행하고 Top 10에 선정된 사람들에게 공연의 기회를 제공하는 목적으로 시작했다.

출발부터 예사롭지 않았다. 일단 심사위원들의 심사평부터 치열한 경쟁을 하는 오디션 프로그램과 달랐다. 출연자들의 부족한 부분을 보완할 수 있는 조언, 같은 노래를 하는 동료 관점에서 코칭을 하는 것과 같은 평가 등이 이어지면서 과열 경쟁으로 치닫지 않도록 했다. 최종 1,2,3위가 결정되었다. 이후 이 가수들은 매우 바쁜 나날을 보내면서 과거와 같은 일상으로 아직 돌아가지 못하고 있다고 불평 아닌 불평을 한다.

한 라디오 방송국의 아침 프로그램에도 출현하였다. 진행자가 "경연 프로그램이지만 치열한 경쟁보다는 서로 도와주는 모습들이 보였다"고 질문하자 1위를 차지한 이승윤 가수가 말하기를 "대부분 참가자들이 오디션 경험이 없었다. 그래서 예선 과정을 같이 모니터링 하면서 실수를 하면 서로 같이 안타까워하고 잘하면 기분 좋아하면서 서로 기운을 북돋아 주었다."라고 하였다. 다시 말하면 기존 경연 프로그램은 치열한 경쟁으로 인해 상대를 떨어뜨려야 하는 대상으로만 보게 만드는 것이다. 상대한테서 배울 수 있는 부분도 있을 수 있지만 그보다는 상대를 꺾고 이겨야 하는 것만 생각하게 된다. 우승자는 환호하고 탈락한 사람들은 잊혀진다.

그러나 '싱어게인'은 치열한 경쟁을 해보지 않았기에 상대를 대하는 태도가 달랐다. 경연을 준비하면서도 반드시 이기기 위해 나의 강점만을 부각시키려 하지 않았다. 어떻게 하면 나를 잘 표현할 수 있을까 고민하면서 새로운 다양한 시도들을 하였다. 오히려 시청자들에게는 훨씬 더 강하게 어필했고 기억 속에 자신들의 능력을 각인시키면서 새로운 장르의 가능성을 보여 주기도 했다. 힘이 없어 보이고 나약해 보이는 우리의 젊은이들은 과거의 기준이 오늘날 그들에게 맞지 않아 재능을 발휘하지 못하는 것이다. 새로운 판을 깔아주면 '싱어게인'에서처럼 새로운 것을 만들어낼 수 있는 역량들이 있다. 더 이상 과거의 성공에만 집착하지 말고 새로운 시대에 맞는 판을 깔아주자. 가수 이승윤이 《내 마음에 주단을 깔고》 노래를 멋 들어지게 편곡을 했다. 그가 깔아 놓은 주단과 같은 새 시대를 위한 판을 깔아줘야 한다.

그 동안 우리는 경쟁이 자본주의 사회의 최고의 미덕이며 발전 동력이라고 굳게 믿고 피라미드의 꼭대기에 올라가려고 극심한 스트레스와 압박에 시달리면서 앞으로 나갔다. 성인들에게만 국한된 것이 아니라 남보다 먼저 시작해서 유리한 위치를 점령하려는 목적으로 경쟁은 유년기까지 내려와서 초등학교 심하면 유치원생까지 경쟁 대열에 합류하였다. 이기기 위해서는 친구도 필요 없다. 경쟁 상대일 뿐이다. 경쟁에서 뒤처지면 이는 노력을 덜한 개인의 문제로 치부되면서 탈락한 사람들에게 우울증과 좌절감을 선물해 준다. 성공한 사람 역시 무엇 때문에 수많은 것을 포기하고 여기까지 왔는지 공허함과 더불어 똑같이 우울증과 스트레스에 시달리게 만들었다. 모두가 불행해지는 함정에 빠져 들어 허우적거리는 삶을 살아오고 있다.

그런데 '싱어게인'에서는 극한 경쟁이 없었다. 오히려 서로 응원하고 격려하고 도와주는 보기 드문 광경이 펼쳐졌다. 승자만이 남는 경연이 아니라 새로운 가능성과 재능을 발견하고 자신만의 외길을 외롭게 달려왔던 사람들의 진심 어린 노력과 가치를 이해할 수 있게 되었다. 무한경쟁에 노출되고 익숙한 현대인들에게서 창의력은 찾아보기 힘들었다. 효율에만 매달려 단기간에 승부를 보려고 하니 시간의 흐름과 함께 단계적으로 진행하고 준비해야 하는 것들에 대한 방법을 잊었다. 오히려 치열한 경쟁을 걷어내고 서로 돕는 시도를 하자 창의적인 내용들이 쏟아져 나왔다. 예전에는 발굴할 수 없었던 결과물들이다.

우리 사회가 4차 산업의 중심에 서서 21세기를 개척해 나가기 위해

이 부분을 고려해 보아야 한다. 극한 경쟁에 계속 매몰되어 길을 잃고 헤매지 말고 경쟁으로부터 자유를 추구하도록 인식을 전환해야 한다. 이런 관점에서 중앙 대학교 김누리 교수의 독일식 교육에 대한 의견을 적극 수용할 필요가 있다. 초·중·고등학교에서의 입시 위주 경쟁 교육을 없애야 한다. 대학도 서열화를 폐지하고 일정 수준의 자격만 획득하면 원하는 학교에 지원하고 입학할 수 있도록 변경해야 한다. 서로 돕는 문화가 만들어지면 '싱어게인' 사례와 같은 창의력과 협력문화가 가능하다.

사회도 마찬가지이다. 승자 독식의 경제, 승자 독식의 정치 등 피라미드 꼭대기에 오른 사람들이 부와 명예와 권력을 모두 가져가는 것을 최고의 가치로 여기면 안 된다. 최근 하버드 대학교의 마이클 샌델 교수가 능력주의는 공정한가? 라는 화두를 던지고 있다. 부모의 경제력이 불평등을 만들고 남들보다 유리한 조건에서 일방적 경쟁을 한 결과 승자가 되었다면 과연 공정하게 이룩한 성공인지 되물어야 한다. 우리가 일반적으로 말하는 '운칠기삼'의 다른 표현과 같다.

또한 극심한 경쟁과정에서 스트레스와 억압을 견디면서 성공한 사람들은 당연히 자신들은 그 동안 희생에 대하여 보상을 받을 권리가 있다고 주장하면서 사회적 정의를 무너뜨리고 자신에게 유리하도록 자의적으로 해석하고 행동하는 오류를 범하게 된다는 것이다. 최근 유명 운동선수들의 학창시절 친구들에게 했던 폭력 때문에 많은 논란이 일고 있다. 피해를 당했던 친구들의 고통과 트라우마보다 지금 가해자가 성공한 위치에 있다면 가해자의 앞길을 위해서라도 넘어가자는 듯한 묘한 움직임도 있다.

지금까지는 이런 비정상적인 기류가 묵인되고 용인되는 분위기가 지배척이었다. 수년 전 한 지역의 한 의과 대학생이 여자친구를 성폭행해서 국민들의 공분을 자아냈는데 1심 판결에서 의사가 되기 위해 그 동안 했던 노력들이 물거품 되고 의사가 될 수 없기에 집행유예를 판결해서 경악하게 했다. 다행히 2심에서 징역 2년을 선고 받았다. 모든 사람은 평등하다는 헌법 자체를 부정하는 편파적 사고이다. 경제적으로나 사회적으로도 남들보다 우월한 조건에 있으면서 그들만을 위한 보호를 우선한다는 것은 사회의 분열을 조장하는 것이다. 건전한 사회를 파괴하고 병든 사회를 만들겠다는 것이다. 당장 중단해야 한다.

결국 무한경쟁은 단기적으로는 약자들만 피해를 보고 무한경쟁이 구축하는 양극화로 인해 강자들은 승리가 오래갈 것으로 굳게 믿지만 시간이 흐를수록 경쟁에 짓눌려 무디어진 감각으로 인해 스스로 자신들을 파괴하는 길로 들어서게 되어 모두를 파국의 길로 몰고 가는 사회악이 된다. 창업보다 수성이 어렵다고 한다. 무에서 유를 만들어 내는 것은 한두 사람의 힘으로 가능할 것이다. 그러나 크게 일구어 낼수록 이것을 유지하기 위해서는 수많은 사람들과 제도들이 필요하고 경쟁해야 할 대상도 많아진다. 그래서 2세 경영이나 3세 경영에서 한계를 드러내고 사라진 기업들도 많다.

우리나라도 세계에서 유래를 볼 수 없게 눈부시게 급성장하였지만 이제는 수성 모드로 진입하면서 유지할 수 있도록 사고와 행동이 바뀌어야 한다. 눈앞의 이익에서 장기간의 효과를 만들어낼 수 있도록 변화하기 위한 인내심과 끈기가 필요하다. 처음부터 순탄할 수 없다. 왜냐하면 이전의 생각에 따른 결과가 재현되지 않기 때문이다. 새로운 행동에 따른 새로운 결과에 적응하면서 하나둘씩 개선해 나가야 한다.

교육개혁이 오직 젊은이들만을 위한 것은 아니다. 고령화 사회로 접어든 오늘날 은퇴 세대들에 대한 재교육도 필요하다. 과거에 초등, 중등 교육을 통해 문맹률을 낮추는 것이 목표였다면 이제는 기성 세대 및 노인 세대들에 대한 문해력을 높이는 평생 교육을 실시해야 한다. 논술이라는 과목 없이 오로지 조직에서 시키는 대로 맨바닥부터 일해 온 기성 세대들이 변화하는 세상에 적응을 잘하지 못하고 청년 세대와 갈등을 일으키고 있는 원인도 알고 보면 간단하다. 같은 문장을 읽고 달리 이해하기 때문이다. 외국어도 아닌 모국어를 놓고서 서로 다르게 해석하고 있으니 어떤 사회 사건을 놓고서 기성 세대와 청년 세대의 의견차에 따른 갈등이 아니라 대립으로 번지고 있다. 가족들끼리 등을 돌리기까지 한다. 갈등을 넘어 분리까지 치닫고 있는 현실이다.

우리나라 청년 세대들은 논술을 정식 교과목에 반영하고 대학입시에 반영시키면서 논리적으로 기술하고 말하는 것에 훈련이 되어 있다. 반면 주입식 교육만을 강하게 받았던 기성 세대들은 논리적인 표현이 서투르다 보니 자신의 표현을 정확히 하지 못하는 안타까움도 있지만 문장의 이해력이 떨어지게 된다. 내용을 읽었지만 무슨 내용인지 알 수가 없다. 마치 일반인들이 전공서적을 보는 경우 한국말로 되어 있어 읽기는 하지만 무슨 내용인지 모르는 것과 같다. 그러면서도 나이가 들면서 늘어나는 것은 나이와 고집이라고 말했듯이 자신의 주장을 억지로 우긴다. 그래도 상대방이 수그러들지 않고 설명력이 부족하면 "어디 어른 앞에서 말 대꾸하고 있냐? 집안 교육 그렇게 배웠냐?"고 소리치며 대화를 끊어버린다.

사실 여부를 토론하고 있는데 갑자기 나이가 무슨 상관인지 우스꽝스러운 상황이다. 어른을 공경한다는 것이 이렇게 맹목적으로 변질되는 순간이다. 무조건 어른 앞에서는 하고 싶은 말 다 못하고 어른이 하는 말에는 토를 달지 말아야 한다는 관행이 나라를 엉뚱한 방향으로 끌고 간다. 이런 관행은 조직에도 적용이 되어 상사는 윗사람으로서 어른처럼 공경해야 하고 상사의 말에 토를 달지 말고 시키는 대로 해야 한다는 관료주의보다 더 심한 군사문화와 같은 조직 문화를 곳곳에 뿌려 놓았기 때문이다.

어른들도 사회의 구성원으로서 다른 계층들과 공동체 생활을 하기 위해서는 유교적 사고에서 벗어나 민주시민으로서 갖추어야 할 기본 매너, 에티켓, 소양 등을 재교육을 받아야 한다. 예절이나 예의가 꼭 낮은 사람이 높은 사람에게만 하는 것이 아니다. 높은 사람도 낮은 사람에게 예의를 지켜줘야 한다. 지위가 높다고 해서, 나이가 더 많다고 해서 아래 사람들의 인격을 침해하거나 모독하는 것이 용서받는 특권을 갖는 것이 아니다.

서로 공동체의 일원으로 배려하고 협력하는 자세를 갖추어야 갈등과 대립을 해소할 수 있다. 등을 돌린 순간 이미 소통은 끊어지기 때문이고 소통이 단절되면 서로 이해할 생각도 안 하기 때문에 적이 되고 타도의 대상이 된다. 작금의 현실이 이런 단계로 진입하고 있어 안쓰러울 따름이다. 이런 근본적인 해결 노력 없이 단순히 복지만 향상한다고 갈등이 자유롭게 치유되는 것이 아니다. 정신적이고 정서적인 교육과 함께 서로 신뢰가 쌓여야 한다. 시간이 걸리더라도 재교육을 통해 세대 간 갈등을 치유할 수 있도록 노력해야 한다.

■ 출산 장애물 제거

1953년 휴전협정과 함께 한국전쟁은 중단되었다. 아직 끝나지 않은 것이다. 아마 인류 역사상 이렇게 긴 휴전상태에 접어든 전쟁은 없을 것이다. 68년째 휴전 상태이다. 그후 대한민국은 눈부신 경제성장과 민주화를 이룩하여 세계 무대에 선진국가로서 이름을 떨치고 있다. 그런데 눈에 보이지 않는 새로운 전쟁이 진행 중이다. 물리적인 전쟁은 없지만 일종의 정신적 전쟁이 치열하게 전개되고 있다.

가임 여성 한 명이 평생 낳을 수 있는 출생아 수를 나타내는 합계 출산율이 2017년 1.05명에서 2020년 0.84명으로 집계됐다. 1명의 신생아도 태어나지 않는다는 것이다. 사망자수보다 신생아수가 적어져 인구 감소 단계로 진입한 것이다. 출생률이 1명 이하로 내려가는 것은 전시 상황인 경우에나 해당하는 수치라고 한다. 다시 말해 현재 우리의 삶은 하루하루가 치열한 삶의 전쟁터에서 생존을 위해 몸부림치기 때문에 벌어지는 일이라고 말할 수 있다.

1953년 휴전 이후 평화의 시기가 도래하자 한국판 베이비붐 시대가 도래하여 폭발적인 인구 증가를 경험했다. 1998년 IMF 사태 이후 각박해지기 시작한 우리의 삶은 2008년 금융위기를 극복하면서 잠시 개선되는 것 같았지만 고도성장의 정체 및 산업의 구조조정과 양극화로 인하여 본격적인 삶의 투쟁이 시작되면서 정신적 전쟁을 치르고 있는 중이다. 이 전쟁을 끝내야 다시금 평화 시기가 도래하며 21세기 한국형 베이비붐이 이루어질 수 있다.

전쟁이 발발하여 한창 진행 중인데 왜 전쟁이 일어났는지 모르고 진정한 적이 누구인지도 모르면서 총알이 빗발치듯 날아드니까 어디서 날아 오는지도 모르고 필사적으로 총알을 피하기에 급급한 현실이다. 아직은 곡간이 넉넉하니까 돈을 실탄으로 활용하여 현금성 지원으로만 해결하려고 한다. 좀 더 시간이 지나면 실탄도 떨어지게 된다.

잠시 숨을 돌리고 누가 전쟁을 일으켰는지, 어디에서 공격을 하고 있는지를 확인해보자. 전쟁을 일으킨 당사자들은 각 개인이라고 할 수 있겠다. 서로 치열하게 경쟁하면서 살아가다 보니 각자도생의 전략으로 살아 남기 위한 전쟁이 진행되고 있다. 그러나 이들이 치열하게 전쟁을 하도록 만든 근본 원인 제공자들은 뒤에 숨어 있다. 승자 독식의 체계를 만들어 놓고 그 전쟁터에 국민들을 풀어 놓은 것이다. 게임의 규칙도 선택의 여지가 없다. 전쟁을 벌인 사람들이 정해 놓았다.

비정규직의 증가, 높은 부동산 임대료, 치열한 취업 경쟁, 무한 경쟁의 입시전쟁, 귀족 노조의 집단이기주의, '내로남불'로 무장한 정치인 등 무슨 수를 쓰던지 각자 노력해서 살아남아야 하는 것이다. 도와 달라는 생각과 행동은 전쟁터에서 퇴출될 수밖에 없으니 알아서 해야 한다. '노오력'이 최고의 생존 수단이다.

생존 방법은 명문 대학에 진학하여 대기업이나 공기업에 취직하고 부모의 경제적 지원을 받아 고가의 아파트를 소유하고 비슷한 수준의 배우자를 만나서 자식을 낳고 또 그들이 낳은 자식들에게 동일한 기회를 제공하는 것이다. SKY 대학에 진학하고 의사, 판사, 검사가 되는 것은 또 한 차원 높은 단계이다. 명문 대학에 진학하기 위해서는 할아버지의 재력과 아버지의 무관심, 그리고 엄마의 정보력이 필수적이라는 말이 떠돈다. 출발점이 다르다. 물론 이렇게 성장하는 사람들도 나름 엄청난 압박과 스트레스를 견디어 내야 하고 적응을 못할 경우 자살까지도 불사하는 열악한 환경에 처하게 된다.

상기 조건을 충족시키지 못한 대다수의 사람들은 루저라는 인생의 계급장을 달고 전쟁터에서 고군분투해야 한다. 가끔씩 산업재해를 통해 전사하기도 한다. 높은 사교육비를 감당할 수 없고, 하늘 높이 치솟는 아파트 가격에 내집 마련은 일찌감치 포기하고, 안정적인 일자리도 얻기 힘들어 일용직이나 임시직으로 전전긍긍하며 온갖 갑질이 난무하는 헬조선 생활을 한다. 생활이 각박해지다 보니 서로에 대한 마음의 여유도 없어진다. 여성들의 사회 진출이 잦아지고 교육의 기회도 증가하면서 경쟁에서 뒤처지는 남성들 사이에 극단적인 생각을 하는 집단들이 등장한다. 여성을 혐오하는 문화가 등장한다. 여성들 또한 능력 없는 남성들에 대한 폄하 발언들이 이어지면서 서로 대립하고 무시한다.

이성에 대하여 눈을 뜨고 남성과 여성의 다른 점들을 이해하고 서로가 맞는 짝을 찾고 가정을 꾸리면서 인생을 이해하고 삶을 풍요롭게 하는 활동이 이어져야 하는데 시동도 걸지 못하고 제자리에 서 있게 된다. 남녀가 서로 적대적으로 대하다 보니 결혼을 안 하는 '비혼'이 유행하기 시작한다. 좀 더 경제적 여건이 좋은 사람들은 결혼은 한다. 그러나 높은 교육비와 양육비, 그리고 출산 후 경력단절 등이 걱정이 되어 아이는 갖지 않고 둘 만의 인생을 즐긴다.

부모 세대의 고리타분함이 결혼을 망설이게 한다. 시댁 중심의 생활, 아직도 일부 남아 있는 남아 선호 사상, 특정 종교는 제사를 자체적으로 금하고 있고 상당수의 신도들이 있으므로 유명무실해진 제사 문화로 인한 갈등, 결혼과 함께 갑자기 끼어들게 되는 시댁 식구 및 친척들로 인한 잡음 등이 있다. 사회적 거리두기가 필요한 곳이다.

현대의 전쟁은 과거와 다르다. 과거는 완력과 함께 수적 우세가 필요했다. 그래서 남자들이 많이 필요했다. 현대의 전쟁은 기술을 바탕으로 전개된다. 신무기와 정보가 전쟁의 승패를 좌우한다. 힘센 남자들이 과거처럼 중요하지 않다. 여성들도 전투기 조종사 또는 정보관리 등 다양한 형태로 전쟁에 참여한다. 더 이상 남아 선호 사상이 자리를 잡을 수 없다. 전쟁이 일어 나도 과거처럼 많은 사람들이 죽지 않는다. 기계들이 노동력을 대체하면서 많은 수의 자식이 살림 밑천이 될 수 없다. 유아 사망률도 매우 낮아졌다. 여성들이 아이를 많이 갖지 않아도 된다. 1명만으로도 만족한다.

보이지 않는 전쟁에서도 사망자는 속출하고 있다. 다름 아닌 자살하는 사람들이다. 우리나라는 OECD 국가들 중에서 자살률이 10년 넘게 1위라는 불명예를 안고 있다. 통계청에서 발표한 2019년 우리나라 자살자 수는 13,799명이다. 매년 비슷한 수준의 자살이 발생한다. 돌발적인 사고사로 죽은 것이 아니다. 스스로 극단적인 선택을 한 사람들이다. 충분히 예방할 수 있는 숫자이다. 아직 태어나지도 않은 신생아 수를 늘린다 하여도 이들이 경제활동을 하기 위해서는 20년이란 시간을 기다려야 한다. 반면 대다수의 자살자들은 경제활동 가능 인구들이다. 사회를 지탱하는 사람들이다. "있을 때 잘해"라는 유행어처럼 살아있을 때 관리를 해서 계속 삶을 영위하도록 해야 한다. 기존 국민들에 대한 대책도 시급하다. 단기적인 인구절감 감소 대책이다.

천릿길도 한 걸음부터 시작한다. 인구를 증가시키는 작업은 최소 20년은 걸리는 일이기 때문에 첫 술에 배부를 수 없고 인내심을 가지고 추진해야 한다. 우선 인식의 전환이 먼저 필요하다. 우리 사회 전통적으로 뿌리깊게 박혀 있던 남아선호 사상이 이제는 많이 사라져 가고 있다. 지금은 남녀평등을 놓고 논란이 심해지고 있다. 그러나 세상은 변하고 있다. 남성스러운 사고 중심의 사회에서 여성스러운 사고 중심의 사회로 전환해 가고 있다. 기술 발전이 그렇게 이끌어 가고 있다. 물리적인 힘과 물질적인 사고는 환경을 파괴하고 기후 변화를 유발하고 있다. 생명을 품는 부드러움과 정신적인 사고로 파괴된 환경을 복원하고 무너진 인간성도 회복해야 한다.

기업에서 혁신적이거나 창의적인 제품을 개발하기 위해서도 문화적인 요소가 가미된 제품이 나와야 대중의 호응을 받을 수 있다. 단지 종전보다 더 힘센 엔진, 더 속도가 빠른 스마트폰 등은 호응을 얻지 못한다. 친환경적인 차, 손에 잡히는 디자인이나 감성적인 기능을 가져야 인기를 끈다. 여성들의 장점이 필요한 세상이다. 남성적인 기능을 활용하여 인류가 지금까지의 문명을 발달시켜왔다면 여성적인 기능을 보완하여 문화도 발달시킴으로써 인류가 한 단계 더 점프할 수 있는 기회가 오고 있는 것이다. 그러므로 남녀는 평등하고 각각의 역할을 하면서 시너지를 창출할 수 있도록 여건을 마련해야 한다. 여성들의 자아발전 기회도 동등하게 주어져야 한다.

부모 세대들도 자아를 찾겠다고 주장한다. 그래서 예전처럼 손주들을 돌보면서 남은 여생을 보내기 싫다고 한다. 그럼 누가 키워야 하나? 여성들이 다시 가정으로 돌아가서 양육에 전념한다면 과거와 다를 것이 없다. 세상의 발전은 한계를 넘어서기 힘들다. 그러므로 상황에 따라서는 남성들이 육아를 전담하는 것을 이상하게 보아서는 안 된다. 또 하나의 대안은 아이가 태어나면 국가에서 책임지고 키울 수 있도록 다양한 보육, 양육 등을 제공하여 아이 키우는 부담을 덜어줘야 한다.

무너진 사회 공동체 문화도 복원해야 한다. 품앗이와 같이 동네 또는 마을 단위로 아이들을 서로 돌볼 수 있고 청소년들의 방과 후 활동도 활발히 이루어질 수 있도록 공동체를 복원해 주면 주민 스스로 자발적으로 참여할 수 있을 것이다. 특히 주민들이 자발적으로 활동할 수 있도록 시민단체가 전문적인 교육과 지식을 제공하고 주민들이 참여하여 공동체에 필요한 예산을 수립하고 자치 단체와 협력을 하게 된다면 예산의 낭비도 줄어들고 필요한 곳에 적절히 활용되어 예산 집행의 효율성도 높일 수 있다. 고비용 저효율의 자치 단체 예산관리를 저비용 고효율의 예산관리로 전환해야 한다. 복지 비용의 생산성을 높임으로써 더 넓고 많은 혜택을 제공할 수 있게 된다.

아직도 사회 곳곳에 남아 있는 권위의식을 탈피해야 한다. 연장자는 연장자다워야 한다. 나이 먹은 것이 계급장도 아니고 누구나 세월이 흐르면서 먹게 되는 것이다. 단순히 나이가 더 많다는 이유로 아랫사람들에게 복종을 강요하는 것은 인권 탄압이다. 우리 사회는 어린 시절부터 줄 세우기 문화를 접촉하게 된다. 부모의 손을 잡고 외출을 하다 또래의 다른 이이들을 만나면 어른들의 첫 번째 질문은 "너 몇 살이니?"라고 묻는다. 이름을 먼저 묻지 않는다. 나이를 확인하고 나면 서로 오빠 또는 누나 아니면 동생인 것을 확인한다. 서열이 정해진다. 그 후부터 나이 순서로 호칭이 정해지면서 주종관계를 확인한다.

학교에 입학하면 선배와 후배로 줄을 세운다. 회사에 입사하면 입사 선배와 후배로 그리고 동기로 나눈다. 고참 사원이 있으면 무시하지 못한다. 이런 문화는 자연스럽게 위계질서를 강조하고 권위주의를 만들게 된다. 상사의 지시에 복종해야 한다. 다른 의견이나 토를 달면 상사는 기분이 불쾌해진다. 이런 분위기에 익숙해지면 시키는 것만 하는 것에 능해지게 된다. 이런 분위기를 만들어 놓고서 창의적이지 못하다고 직원들 탓을 한다.

집에서도 비슷한 일이 벌어진다. 어른의 말에 토를 달지 말라고 대놓고 말한다. 건설적인 얘기를 하더라도 묵인된다. 특히 시댁의 어른들하고 충돌이 생기면 조용히 있는 것이 마음 편안하다. 바른말 하고 옳고 그름을 따지면 시어머니들은 돌려서 말한다. "요즘 젊은 것 들은 버르장

머리가 없다." 말문이 막히면 어른 앞에서 말 대꾸하고 대드느냐고 언성을 높인다. 시댁에 가기가 싫어진다. 먼저 결혼한 사람들의 시댁 생활을 들으면서 결혼하지 않을 것을 결심한다. 혼자 사는 것이 편하다. 혼자만의 인생을 즐기자.

영국에서 시험관 아기 시술이 성공한 후 거의 한 세대가 지났다. 임신하기 힘든 사람들은 체외에서 수정을 한 후 몸에 착상을 시켜 임신을 할 수 있게 되었고 성공 확률도 높아지고 있다. 임신을 하려면 남자가 있고 여자가 있어야 한다. 그런데 여자가 혼자 출산을 하고 아이를 기르게 되면 다시 말해 미혼모가 되면 갑자기 미혼모가 모든 것을 뒤집어 쓰게 된다. 품행이 단정하기 못하다, 처신을 잘못했다는 등의 원인 제공자가 된다. 공범인 남자들은 씨만 뿌리고 달아난다. 생물학적 부모가 엄연히 존재하지만 남자들의 책임은 암묵적으로 줄어들고 여자들만 모든 짐을 짊어지고 사회의 냉대를 받으면서 힘겹게 아이를 키워야 한다. 조선 시대도 아니고 지구상의 선진국가로 발전한 우리나라의 맨 얼굴이다. 남자들이 책임지지 못할 것 같으면 미혼모들이 당당하고 떳떳하게 아이를 키울 수 있도록 환경을 마련해 줘야 한다. 최소한 공범으로서 짊어져야 할 책임이다.

여기까지 생각만 해도 애를 낳기 싫어하는 충분한 이유가 너무도 많다. 이 모든 부담을 여성들에게만 전가시키려 한다면 이제는 아무도 수용하지 않을 것이다. 남들 만큼 배웠고 나름대로 아이디어와 의욕과 능력이 있는데 모든 가능성 포기하고 아이 낳고 기르고 가족 돌보라고 요구하는 것은 시대에 맞지 않는다. 이런 인식부터 고쳐야 한다. 아이는 남녀가 같이 만들었으니 같이 돌보아야 하고 국가는 국가를 유지하기 위해 필요하기 때문에 복지를 지원해줘야 한다. 모두가 필요로 하는 귀중

한 자원이다. 그러므로 서로가 도와가며 아이 키우기 좋은 환경을 만들어 가야 한다. 선진국 중에서 2020년 기준으로 유일하게 합계 출산율이 1.9명으로 높은 나라가 프랑스이다. 프랑스의 저출산 극복과정이 앞서 설명한 내용과 비슷하다.

아직 아이 낳기 싫어하는 큰 이유가 남아 있다. 경제적인 문제로 귀결된다. 높은 사교육비를 감당해야 한다. 또한 현재의 사회 현실이 무한 경쟁에서 살아야 하고 일자리도 얻기 힘든 상황을 감안하여 이렇게 힘든 세상 살아가기 힘들 테니 원천적으로 아이를 낳지 않는 것이다. 다행히 올해부터 고등학교까지 무상교육이 실시된다. 공교육이 강화되는 좋은 현상이다. 이어서 대학교육도 독일처럼 무상교육을 실시할 수 있도록 노력할 필요가 있다. 누구나가 원하면 대학을 갈 수 있도록 해야 한다. 대학교 서열화도 폐지하여 입시지옥에서 벗어나도록 해줘야 한다. 인성이 무너진 지식 암기 기계를 양산하는 교육제도는 많은 사회악을 만들어 낸다.

작금의 스포츠계에 폭로되고 있는 학교 폭력사태를 보자. 학창시절 자행했던 학교폭력들이 성인이 된 지금 탄로되면서 큰 충격과 함께 가해자들이 몰락한다. 피해자들은 그 동안 말 못할 고통을 감내하며 살아왔다. 능력 만능주의에 휩쓸려 성적만 좋으면 모든 것을 용서하고 오로지 성공만을 위해 달려나가도록 했다. 가해자들도 사실은 참기 어려운 억압과 스트레스 속에서 살면서 엉뚱한 분출구를 찾아 말도 안 되는 가해를 가했을 수도 있다. 모두가 피해자이다. 그러나 후유증이 너무 크다. 단지 스포츠계에서만 벌어지는 일이 아니다. 의료계, 법조계 등 상류계층에서도 집단 이기주의를 보여주는 행동들이 국민들의 눈살을 찌푸리게 하고 분노를 자아내게 한다. 함께 살아가는 방법을 가르쳐줘야 한다.

경쟁을 완전히 없애자는 것이 아니다. 모두에게 기회는 균등하게 주어져야 한다.

저출산이란 인구 증가의 장애물을 제거하기 위해서 우선 큰 돈 안 들이고 할 수 있는 것이 인식의 전환이다. 국민 모두가 기존의 불합리한 사고나 관습 등을 없애고 새로운 제도와 문화를 만들기 시작해야 한다. 다음은 새롭게 태어나는 아이들을 위한 교육에 투자하는 것이다. 교육개혁을 통해 인재로 만들어야 한다. 가진 것이라고는 사람밖에 없었던 우리가 교육에 투자하여 산업화를 멋지게 성공한 사례가 있다. 이제는 정보화 시대 및 21세기 문화의 시대에 또 다른 성공신화를 만들기 위한 교육 투자를 다시 시작해야 한다. 삼성그룹 창업주 고 이병철 회장은 산업화를 추진하는 시기에 다음과 같은 미래지향적 어록을 남겼다. "문화 없이는 나라도 없다. 역사적으로 경제 강국이 되기 위한 조건은 문화 강국이다. 우리나라 기업들이 글로벌 시장에서 살아 남으려면 결국 문화상품에서 답을 찾아야 한다." CJ그룹의 최근 활동을 보면서 고 이병철 회장의 혜안에 다시 한 번 놀란다.

4차 산업혁명의 핵심이 인공지능AI, 자율주행 자동차, 로봇 등 일부 선진기업들의 희망사항으로 치우치는 경향이 있다. 항상 잊지 말아야 할 것은 사람 사는 세상에 사람이 중심이어야 한다. 기술도 사람을 위한 것이어야 발전할 수 있다. 이런 맥락에서 보면 현재 우리나라는 한류를 중심으로 문화산업으로까지 활동 영역을 넓히고 있다. BTS, 오스카상 수상, 웹툰 등 사람이 가장 잘할 수 있는 영역에서 두각을 나타내고 있다. 새로운 분야의 미래를 이끌어갈 인재들을 양성하여 21세기 새로운 도약을 실현해야 한다.

남녀 누구나 평등하고 공평하게 교육을 받으면서 성장할 수 있고 균등한 기회 속에서 자아를 실현할 수 있는 사회가 된다면 저출산 문제는 자연스럽게 해결될 수 있다. 저출산의 본질을 해결하기보다 단순히 재정적인 유인책으로만 단기간에 인구를 증가시키려고 했기에 수많은 돈을 투자하고도 저출산의 기세를 꺾지 못하고 있는 것이다. 복지를 개선하고 일자리를 만들어 자아실현을 할 수 있는 기회가 주어지고 교육을 통해 누구나 자신의 꿈을 실현할 수 있게 해주면 된다. 국가를 유지하기 위해 국가가 필요로 하는 정책을 집행하려고 하는데 포퓰리즘이다, 아니다 갑론을박 계속하고 있을 시간이 없다.

소수의 부유층의 출산으로는 인구 감소를 막을 수 없다. 다수의 가난하고 평범한 사람들이 출산을 해야 한다. 사회를 빈부 격차가 심한 양극화 사회로 만들어 놓고서 가난한 다수의 사람들에게 혜택을 주려고 하는데 포퓰리즘이라며 안 된다고 우기는 것은 하기 싫은 속내를 비추는 것 아니면 현실을 모르는 부유한 사람들의 대책 없는 반대일 뿐이다.

| 나라가 좋아진다, Happy Korea! |

아인슈타인이 상대성 이론을 발표하기 전까지는 세상의 모든 것이 절대적이었다. 그러므로 어떤 법칙에 따라 우주 어느 곳에서나 동일한 현상이 발생할 수 있다고 믿었고 물체의 낙하 운동, 행성들의 움직임 등이 정확히 들어맞았다. 그런데 상대성 이론이 등장하면서 상대적으로 생각을 바꿔야 한다고 했다. 누구에게나 동일하게 적용되는 절대적인 시간마저도 운동하는 사람에 따라 달라질 수 있다고 하였다. 어떻게 시간이 A한테는 1시간인데 B한테는 몇 년으로 계산되는지 해괴한 소리였다.

절대적에서 상대적으로 생각의 전환은 결국 중력에 의하여 시공간이 휘어지거나 굴곡이 생기면 서로 다른 환경에서 시간이 각자에게 정해진 시간대로 흐르는 것이지 누구에게나 똑 같은 시간이 흐르는 것이 아닌 것을 밝혀냈다. 블랙홀도 찾아내고 블랙홀 주변에서의 시간이 흐름이 매우 느리다는 것도 알아냈다. 공간이 그렇게 만들었다는 것이다. 생각의 변화가 만들어낸 결과이다.

일상생활에서도 시간의 상대적 흐름을 비슷하게 느낄 수 있다. 수업시간이나 지루한 회의시간은 왜 이렇게 끝나지 않고 오래 걸리는지 답답하다. 그런데 친구들과 노는 시간은 무척이나 빨리 지나간다고 느낀다. 우리가 느끼는 시간은 서로 다르다. 인생을 살다 보니 행운을 갖는 법과 불행을 떨쳐내는 법에 있어서 동일한 비유가 적용될 수 있음을 알게 되었다. 우리가 원하는 것은 느리게 다가온다. 빨리 오지 않는다고 초조해 하고 조바심을 낼수록 오히려 다 된 일에 초치는 경우가 발생한다. 반면 나쁜 것들을 빨리 잊으려 하면 오히려 사라지지 않고 계속 남아서 뒤끝을 남긴다.

그러므로 행운을 맞이하는 법은 천천히 여유를 갖고 종전과 다름없이 평범한 일상을 보내는 것이 지름길이다. 때가 되면 다가온다. 결혼식이나 시험날과 같이 받아 놓은 날은 때가 되면 금방 다가온다. 초조해 할 필요가 없다. 열심히 일하였고 준비가 되었으면 '진인사대천명盡人事待天命'의 정신으로 결과를 기다리기만 하면 된다. 반면에 불행은 가급적 빨리 잊어야 한다. 쓸데없이 미련을 남기면서 붙잡고 있는 것은 문제만 유발할 뿐 도움이 안 된다. 좋은 것은 천천히 기다리고 나쁜 것은 한시라도 빨리 손절하는 것이 행운을 맞이하는 자세이고 불행을 떨구는 지혜이다.

앞에서 생각이 바뀌고 행동이 바뀌면 나라가 좋아진다고 하였다. 나라가 좋아지는 행운을 맞이하는 것도 성심껏 할 일을 다하고 때를 기다리는 것과 같다. 마치 한강의 기적이 일어났던 것도 그러했다. 그러나 지금까지 진행되었던 수많은 정책과 제도의 변경 등을 보면 기존 행동의 일부만 수정한 후 결과가 빨리 나오기를 기대하며 설익은 밥을 만든 경우가 많았다. 모든 일에는 특정 결과를 만들기 위해서 먼저 선행되어 진행해야 할 일들이 있다. 일의 순서가 정해져 있다. 그래서 선행 작업과 후행 작업으로 나뉘는 것이다.

행동을 바꾸려면 선행해서 생각이 바뀌어야 한다. 생각은 종전과 같은데 행동의 일부만 수정한다면 정상적으로 일을 하는 것이 아니라 하는 척 흉내만 내고 말게 된다. 저출산 문제를 해결하겠다고 재정적인 지원을 쏟아 부었다. 아이를 낳지 않는 원인에 대해서는 고민을 덜 한다. 단지 애 키우기 힘들고, 가르치기 힘들고, 살 집이 없어서 그렇다고 단정짓고 돌봄, 출산휴가, 육아수당 지원, 임대주택 우선권 등 겉으로 드러난

피상적인 문제만을 해결하려고 한다. 보여 주기식의 대표적인 행정이다. 성과를 낼 수가 없다. 설령 성과를 내더라도 단발성으로 반짝하고 끝날 뿐 재현되지 않는다.

여성들이 출산할 수 있도록 분위기를 조성하기 위하여 사회 전반에 성 평등, 육아 분담, 교육 개혁 등이 선행되어야 한다. 이전과 달라진 환경을 보고 생각이 바뀌어 행동으로 연결되면 자연스럽게 출산이 이어질 수 있게 된다.

언론을 통해 쏟아지는 사회 문제 해결 각종 대책들은 옛날 중국 춘추전국시대의 제자백가 사상처럼 각양각색의 진단과 처방을 내놓는다. 대부분이 기존 행동의 일부를 수정하는 수준이다. 전체를 얘기하는 사람을 찾아 보기 힘들다. 제대로 된 성공을 위해서는 인식의 전환부터 이루어져야 하는데 이를 거론하는 사람은 드물다. 중앙 대학교 김누리 교수가 독일의 제도를 통해서 우리가 못했던 정신 혁명과 교육 혁명을 실시해야 한다고 외롭게 주장하고 있다.

오늘날 삼성전자는 모든 사람들의 부러움을 사는 초일류 기업이다. 삼성전자 역시 1993년 신경영을 선언하면서 생각을 바꾸고 행동을 바꾼 결과 지금의 삼성전자를 만들어 냈다. "처와 자식만 빼고 모두 바꾸라!"는 인식의 전환을 먼저 강조하였다. 이것이 진정한 성공 요인이라는 것을 이해할 수 있어야 한다. 단지 남들보다 빨리 만들고 더 많이 판매하고 천문학적 이익을 창출하는 것만 보고 삼성전자의 성공을 평가하는 것은 삼성전자의 각고의 노력 끝에 성취한 결과를 단순히 흉내만 내는 수준으로밖에 볼 수 없다. 좀 더 자세한 내용은 삼성전자의 사례에서 추가로 소개될 것이다.

헬조선에서 벗어나게 되면 어떤 나라를 꿈꾸게 될지 생각해보았다.

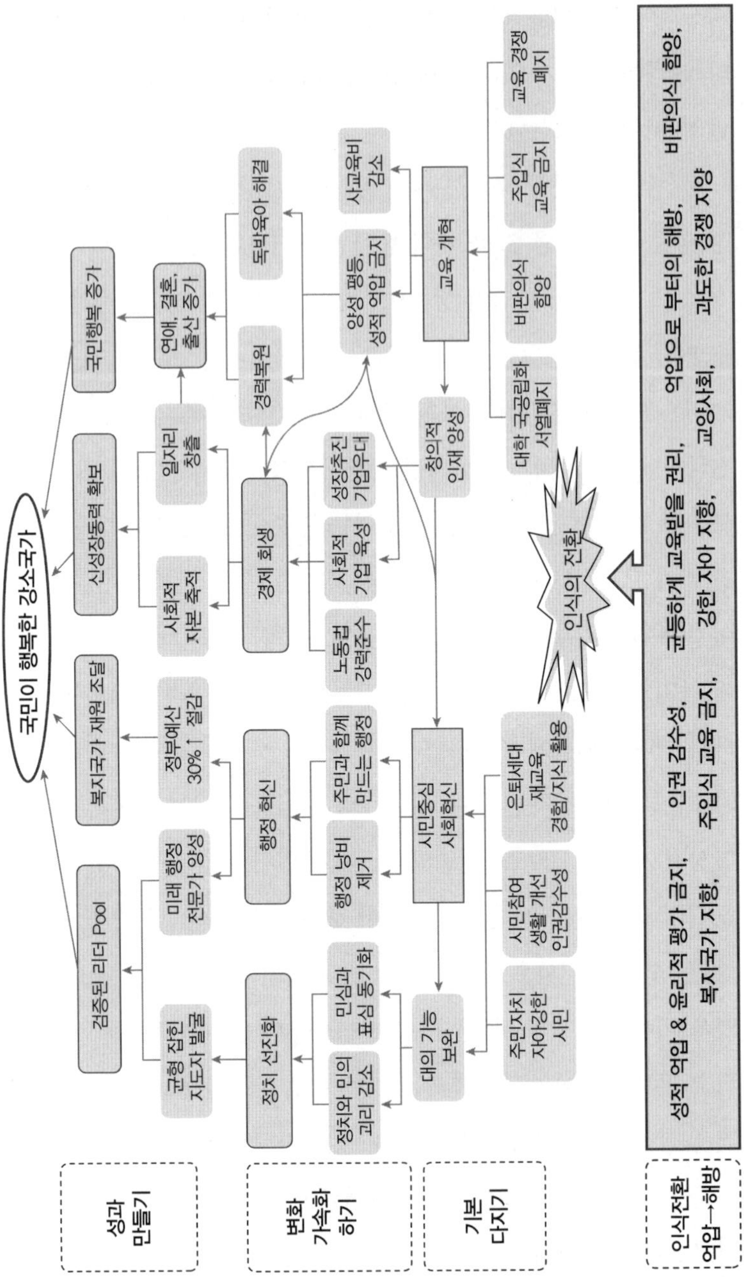

그림 11 좋은 나라 만들기 위한 전략지도

일단 국민이 행복한 나라일 것이다. 그러나 부탄이나 네팔처럼 국민들이 행복한 것으로만 끝나면 강대국 틈에 있는 우리들은 미래가 또 불안할 것이다. 그래서 작지만 강한 나라인 강소국이 되어야 할 것이다. 그래서 생각한 것이 '국민이 행복한 강소국'이다. 어떻게 해야 할까? 우선 물질 문명에 억압당하고 있는 우리의 정신을 되살리고 생각을 바꾸는 작업이 선행되어야 한다. 생각이 바뀌면 못 보던 것이 보이기 시작한다. 또는 불가능하다고 생각했던 것들이 가능해 보이기 시작한다. 예를 들면 행정 혁신이다. 공무원 사회는 도저히 바꿀 수 없다고 자조적으로 한탄을 하였는데 국민이 행정부의 고객이 되어 민간 기업과 같이 고객관리를 할 것을 요구한다면 변화가 가능해지기 시작한다. 이런 맥락에서 생각을 어떻게 바꾸고 어떤 행동의 변화를 통해 우리가 얻고자 하는 것은 무엇인지 청사진을 그려보자.

위의 그림을 보는 방법은 밑에서부터 시작하는 것이 좋다. 화살표 방향으로 선행작업과 후행 작업이 순차적으로 전개되는 것이다. 모든 일에는 순서가 있다. 그래서 현재 우리 사회가 당면하고 있는 문제들을 해결하기 위해서도 선행해서 해야 할 일들이 있다. '우물가에 가서 숭늉 달라'고 하는 과오를 저지르지 말아야 한다.

변화를 추진하기 위해서는 새로운 변화에 맞는 인식의 전환이 이루어져야 부드럽게 출발할 수가 있다. 급발진은 빠를 것 같지만 얘기치 못한 충돌을 가져오거나 장애물을 만나면 급정거해야 하는 상황이 발생한다. 모두 부상으로 연결되는 치명적인 사태를 유발할 수 있기에 조심해야 한다.

20세기에 우리만 경험해 보지 못했던 68정신의 11개 키워드에 근거한 인식의 전환이 추진되어야 한다. 인식의 전환과 함께 병행해서 시민이 주인이 되어 사회를 변화시키고, 미래 세대를 위한 교육이 전개되어야 한다. 이 과정을 통해 깨어 있는 시민, 자아가 명확한 시민, 어떤 억압이나 굴복을 이겨낼 수 있는 자유로운 시민이 되어야 한다. 더 이상 주권을 농락하는 지도자들에게 휘둘리지 말아야 한다.

자유시민은 시민이 주도하는 사회혁신에 적극적으로 참여하여 진정한 민주주의 과정을 이해하고 이를 실천할 수 있는 균형 잡힌 지도자를 선출하는 선구안選球眼을 가져야 한다. 국가의 주인으로서 시민의 자세와 역할을 되찾아야 한다. 그리고 행정 서비스를 제공 받는 고객으로서 행정 혁신을 통해 질 좋고, 낭비 없으며, 신속한 행정 서비스를 제공해 줄 것을 요구하면서 주민과 공무원이 함께 해결해 나갈 수 있도록 협조해야 한다.

행정이 영어로 administration이다. 경영 스쿨에서 경영도 영어로 하면 business administration이다. 행정도 경영이다. 경영이라고 해서 기업에만 적용되는 것이 아니다. 경영의 다른 단어로 관리management가 있다. 일반적으로 관리한다고 하면 상대를 통제하는 부정적인 것으로 인식하지만 경영에 있어서의 관리는 계획하고 실행하고 점검한 후 피드백을 하는 사이클을 말한다. 계획한 일을 제대로 해서 목표했던 성과를 달성하도록 하는 것이다.

행정에 있어서도 기업의 원가 절감과 같은 방법을 적용할 수 있다. 행정의 낭비 절감이 가능해지면 정부 예산을 대폭 줄일 수 있다. 물론 공무원 스스로 할 수 있다면 가장 좋은 방법이지만 실현 가능성은 매우 낮다. 그래서 주민들이 옆에서 자신들의 문제를 정확히 노출하고 해결 방법을 함께 찾을 때 변화가 가능하다. 변화를 도와줘야 한다. 은퇴한 세대들의 경험과 노하우를 활용하는 것도 노인 문제 해결과 예산 절감이라는 두 마리 토끼를 잡을 수 있는 좋은 기회가 될 것이다.

기존 산업은 성장이 둔화되어 경제 성장의 정체를 보여주고 있다. 세계 경제를 이끌던 선진국들도 정체의 늪에 빠져 있다. 우리가 살길을 찾아야 한다. 우리나라가 성장한 만큼 이제는 우리를 도와줄 국가들이 없다. 환경, 에너지, 바이오 등 아직 절대 강자가 없는 새로운 산업을 일으켜야 한다. 사회적 기업을 육성하면서 작은 일자리라도 많이 창출하고 지속가능한 산업을 발전시켜야 한다. 기업의 성장과 함께 고용을 창출하는 기업가 정신이 건전한 기업을 선별하여 우대하고 성장할 수 있도록 차별화해줘야 한다.

교육 개혁을 통하여 양성평등과 사회적 부조리, 불합리를 개선하며 각자 다양하게 자신들만의 독특한 삶을 살아갈 수 있는 자유시민으로 성장할 수 있도록 해야 한다. 암기 위주의 주입식 교육에서 탈피하고 경쟁의 억압에서 자유로워져야 한다. 다양성을 수용하고 새로운 조화를 만들어낼 수 있는 창의력이 충만한 인재들을 길러내야 한다.

이러한 변화가 사회전반에 걸쳐 가속화 되기 시작하면 자유시민들의 높아진 눈높이로 균형 잡힌 지도자 발굴 및 검증을 통해 정치 풍토가 개선되고 행정혁신으로 복지국가를 위한 재원을 마련하고 사회적 기업 발굴을 통한 신성장동력을 확보하고 국민들의 행복이 증가되는 좋은 나라를 만들 수 있을 것이다.

이런 방식으로 아래에서 위로 순차적으로 우선 해야 할 일들을 다지면서 위로 하나씩 해결해 나가는 순서를 제시한 그림이다. 전략지도라고 하는 기법을 적용한 것이다. 지도가 없이 길을 가게 될 경우 길을 잃고 헤맬 수밖에 없다. 문자로만 존재하는 전략들을 가지고 있으면 전체를 보면서 선행해서 할 일, 후행으로 해도 되는 일 등을 구분하기 어렵

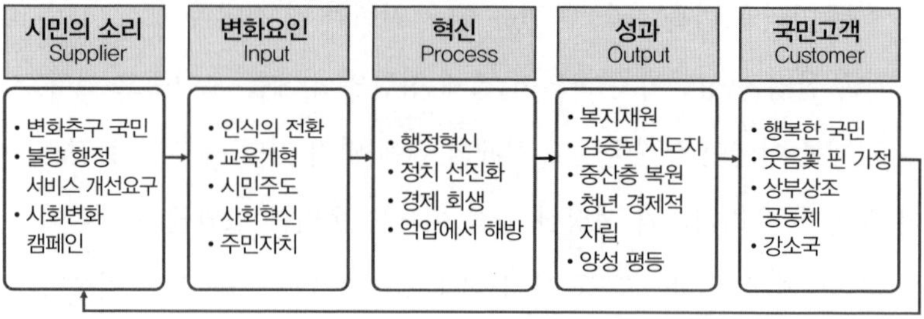

그림 12 국민고객관리 프로세스

다. 지도가 있으면 우회 전략도 수립할 수 있다. 위에서 언급된 내용들 중에는 이미 각자 제시한 독립적인 해법들이 존재하고 겹치는 부분들이 있을 수 있다. 하지만 기존의 각각 흩어져 산재하는 방법들에 대하여 상관관계를 파악하고 무엇부터 먼저 시작해야 하는지 순서를 정리하며 공감대를 형성하기 위해서 제시하는 방법이다.

이어서 전략 지도가 단순히 청사진 수준에서 멈추지 않기 위해서는 진행 과정의 관리가 필요하다. 기업의 고객관리와 마찬가지로 행정의 고객인 국민들의 소리에 귀 기울이고 질 좋은 행정 서비스, 저렴한 행정 서비스 비용, 신속한 행정 서비스 처리를 만족시키기 위한 국민고객관리 프로세스를 제시하고자 한다.

국민고객들의 불만이나 개선 요구 사항들을 지속적으로 청취하고 진정으로 요구하는 것이 무엇인지 변화 요인들에 대하여 함께 고민하고 방법을 찾아야 한다. 행정의 성과는 국민들의 요구사항을 해결하기 위한 것인지 아니면 단순히 행정을 위한 효율 개선인지 확인하면서 국민고객과의 눈높이를 맞추는 작업을 계속해야 한다. 국민고객들은 시민의 소리Voice of Citizen를 통해 행정 서비스에 대한 평가를 피드백 하여 선순환이 이루어지도록 하는 것이다.

사람들이 어우러져 일을 하려면 서로 도우면서 일을 해야 한다. 혼자서 다 할 수 없다. 만약 혼자서 다 할 수 있다면 그 사람만 일하면 된다. 나머지 사람들은 놀고 먹으면 된다. 조직이 거대해지면서 관료화되면 힘 있는 부서들이 마치 자신들이 존재하기에 조직이 운영된다고 오만해지게 된다. 관료주의의 대명사인 정부 조직도 피할 수 없는 현상이다. 힘 있는 부처 혼자서 타 부처들을 모두 이끌고 갈 수 없다. 서로 협력을 해야 고객인 국민을 만족시킬 수 있다. 그러므로 정부 부처 간 협업을 해야 할 항목들을 인지한 후 범행정부서 차원의 혁신을 추진해야 실행력을 높이고 성공 가능성도 높아진다.

칸막이 행정을 유지하면서 성공할 수 있는 일이 아니다. 최소 10~20년을 내다보고 지속적으로 추진해야 한다. 우리가 한 사람의 생각을 바꾸는 것이 얼마나 어려운 일인지 잘 알고 있다. 물론 온 국민이 다 변해야 하는 것은 아니다. 만약 모두가 다 변해야 시작할 수 있다는 전제조건이라면 영영 시작도 못하고 무너질 것이다. 변화의 동력을 얻는 것이 우선 중요하다. 대략 10% 정도의 사람들이 변하게 되면 임계점에 도달하게 된다. 이후 변화는 급속도로 확산되고 대세로 자리잡게 된다. 변곡점에 도달하는 수준까지 만이라도 연착륙을 시켜야 한다.

더 이상 변화를 늦추어서는 안 된다. 총론은 찬성하고 뒤돌아 서서 각론에서 반대할 시간이 없다. 총론을 찬성하고 각론도 총론에 공감하도록 해야 한다. 바람 불 때 노를 저어야 힘 덜 들이고 항해가 가능하다. 순풍에 돛 달고 편안히 갔으면 좋겠지만 코로나19의 거센 역풍이 불고 있다. 가만히 있으면 뒤로 간다. 앞으로 움직일 수 없고 뒤로 밀려 나기만 한다. 제자리에 있기도 힘들다. 바람에 밀리다 보면 방향을 잃고 표류하게 된다. 어디로 갈지 아무도 모른다.

면 옛날 아라비아인들은 이런 역경을 극복했다. 역풍을 이용해서 앞으로 항해하는 법을 알아냈다. 종전의 사각형 돛은 바람이 뒤에서 불어주어야 앞으로 갈 수 있었다. 맞바람이 불면 뒤로 갈 수밖에 없었다. 그러나 삼각형 돛을 만들고 난 후부터는 역풍을 타고 갈 지之 자 걸음처럼 좌우로 갈 지 자로 비스듬히 이동하면서 역풍의 힘으로 앞으로 전진하는 항법을 찾아낸 것이다.

이렇듯 변화의 바람은 이용할 줄 아는 사람에게는 앞으로 나아 갈 기회를 가져다 준다. 바람이 없는 세상은 제자리에서 맴돌면서 아무 준비 없이 있다가 거센 바람 앞에 전복되고 마는 운명을 맞이하게 된다. 미래는 누구나 예측할 수 있다. 그리고 대부분 알고 있다. 단지 준비를 안 하는 것이 문제인 것이다. 지금 이 순간의 편안함을 영원히 누리고 싶어 변화를 저항하고 버티다가 일순간에 무너지는 것이다. 미래를 궁금해 할 필요가 없다.

"미래는 준비하는 자의 것이다.""미래는 예측하는 것이 아니고 만들어 가는 것이다."여기서 해법을 찾을 수 있다. 우리가 원하는 미래를 설계하고 하나씩 준비해 가는 것이 미래를 만들어 가는 것이다. 준비된 사람에게는 위기가 기회가 된다. 다양한 가능성을 고민하고 준비하였기 때문에 대안을 마련하기가 한결 빠르고 수월해진다. 그래서 새로운 기회를 찾아낼 수 있다.

기존의 고정관념인 사각형 돛을 버리고 새로운 사고인 삼각 돛으로 무장하자. 그리고 역풍을 헤쳐 나가자. 어디로 가야 하는지는 앞에서 보여준 전략 지도에 있다. 어떤 장애물이 우리 앞을 가로막고 있는지 도달할 곳은 어디인지 확인하면서 블루오션을 향해 머나먼 항해를 시작하자. 첫 출발은 인식의 전환이다.

|삼성의 신경영 사례|

1993년 여름 우리나라 국민들은 새로운 경험을 하게 된다. 민간 기업의 총수가 사내 임원들을 대상으로 변화와 혁신을 추진할 것을 주문하는 사내 강의가 공중파 방송에 방송된 것이다. 비록 늦은 밤 시간이었지만 재벌기업 총수가 어떻게 임직원들에게 메시지를 전달하고 회의를 하는지 생생하게 볼 수 있는 장면이었다. 필자 역시 사원 시절을 보내면서 변화의 현장을 함께했던 기억이 아직도 남아 있다.

고 이건희 회장은 이러한 강의를 임원들을 대상으로 수차례 더 이어갔다. 그리고 변화하기 어려운 고정관념에 사로잡힌 부장들을 대상으로 평일날 집합 교육을 시키면서 스스로의 삶을 반성해 보도록 지원하였다. 일 중독, 일벌레의 대명사인 부장들을 비록 짧지만 현업에서 빠져 나와 오로지 자신의 인생에 대해서 생각해 보는 시간을 갖도록 하는 것 역시 충격적인 방법이었다.

이어서 전 사원들을 대상으로는 신경영 교재를 배포하고 아침 근무시작전에 부서원들이 서로 돌아가면서 교재를 읽고 부서원들끼리 이에 대해 토론하는 시간을 가진 후 업무를 시작하는 일들이 오랜 기간 지속되었다.

당시 대표적인 주문이 바로 "처와 자식 빼고는 모두 바꿔라!"는 것이었다. 또한 "양에서 질로 바꿔라." 외형적인 성장에 매달리지 말고 세계적 흐름인 내적 성장과 내실을 기하는 방향으로 경영을 하라는 것이었다. 당시 국내 기업들의 평가 기준은 매출이 주를 이루던 시절이었다. 이후 질 위주로 경영을 하게 되면서 이익을 중시하고 현금 흐름을 개선하는 방향으로 전환이 되었다. 또한 출퇴근 시간을 획기적으로 바꾸었다. 아침 아홉 시 출근해서 저녁 여섯 시 퇴근하는 것이 일상인 사회에서 아침 일곱 시까지 출근하고 오후 네 시에 퇴근하는 7·4제를 실시하였다. 일각에서는 출근 시간만 앞당겨지고 퇴근 시간은 변함없을 것이니 근무 시간 늘어날 것이라고 불만을 터트렸다. 그러자 실제로 고 이건희 회장이 한 계열사에 네 시 이후 전화를 걸었고 직원이 전화를 받자 왜 퇴근 안 하고 일하고 있는지 확인 전화를 하면서 실천 의지를 확고히 보여주었다.

당시에는 사원 신분이었고 변화의 물결 속에 같이 흐르고 있어서 그랬는지는 몰라도 당연하게 생각하고 지냈던 일들이다. 그러나 혁신을 30년간 추진했고 현직에서 물러난 시점에서 되돌아 보면 고 이건희 회장의 깊은 통찰력과 진정한 혁신의 의미를 깨닫고 있다.

기업의 총수가 경영혁신을 주장하고 있는데 어디를 둘러봐도 얼마 만큼의 이익을 목표로 주거나 매출을 목표로 준 적이 없다. 세상은 변하고 있으니 모두들 변해야 한다. 변화의 방향으로서 각 계열사들마다 자신들이 하고 있는 사업의 본질인 업의 개념이 무엇인지를 명확히 하라고 했다. 그러면서 철학적 의미들이 많이 담긴 사례들을 책자화 하여 변화의 방향으로 삼도록 했다. 오히려 미국을 중심으로 주주 이익을 극대화하는 것이 최고의 가치라고 주장하는 경영 컨설턴트, 대학 교수들의 주장이 유행하던 1990년대 기업들의 비전에 매출 목표나 이익 목표 등이 등장하기 시작한 것과는 확연한 차이가 있다.

고 이건희 회장의 깊은 뜻은 변화를 하기 위해서는 인식의 전환에 해당하는 생각이 먼저 바뀌어야 한다는 것이다. 왜 변해야 하는지 이유도 모르겠는데 어느 날 갑자기 변화를 강조하면 하는 척 흉내만 낼 것이다.

또한 방법을 몰라서 못하는 경우도 있다. 그렇기 때문에 먼저 왜 변해야 하는지 교육을 시켰고 방법에 대해서 책자를 통해 직원들이 학습하도록 준비한 것이다.

정신이 제대로 무장되었다면 주어진 방향에 따라 잘 가고 있는지 확인하면 된다. 방향이 다시 말하면 전략이 되는 것이다. 전략이 잘 세워졌다면 다음은 전략 실행을 통해 달성할 목표를 주면 된다. 전략에 따라서는 지금까지 경험해보지 않았던 영역이 있을 수 있다. 이때 직원들에게 새로운 방법을 학습시키고 업무에 반영하도록 지원한다.

이때 리더십이 중요하다. 리더와 관리자는 다른 것이다. 관리자는 주어진 목표를 얼마나 효율적으로 챙기고 목표를 달성할 수 있도록 과정 전반을 다루는 사람들이다. 반면 리더는 방향을 설정하고 구성원들이 공감을 하며 스스로 성과를 내면서 설정한 방향에 도달하도록 이끌어 가는 사람이고 이 과정을 책임지는 사람이다.

평소 고 이건희 회장의 일화 중 이를 뒷받침하는 사례가 있다. 계열사 사장들과 면담을 하게 되면 사장들은 자신이 담당하는 회사의 경영실적에 대하여 성과를 냈다고 자랑스럽게 발표를 한다. 하지만 이 회장의 평가는 다르다. 경영실적은 직원들이 일해서 만들어낸 것이지 사장 당신이 한 것은 아니다. 나는 사장 당신에게 회사에 인재를 몇 명을 보유하고 있는지 묻겠다. 그리고 평가에 반영한다고 하여 사장들의 생각을 바꾸게 하였다. 이 과정에서 직원들은 자신들의 업무를 개선시키고 개선이 누적되면 혁신의 원동력이 되어 근본적인 변화를 일으키게 된다. 이 과정을 통해서 직원들이 성장하고 인재로 육성되게 된다. 이것이 바로 혁신을 추진하는 숨은 뜻이다.

이후 각 계열사는 자신들이 가고자 하는 명확한 방향과 책임 있는 리더와 우수한 인재들과 함께 글로벌 기업들과 경쟁을 하면서 수많은 혁신을 추진하였고 실패와 성공의 경험을 통해 내공을 높여 나갔다. 2년 전 일본 정부가 우리나라 반도체 산업의 급소를 공격하겠다며 핵심 소재의 수출 금지를 내렸지만 우리 기업들은 그 동안 축적된 노하우와 위기관리 역량을 동원하여 단기간 내에 극복하였다.

단순히 좋은 물건 많이 만들고 많이 파는 양 위주의 경영을 해왔다면 속수무책을 당했을 것이다. 그러나 많이 파는 것이 중요한 것이 아니고 제대로 만들고, 싸게 만들고, 신속하게 공급하는 질 위주의 경영을 통해 이를 뒷받침 해주는 구매, 물류, 개발 부서 등 지원 부문의 역량도 함께 강화했기에 가능했던 일이다.

2020년 코로나19 사태를 겪으면서 일본 정부의 대응을 지켜보면서 낙후된 전산화 수준을 보고 놀란 경험들이 있을 것이다. 우리보다 전산화가 늦은 것은 알고 있었지만 그 정도로 낙후된 줄은 몰랐었다. 그렇기 때문에 그들은 자신들의 수준으로 우리 기업들을 평가하고 엄청난 실수를 저지르는 자충수를 두었을 수도 있다.

돈 많이 벌어오라는 주문이 아닌 인식을 바꾸고 변화 먼저 하라는 주문을 한 지 20년이 지난 2013년 신경영 성과는 매출 13배, 이익 49배를 달성하고 있으며 2021년 현재에도 기하급수적으로 증가하고 있다. 함께한 직원들에게는 '이익 공유제'를 통하여 연봉의 50%까지 성과급으로 받을 수 있도록 하여 경제적인 보상도 하고 있다.

민간 기업에서 거두어들인 성과이기에 일반 사회에 적용할 수 없다고 할 수 있다. 틀린 말은 아니다. 그러나 변화를 추진하는 목적과 과정과 방법은 다르지 않다. 사람이 하는 것이지 컴퓨터나 기법이 하는 것이 아니다. 이런 변화의 본질을 이해 못한 경우 남들이 이룩한 성공 기법과 시스템에만 매달리며 그대로 도입하려고 하기 때문에 실패하는 것이다. 과정을 이해하고 어떻게 접목시켜야 하는지를 찾는 것이 중요하다.

그러므로 우리가 사회를 변화시키기 위해서는 국민들의 인식의 전환이 선행되어야 한다. 20년 전 천주교를 중심으로 '내탓이로소이다' 운동이 있었다. 이러한 사회 변화 캠페인이 다시 시작되고 공감을 갖기 시작하면 변화의 씨앗이 뿌려지는 것이다. 다음은 물질만능에 찌들어 있는 우리 사회를 어떤 방향으로 변화해야 할지 방향을 잡는 것이다. 그리고 이를 이끌어갈 리더들을 확보해야 한다. 꿈과 열정과 도전의식을 겸비한 리더일수록 좋다. 이어서 사회활동을 통해 우리 사회를 책임지고 나갈 인재들을 양성하는 것이다. 자연스럽게 교육의 개혁이 필수적이 된다. 산업화 시대에 성공했던 주입식 교육에서 이젠 벗어나야 한다. 늦어도 한참 늦었다. 그러나 '늦었다고 생각하고 시작할 때가 빠른 것이다.' 처럼 계속 미루지 말고 지금이라도 시작하는 것이 빨리 가는 길이다.

현재 우리 정부와 각종 시민단체들 중심으로 많은 사회적 변화들이 추진되고 있다. 행정 부처별로 별개로 추진하고 있고 기법 중심으로 진행하고 있는 모습이 보인다. 보안해야 할 부분이 있다면 지속적으로 추진할 수 있도록 환경을 구성하는 것이다. 궁극적으로 사회 통합을 위한 전체 과정을 이끌어갈 리더십을 발휘할 수 있는 정부 부처나 민관 협력 기구가 있으면 그 동안의 추진 과정을 되짚어 보면서 민간 기업들의 사례를 반영하여 가속화시킬 방법을 모색할 필요가 있다. 우리나라 기업들도 우수한 사례들을 많이 보유하고 있다. 이곳에서 은퇴한 인력들을 활용하는 것도 하나의 방법이 된다.

너무 목표에만 치중하여 대충하고 마무리하면 안 된다. 목적과 방향을 명확히 해주는 것이 흔들리지 않고 오래 갈 수 있는 지름길이다. 실적에만 매달리게 되면 조작의 유혹에 빠져들게 된다. 서류상의 성과, 시민혁신에 시민이 없는 결과들의 원인이 된다. 가장 중요한 것은 올바른 방향 설정, 기다리는 인내심, 성과의 독차지가 아닌 공유다.

4부

시민이 주도해야 성공할 수 있다

사람의 문제는 사람이 가장 잘 해결할 수 있다.

상생상극하며 견제와 균형을 이루는 공동체가 발전한다.

미래는 준비하는 사람들이 만들어 간다.

| 역사는 시민 주연, 지도자 조연의 변화 드라마 |

인류 역사에 등장하는 수많은 위인들과 영웅들을 보면 마치 이들이 세상을 바꾸고 변화시켜 간 주인공처럼 착각하게 만든다. 그러나 실상은 다르다. 사람 사는 세상에서 변화를 일으키는 주체는 다수의 일반 국민들이지 한두 명의 위인이 주인공은 아니다. 오히려 그들은 국민들이 원하는 것을 터트리는 기폭제 같은 역할을 하는 것 그 이상도 이하도 아니다.

국가 경영도 마찬가지이다. 어느 날 갑자기 훌륭한 지도자가 등장하여 비전을 제시하고 국민들을 이끌어 가는 것이 아니다. 특히 신분이 세습되는 봉건국가와 달리 투표에 의한 지도자가 선출되는 민주주의 국가에서는 다수를 이루는 국민들의 생각과 염원이 반영되어 그것을 이루고자 지도자를 뽑는 것이다.

해방 후 우리의 역사를 보면 배고픈 시기를 극복하기 위해서는 인권보다는 생계가 더 중요했기에 독재정권을 용인하고 참아낸 것이었다. 이어서 배고픔이 어느 정도 해결되고 난 후에는 사람답게 살고 싶다는 국민들의 염원에 힘입어 독재를 타도하고 민주주의를 실현하겠다는 희망으로 독재자를 물리치고 민주적인 방식으로 지도자를 뽑았다.

이후 민주화의 발전은 느리지만 한 걸음 한 걸음 앞으로 나가면서 돈을 벌고자 하는 욕망에 사로잡히기 시작했다. 남이야 어떻든 나와 내 가족만 잘 살면 된다는 탐욕에 우리는 기업가 출신의 지도자를 뽑으면 모두가 잘살 수 있을 것이라 착각하고 재산 축적이란 욕망으로 특별한 지도자를 택했다. 이어서 과거 한강의 기적을 일궈낸 지도자의 향수에 젖어 그 분의 딸을 선택하면 과거의 영화를 다시 찾을 수 있겠다는 실낱 같은 희망을 안고 다시 한 번 결정을 했다. 하지만 국민들의 염원과 달리 잘해주리라는 믿음을 배신하고 상상할 수 없는 실정으로 국민들의 심판을 받고 쫓겨 나게 되었다. 이어서 등장한 새로운 지도자는 아직 진행형이다.

전임 지도자들에 대한 사후 평가는 다양하게 평가되고 시간이 흐르면서 재평가 되기도 한다. 옛말에 "죄를 미워하되 사람을 미워하지 말라"고 하였다. 이런 관점에서 역대 지도자들을 평가해보면 우리나라의 시대적 상황을 겪어내기 위해, 그 역할을 담당하기 위해 등장했던 조연 배우로 보는 것이 좋을 것 같다. 그래야 선거에서 잘못 선택한 것에 대한 자괴감이나 스트레스를 덜 받을 수도 있을 것이다.

이 분들은 국민들이 원하는 것을 충족시켜 주기 위해 선거라는 공개 오디션에서 승리한 조연 배우였지 주연이 아니었다. 주연은 당연히 오디션의 판정단인 국민들이지만 너무 많기 때문에 단역 배우인 엑스트라로 착각하고 지낸 것이다.

최근에 수많은 오디션 프로그램들이 등장하고 있지만 과거와 다른 점이 있다. 과거에는 각계에 유명한 인사들이 심사위원으로 등장하고 그들의 평가만 반영되어 순위가 결정되었다. 마치 대의代議 민주주의를 연상하게 한다. 특히 엘리트 민주주의와 비슷했다. 심사위원들끼리 단합을 할 수도 있고 타협을 볼 수도 있을 가능성도 열려 있다. 견제할 방법은 없다. 그러나 컴퓨터와 정보통신의 발달로 인해 최근의 오디션 프로그램에는 현장에 참여한 관객들과 통신기기를 활용한 시청자들의 실시간 의견이 반영되어 오디션의 승자가 결정되는 프로그램들이 주류를 이루고 있다. 직접민주주의와 유사한 형태로 진화하고 있는 것이다.

정보통신기술이 발달한 결과 가능해진 사회현상이다. 선거후보를 선출하는 방식도 현장 참여자들만 참여하던 오프라인 투표에 통신기기를 활용한 온라인 투표까지 합산하여 진행한다. 더욱 더 주연들의 다양한 의견이 반영되고 있다. 물론 통신기술발달에 따른 부작용으로 가짜 뉴스의 신속한 유포화 국민들을 기만하는 행위들도 있지만 국민들의 의식수준 향상으로 인해 충분히 선별해낼 수 있는 수준이다.

이렇게 사회 환경은 개별 국민들에게 적극적인 참여의 기회를 이전보다 더 많이 다양하게 제공하고 있다. 수직적 위계질서에 억눌려 다양한 의사 표현이 어려웠던 시절에도 한강의 기적을 이뤄냈다. 또한 당장의 눈앞의 이익만 보고 지도자를 선출한 경우 어떤 결과를 가져오는지도 눈으로 직접 확인했다. 앞으로는 미래를 내다보는 선구안으로 지도자를 선출하면 과거의 시행착오를 줄일 수 있을 것이다.

수평적으로 소통하고 서로 신뢰하면서 생활할 수 있는 사회를 만들어 가는 변화를 멋지게 해낼 수 있는 조연 배우를 선출하면 된다. 국민이라는 주연이 작품의 주인공이 될 수 있게 만들어 주는 조연급 지도자를 발굴하고 선택하는 것이 필요하다. 반면 무엇을 도와 줄 것인지를 주연들이 명확하게 제시해야 한다. 이것을 못할 경우 조연이 주연이 되는 독재 드라마가 연출되고 주연은 쓸쓸히 퇴장하면서 국민들의 삶은 황폐해지는 사태가 다시 반복될 것이다.

이재명 경기도지사가 후보 연설기간 중 한 멋진 연설이 있다. "여러분, 정치인을 사랑하지 마십시오. 잘하면 칭찬하되 찬양하지 마십시오. 지지하되 숭배하지 마십시오. 그들은 우리가 명령한 바를 시행하는 머슴이자 대리인일 뿐입니다. 정치인의 말도 믿지 마십시오. 그들의 말을 믿지 말고, 그들의 약속이 실천되었는지를 보고 판단하시고, 선택하십시오.

우리가 선택한 정치인이 우리가 요구한 대로 제대로 하지 못하면 꾸짖고, 잘하도록 채찍질하고, 그래도 제대로 못하면 언제든지 바꿔버리면 그만입니다. 그들은 우리들의 도구일 뿐입니다."

헌법에 보장된 나라의 주인인 국민들이 당당하게 권리를 요구해야 한다. 국민들이 낸 세금으로 운영되는 국가이다. 지도자들이 국민들의 요구대로 제대로 일을 하고 있는지를 감시하고 평가하고 피드백 해야 개선이 이루어진다. '좋은 게 좋다는'식의 방임적 태도는 상호 간의 커뮤니케이션 오류를 불러 온다. 싫다고 안 했으니 긍정으로 해석한다. 다시 수정할 수 있겠지만 이미 타격을 받았기에 후유증이 남는다.

석학들이 얘기하는 공통적인 미래 사회의 모습은 수직적 위계질서보다는 수평적인 상호협력의 사회가 전개될 것이라고 예견하고 있다. 서로 돕고, 믿고, 의지하는 사회를 만들기 위해서는 주연이 주인공다운 모습을 보여주어야 한다. 시민이 주도하며 이끌어 가는 사회를 만들어야 한다.

| 견제와 균형의 협력이 필요하다 |

일상생활에서 자주 듣는 말 중에 '상생相生'이라는 말이 있다. 상생협력으로까지 확장되어 사용된다. 상생이란 서로 돕는다는 뜻이다. 반면 가끔씩 듣는 말 중에 '상극相剋'이라는 단어가 있다. 일반적으로 결혼을 앞둔 남녀 커플들의 경우 두 사람의 사주팔자를 보고 온 부모님들에게서 "너희 두 사람은 상극이라 결혼하면 안 좋다."는 껄끄러운 얘기를 들을 때 상극이라는 말이 나온다. 상생은 상생협력으로 이어지지만 상극은 음양오행에서 '상생상극相生相剋'으로 연결될 뿐 따로 합성된 단어는 찾아 보기 힘들다. 아마도 좋지 않은 단어이기 때문에 엮으려고 하지 않아서 그럴 수도 있다.

상극이라는 단어를 우리는 상대를 극하는 다시 말해 상대를 해치거나, 피해를 입히거나, 억압하는 매우 부정적이면서도 치명적인 뜻으로 받아들인다. 그래서 상극의 관계라고 하면 아예 상종하지 않고 멀리하거나 떨어져야 하는 것으로 인식한다. 하지만 사회 생활을 하면서 상하 관계로 만나는 수많은 사람들 중에도 잘못 만나면 악연 또는 상극 관계가 될 수 있다. 그렇다고 이를 핑계로 상사를 바꿀 수도 없는 노릇이다.

뾰족한 수가 보이지 않는 상황이다. 여기서 우리는 상극이라는 단어를 현대식으로 재해석할 필요가 있다. 다름 아닌 견제라는 단어로 전환을 할 필요가 있다. 과거처럼 왕의 마음대로 백성이나 신하의 목숨을 함부로 할 수 있는 세상이 아니다. 기본적인 인권은 보장되는 사회이다. 극한다고 해서 치명적인 피해를 반드시 주는 것만은 아니다. 극한다는 것을 상대방이 나를 자극하는 것으로 받아들일 수 있다. 사사건건 내가 하는 일에 이의를 제기하고 반대를 하는 사람이 있을 것이다. 귀찮은 상대이므로 피하려고 하는 것이 인지 상정이지만 한번쯤은 그 사람이 반대하는 이유에 대하여 곰곰이 되짚어 볼 필요가 있다. 그리고 부족했던 것을 발견하면 반영하여 나의 안을 보완하는 것이다.

기업에게 있어 고객은 상극관계에 있는 것처럼 귀찮은 존재이다. 잘못을 발견할 경우 자신의 불만 경험을 보통 100명에게 퍼트리는 수퍼전파자가 되기도 한다. 과거처럼 공급이 부족하던 시절에는 무시할 수 있었지만 공급은 넘치고 수요는 줄어들고 있으니 한 사람의 고객이라도 잡아야 한다. 그러니 무시할 수도 없다. 그런데 역설적인 일이 벌어진다. 까다로운 고객이 오히려 해당 기업을 발전시킨다는 것이다. 고객의 까다로운 요구 조건을 맞추고 또한 한 발 앞서 고객들의 기대치를 미리 반영하는 노력을 한 결과 기업이 경쟁력을 갖추어 일류기업으로 발전하는 원동력이 되는 것이다.

껄끄럽고 귀찮은 존재이지만 그들의 소리에 귀를 기울이면서 불만을 기업의 발전을 위한 건전한 자극으로 수용하고 해결하려는 노력을 한 것이다. 처음에는 기업에게 피해를 주는 사람들로 인식했지만 부족한 부문이나 문제점을 지적해 주는 사람들로 인식을 전환하며 고객의 소리에 귀를 기울인 결과 뜻하지 않은 결과를 얻게 된 것이다.

IT 관련 소프트웨어 제품을 판매하는 회사들의 경우 완성된 제품이 아닌 시제품을 고객들에게 배포하고 문제점 또는 불편한 사항들을 피드백 해달라고 한다. 고객의 반응을 토대로 시제품을 보완하여 완성품을 출시한다. 이제 고객의 불만의 더 이상 피해야 할 대상이 아니라 가깝게 접하고 의견을 수렴해야 하는 대상으로 바뀐 것이다. 고객 입장에서 보면 기업을 견제하는 것이고 기업 또한 고객들의 건설적인 반응에 귀를 기울이며 서로 균형을 이루면서 발전하는 관계를 형성하고 있다.

사회 문제에도 같은 개념을 적용할 수 있다. 시민들은 공공 서비스를 제공받는다. 그러므로 고객의 입장이라고 할 수 있다. 그런데 유독 이 관계에서만큼은 아직 시민들이 고객이라는 생각을 쉽게 받아들이지 않는다. 정부나 공공기관이 공공 서비스를 일방적으로 공급하고 시민들은 일종의 혜택을 수용하면 된다는 사고가 아직도 지배적이다.

그나마 고객의 소리를 청취해야 한다는 시대적 흐름에 편승하여 시민의 불만 사항인 '민원'을 처리하는 것을 고객 만족과 같은 개념으로 서비스를 제공하고 있지만 자신들이 제공하는 것을 일방적으로 강요하는 수준이지 본질적인 문제 해결을 위한 요구는 많은 법적 문제, 행정절차상 문제 등을 핑계로 받아들여지지 않는 것이 대부분이다. 이때마다 시민들은 탁상행정, 행정편의주의 등 불만을 터트리기만 할 뿐 이내 체념하고 만다.

더 이상 체념하지 말자. 사회혁신을 통해 행정도 시민들을 위한 공공서비스를 시민과 함께 공동으로 생산하도록 요구하면서 시민이 주도를 해야 한다. 윈윈이라는 공동의 목표를 공유하게 되면 상극 관계가 상생관계로 변화된다. 상호 견제가 협력으로 변하면서 균형을 이루며 발전할 수 있다.

그러나 공공 서비스를 제공하기 위해서는 공무원과 시민들만 있다고 되는 것이 아니다. 정부 및 자치단체를 감사하는 의회가 엄연히 존재하고 있고 각종 사회 활동에 대한 문제를 지적하고 대안을 제시하는 시민단체들도 있다. 크게 분류하여도 4가지 이해관계자들이 등장한다. 서로의 목적과 추구하는 목표가 다르다. 사회 혁신의 이해관계자들을 정리해보면 자치단체 및 공공기관, 시도 의회, 지역 시민단체 및 시민들로 구분할 수 있다. 아래 그림을 참조하자.

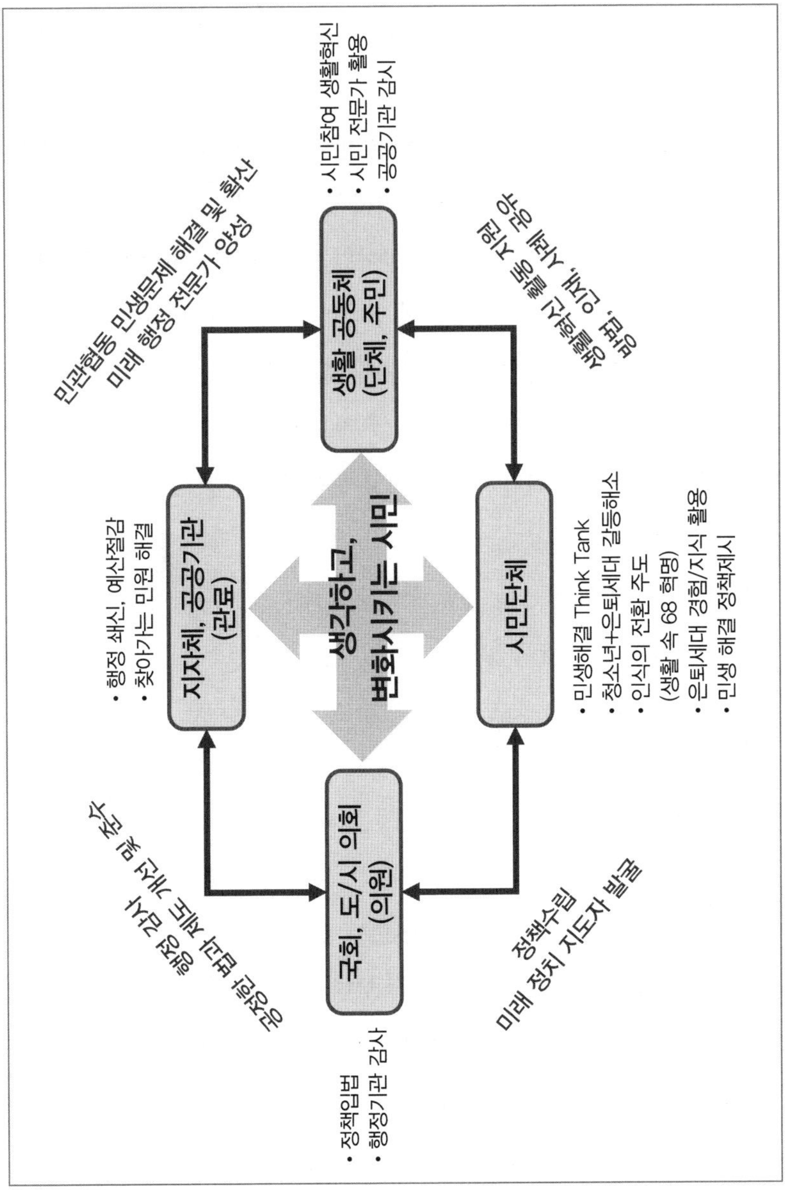

그림 13 사회 변화를 위한 이해관계자 협력 모델

그림11(214쪽)의 '좋은 나라 만들기 위한 전략지도' 실행과 관련된 이해관계자들과 각각의 역할과 책임을 제시한 것이다. 이해관계자들 중 시민은 아무리 봐도 가장 약한 이해관계자에 속한다. 공무원과 정치인들은 군림하는 관계자들이다. 시민단체는 무엇을 하는지 모르겠는데 주장하는 것은 많고 아직 검증되지 않은 방법들도 많이 주장한다. 그런데 딱히 시민들 실생활과는 거리가 있어서 당장은 필요하지 않은 것 같다. 그래서 무관심하고 별 생각 없이 살아왔는데 이제는 시민이 주도해서 사회를 바꿔야 한다고 주장하는 사람들이 등장한다. 이유는 시민들이 살아가는 사회의 문제는 시민들이 가장 잘 알고 있기에 직접 개선하려는 노력이 필요하고 그래야 실생활에 필요한 아쉬운 문제들을 해결할 수 있다는 것이다. 그러나 무엇을 어떻게 해야 하는지 찾아보면 제대로 가르쳐 주는 사람도 없다. 혁신을 하려면 인식의 전환 및 방법에 대한 교육이 병행되어야 하는데 가장 중요한 교육이 누락되면 혁신이 지연되거나 실패할 확률이 높아진다.

한 가지 다행스러운 것은 시민들에게는 투표권이라는 소중한 한 표가 있다. 비록 4년, 5년에 한 번밖에 사용할 수 없지만 이것을 잘 활용하면서 이해관계자들과 밀고 당기는 협상을 해야 한다. 상대를 견제하면서 상호 균형을 이루어야 발전이 가능하다. 한쪽의 일방적인 힘과 압력으로 인해 균형이 깨지면 침체로 접어드는 것이지 발전은 사라지게 된다. 견제와 균형의 상호 작용을 이루어야 한다.

자치단체는 시민들에게 공공의 서비스를 제공한다. 그러나 예산은 시민들이 제공한다. 시민들의 세금을 가지고 선심 쓰듯 어깨에 힘을 주어 가며 서비스를 제공하는 것을 크나큰 혜택을 주는 것처럼 행세한다. 행정 서비스에 불편함이 있어 민원을 청구하면 안 되는 이유부터 먼저 제시하며 기를 꺾어 놓는다. 다시 찾아가고 싶지 않다. 선거에서 심판하면 되지만 그때까지 기다리기에는 숨이 넘어갈 것 같다.

상대방을 공략하려면 먼저 상대방을 알아야 한다. 시민들이 필요한 것을 얻기 위해서는 공무원들의 행정을 어느 정도 알아야 한다. 공무원과 대화를 하려면 통역기가 있어야 할 정도로 시민과 생각의 차이가 크다면 소통 자체가 안 되기 때문에 문제 해결은 요원해진다. 아쉬운 시민들이 먼저 행정을 이해하고 왜 안 되는지 묻고 따져야 하고 해결할 수 있는 방법을 제시하거나 요구해야 한다.

우리가 돈을 지불하고 제품을 구입하면 고객으로서 제품의 불만에 대하여 당당히 주장할 수 있고 고객센터에 연락하여 강력히 항의한다. 시민들이 세금을 냈고 보상으로서 공공 서비스를 제공받는 고객인데 서비스가 잘못되었으면 당연히 클레임을 걸고 개선 조치를 요구해야 한다. 엄연한 시민의 권리이다. 상대를 알아야 상대와의 싸움에서 이기기 쉽다. 하늘 같은 공무원이나 정치인이 아니라 시민들에게 서비스를 제공한 생산자로 보고 고객의 입장에서 정당한 권리를 주장하면서 막강한 힘과 권력이 오용되지 않도록 견제를 해야 한다.

시민들이 부족한 교육을 받아야 하는데 공무원들은 아무래도 자발적일 수 없다. 상대방이 똑똑해 지면 질문도 많아지고 요구하는 것도 수준이 높아지면 머리 아프고 일이 늘어나기 때문이다. '일이 바빠서'라는 핑계를 대면서 소홀히 할 수 있다. 시민단체들이 이 역할을 해주는 것이 바람직하다. 시민들의 고충을 대변해서 공무원과 정치인들에게 전달해주는 가교 역할을 하는 것이다. 실제로 많은 시민단체들이 비슷한 행동을 하고 있다.

시민단체들은 이러한 시민들의 고충을 대변하여 정치인들에게 민생을 해결할 정책들을 제안하고 입법화 할 수 있도록 변화를 요구하면서 견제해야 한다. 가끔씩 언론을 통해서 시도의회 의원 관련 답답한 소식들을 접한다. 전문성은 없고 권위만 내세우려 하다 보니 상대방에 대한 배려는 없고 말도 안 되는 갑질을 하는 한심한 작태를 접할 때마다 지방자치가 과연 우리나라에 필요한가? 없으면 안 되나? 하는 의문과 함께 자괴감에 빠지게 만든다.

이런 환경에서 시민들에게 필요한 정책이나 조례 개정이 이루어질 수 있다고 믿는 것은 철부지 같은 생각일 것이다. 이들도 견제를 해야 한다. 특히 지방정부를 감사할 권한을 가지고 있는 이해관계자들이 지방정부 업무를 모르고 있으니 감사가 형식적으로 이루어질 수밖에 없다. 또한 이들을 가르쳐 주는 사람들도 없다. 시민들에게도 시민의 역할에 대해 가르쳐 줄 사람이 없고 시도의원들에게도 행정업무를 가르쳐 줄 사람이 없다는 것은 우리가 모르기 때문에 놓치고 있거나 못하고 있는 것들이 많다는 것을 보여준다. 그래서 많은 민생의 문제들이 계속 방치되고 있는 것이다.

자치단체와 시도의회, 시민단체, 시민들의 상호 간 역할과 감시 기능을 확보하면서 견제와 균형을 이루어야 사회변화를 추진할 수 있다. 견제가 이루어지지 않는다면 지방정부는 계속해서 군림을 할 것이고 시도의회는 불요불급한 조례만 제정하고 행정의 발목만 잡는다는 오해를 사게 될 것이다. 시민들은 계속해서 치안, 안전, 교통 등 실생활과 직결된 문제들을 미해결 상태로 안고 살아가면서 "공무원들은 변하지 않아" 노래만 반복할 것이다.

시민이 주도하는 견제와 균형의 협력 사례가 하나 있어 소개하고자 한다. 필자가 거주하는 아산시 탕정면 지중해마을 주민자치 사례이다.

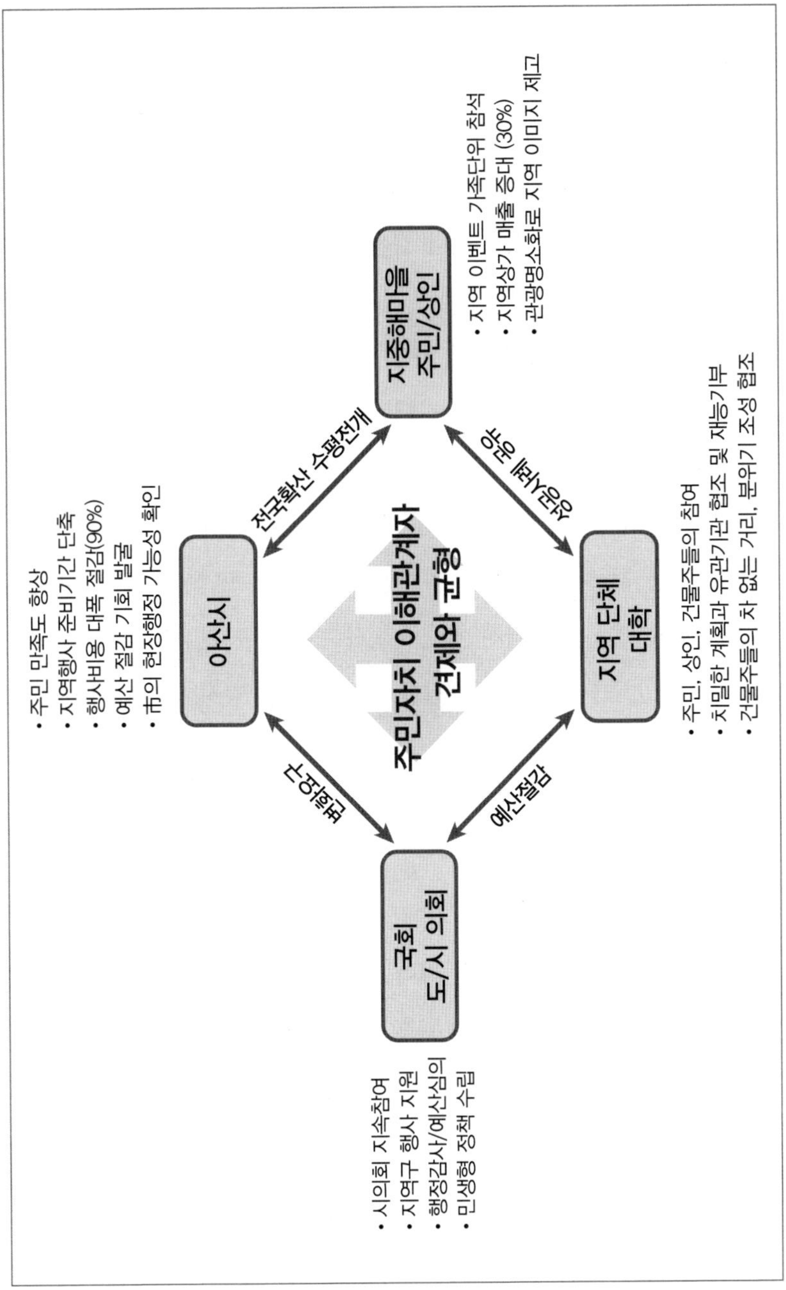

그림 14 이해관계자 협력 모델 사례

'아산 지중해마을 거리 활성화 사업'이라 불리는 문화관광 사업에 관한 내용이다.

자치단체에서 마을 단위로 진행되는 행사들 중에는 사실 홍보도 미흡하여 어떤 일이 진행되는지 일반 시민들은 관심도 없고 하여 잘 모르고 지나가는 경우가 흔하다. 어쩌다 길을 가면서 야외 스피커 소리가 들리고 사람들이 오고 가면 무슨 행사 하나가 진행하는가 보다 생각하며 잠시 관람을 하는 수준이다. 마을 주민들을 위한 행사인데 마을 주민들보다 행사 관계자들을 중심으로 진행된다. 주민들의 진정한 참여가 부족한 실정이다.

이런 분위기가 형성되는 조건을 보면 이해관계자가 시와 행사를 주관하는 지역단체들이 중심이 되기 때문이다. 마을 주민을 위한 행사인데 주민이 소외된다. 의회 역시 예산 수립하고 나면 큰 관심을 갖지 않는다. 행사 당일 얼굴을 비추고 존재감을 지키기 위해 잠시 인사차 방문했다가 떠난다. 이런 문제점들을 해결하기 위해 주민이 중심이 되어 이해관계자들과 끊임없이 소통하면서 성공적으로 행사를 치르게 한 사례이다.

마을 주민이자 상인으로 활동하고 있는 김동복, 이진규 부부가 있다. 서울에서 이주해온 몽펠리에 카페를 운영하는 부부이다. 평소 마을의 문화활동 붐을 일으키기 위해 자비를 들여가면서까지 해외 유명 재즈 뮤지션들을 초청하여 자신들이 운영하는 카페에서 정기적인 공연을 하고 있다. 상가의 주고객들은 삼성의 디스플레이 사업 단지에 근무하는 직원 가족들이 대부분이고 아산시 내 인근 마을에서도 많은 사람들이 방문하고 외지 관광객들도 입소문을 듣고 찾아오는 곳이다.

젊은 회사원들이 많이 거주하다 보니 시골이지만 유아와 어린이들도 많다. '너나우리공동체'라는 교육 공동체가 학부형 중심으로 운영되며 각종 교육행사를 진행하고 있다. 인근에 선문 대학교 아산캠퍼스가 있어 젊은 층들도 자주 오고 가는 환경이다. 시골 마을이지만 도시적 분위기와 거주 환경 및 젊은 세대들이 주류를 이루는 마을이다. 이런 마을을 가족을 테마로 사계절 축제와 거리 공연이 넘쳐나는 꿈과 희망이 있는 아산의 문화예술 마을로 만들고자 젊은 부부를 중심으로 마을 행사를 준비하였다.

행사를 준비하는 초기 단계에서부터 이해관계자들과 함께 진행 사항을 공유하기 시작했다. 더욱 눈에 띄는 것은 아산시 공무원과의 원활한 소통이었다. 흔히 얘기하는 공무원과 대화하기 위한 통역기가 필요 없는 소통 분위기를 목격할 수 있었다. 더 이상 견제의 대상이 아니다. 협력의 대상이 되어 서로 부족한 것을 보완하였다. 행사 진행에 필요한 자원이 부족할 경우 시의 잉여 자원을 찾아 지원해 주고 행사의 전문적 기능이 필요할 경우 공무원을 대신하여 문제를 해결하기도 하였다.

지역의 청년 단체들과 대학교 학생들과의 소통도 빼놓을 수 없다. 단순히 행사 당일 아르바이트생으로 취급하지 않고 청년들의 재능을 활용하는 기회를 제공하여 적극적인 유대 관계를 형성하였다. 지역 의회 및 자치단체 인사들도 사전 회의에 참여하여 진행 사항을 공유하고 필요한 자원들을 함께 공유하면서 행사에 적극 관여하며 상생 협력을 하였다. 이러한 노력은 마을 주민들의 태도 변화로 나타났다.

자녀들과 마을 꽃 심기, 반려견 달리기, 아이들이 직접 상가를 방문하는 할로윈 축제 등 다양한 주민 행사가 진행되면서 가족 단위의 참석이 증가하기 시작하였다. 가장 큰 변화는 행사를 관망하던 것에서 행사에 직접 참여하는 것으로 변한 것이다. 아이들이 가족과 함께 꽃을 심고 나면 꽃들이 자라는 모습을 보기 위해 가족들과 함께 자주 찾아오면서 꽃의 생장 과정을 지켜보며 즐거워한다. 밤이 되면 '부엉이 영화제'를 통해 야외에서 다양한 영화를 감상하기도 한다. 사계절 내내 행사가 이어지면서 일 년이 지나간다.

이해 관계자들이 서로 협력을 하면서 훌륭한 행사를 성공리에 마무리한다. 행사 비용 대폭 절감으로 시 예산 절감 기회를 발굴하고, 행사 준비 기간을 줄임으로써 행정의 리드타임을 단축하고, 주민들의 만족도 역시 향상하는 성과로 볼 수 있다. 무형의 효과로는 투명한 비용 관리 및 증빙 첨부와 행사 진행과정 문서화를 통해 지식을 축적한 것이다. 향후 표준화를 통해 전국적으로 확산할 수 있는 기반을 마련한 것이다.

모든 결과를 떠나서 진정한 성공요인은 주민이 중심이 되어 마을을 함께 가꾸고 발전시키는 것이 핵심이다. 지방 정부의 예산과 외부 전문 행사 기관의 협력만으로는 성공할 수 없는 것을 증명함과 동시에 모든 이해관계자들과의 소통 및 상호이해가 전제조건임을 재차 확인할 수 있는 좋은 사례이다.

마을의 작은 변화이지만 변화를 성공하기 위해서는 변화를 이끄는 리더십이 필요하고 이를 실행할 우수한 인력들이 있어야 하고 이들에게 사용할 도구로서의 방법이 필요한 것임을 깨달을 수 있었다. 마을 주민들이 리더십을 보여야 하며 청년들을 중심으로 추진을 하고 행사와 관련된 진행 방법 노하우 등이 준비되어 있어야 한다. 기업에서의 혁신 사례와 맥락이 같다. 기업의 원가 절감, 고객 만족 등의 혁신 사례를 사회 혁신에도 접목시킬 수 있는 가능성을 확인하는 계기가 되었다.

| 공무원과 시민의 협치, 민생 문제 해결의 지름길 |

기업을 처음 일으킨 사람들은 아마도 모두가 기업을 빨리 성장시켜 매출을 높이고 수익을 올리면서 계속 성장하기를 바랄 것이다. 하지만 기업 내의 조직이 발전하는 속도를 너무 앞지르는 외형적인 성장은 독이 되어 기업을 곤경에 빠트리는 경우를 자주 볼 수 있다. 스팀 청소기로 히트를 쳤던 '한경희생활과학', 에스프레소 커피의 유행을 타고 커피 시장을 장악했던 '카페베네' 등 고속 성장의 신화를 일으켰지만 10년을 전후하여 몰락한 것을 확인할 수 있다.

기업이 성장하면 어떤 일이 내부에서 전개되는지 알아보자. 초기 창업자를 비롯한 소수의 인원으로 사업을 시작한다. 가족적인 분위기로 서로가 의사소통을 하는데 문제가 없이 열정과 희망을 가지고 일을 한다. 회사 규모도 작기 때문에 처리해야 할 일도 많지 않고 한 사람이 몇 가지 일을 처리할 수 있다.

매출이 증가하기 시작하면 생산시설을 확장해야 하고 일할 사람들을 더 뽑아야 한다. 작업현장의 규모가 10배 늘어 났을 경우 필요한 인원이 10배로 한정되지 않는다. 10배보다 더 많은 사람을 채용해야 한다. 왜냐하면 늘어난 인력들을 관리해야 할 일선 관리자들이 필요하기 때문이다. 규모가 계속 커지게 되면 생산하는 양이 증가하면서 필요한 원료도 증가하게 되고 제품을 공급하기 위한 물류, 재고 등이 증가하면서 조직의 규모가 피라미드 형태로 성장하게 된다. 이번에는 중간관리자들도 추가로 필요하고 서서히 부서 간 울타리 또는 칸막이가 형성되면서 부서 이기주의가 태동하고 소통에 어려움을 겪게 된다.

시장이 성장하고 성숙기로까지 이어지게 되면 원래 히트를 쳤던 제품에 대한 작은 변형이나 소소한 기능개선에 대한 요구가 고객들로부터 증가되면서 모델 변경과 함께 적기에 신제품을 시장에 공급해야 한다. 관리해야 할 부품도 다양해지고 생산현장의 기종 변경도 자주 일어나므로 생산성 저하에 영향을 준다. 이렇게 기업이 성장하면 할수록 내부의 복잡도가 증가하게 되는데 이 복잡도의 증가에 대처하는 조직의 유연성이 확보되지 않으면 관료화에 따른 경직성이 굳어 지면서 일사불란하게 움직이던 작은 조직에서 비대하게 살이 찐 느린 조직으로 변하게 된다.

당연히 시장의 변화에 느리게 대응하거나 못 따라가는 일이 벌어지기 시작한다. 시간이 흐를수록 균열은 넓어지기 시작하고 시장에서 외면당하게 되고 매출이 급격히 줄어들고 소비자들도 떠난다. 갑작스럽게 증가했던 외형으로 인하여 현금 흐름도 과거와 달리 재빨리 소진되어 경고등이 켜지고 급기야 부도 직전에 처하는 일까지 도달한다. 이런 일반적인 시나리오가 급격한 외형 성장에 치중하다 몰락하는 기업들의 공통적인 현상이다.

기업의 성장과 성숙과정을 모범적으로 달성하고 있는 우리나라의 대표적인 기업 삼성전자의 사례를 들어 성장 방법을 설명하고자 한다. 1969년 설립된 삼성전자는 크게 보면 10년 단위로 생존을 위한 변신과 내부 혁신을 지속적으로 추진하여 오늘날 글로벌 기업으로 성장한 것을 볼 수 있다. 물론 여기에는 대표적인 혁신사례가 고 이건희 회장이 추진했던 '신경영'이 자리잡고 있지만 그 전에도 인재를 양성하기 위한 노력과 조직의 복잡도 증가를 대비한 내부 혁신 운동이 밑바탕이 되었음을 함께 이해해야 한다.

그림 15에서 세로선은 10년의 간격을 나타낸다. 사업시작 후 첫 10

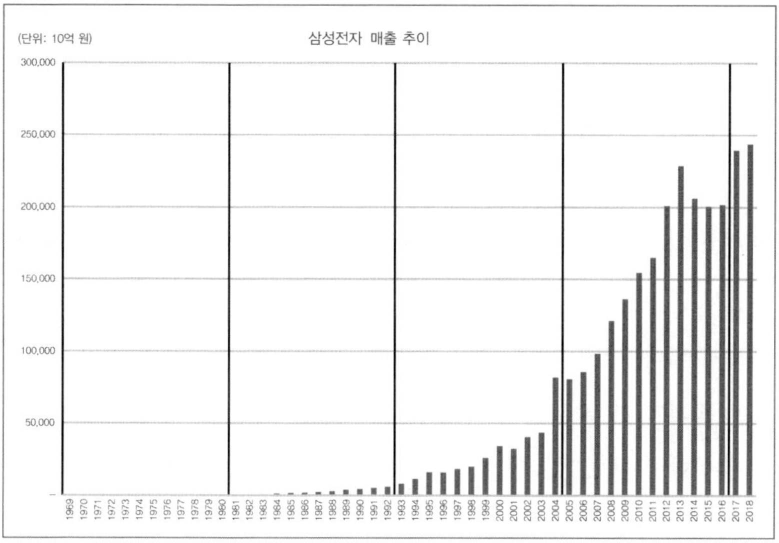

그림 15 삼성전자 연도별 매출 그래프 (출처: DART)

동안은 후발주자로서 업계에서 선두를 탈환하기 위한 노력이 주를 이루었다. 당시 사회적 분위기와도 맞물려 '가진 것은 사람밖에 없는 나라'의 빈약한 강점을 살리기 위해 우리나라 최초로 공개채용으로 신입사원을 모집하였다. 그리고 신입사원들은 회사의 가치와 이념을 함께 하여 고유의 기업문화를 만들기 위해 한 달간의 집합 입문 교육을 받으면서 조기 전력화를 이루었다.

이런 노력에 힘입어 20년 차가 될 때 후발주자로 출발하였지만 국내 업계 1위를 달성하였다. 새로운 미래 먹거리로서 반도체 사업을 시작하면서 걸출한 경영자들을 확보하고 우수한 인력을 공급하기 위해 사내 연수원을 설비하여 회사 성장에 필요한 인재들을 내부에서 공급할 수 있도록 준비하였다.

그러나 국내 1위에 안주하고 변화보다는 안정을 택하면서 실제로 해외에 수출된 TV 등 가전제품들이 미국 내 매장에서 먼지 구덩이 속에 처박혀 있는 것도 모르고 방만하게 경영을 하는 것을 보고 '신경영'을 시작하게 된다. 세상은 양보다는 질을 중심으로 변해가고 있는데 아직도 양 중심의 사고 방식으로 도태되고 있다는 것을 질책하면서 매출보다는 이익, 제품의 품질과 같은 질 위주의 경영을 할 것을 강력히 주문하면서 일하는 방법도 혁신적으로 바꾸도록 품질 혁신, 경영 혁신을 요구하게 된다. 당시만해도 해외 진출이 드물었던 국내형 기업에서 회사의 성장과 함께 글로벌 무대에서 비즈니스를 하기 위해 글로벌형 인재를 양성할 목적으로 지역 전문가, 해외 MBA를 선발하여 해당국의 전문가 및 경영 전문가를 육성하였다.

혁신의 초기 효과는 그다지 크지 않다. 혁신이 본 궤도에 올라 성공을 할 경우에는 상상할 수 없는 엄청난 효과를 가져온다. 대략 20년쯤 소요된다. '신경영' 혁신은 짧게는 5년 뒤에 다가왔던 IMF 위기를 선제적으로 대응하며 극복할 수 있는 기회를 가져다주었다. 설립 30년 차에 진입하면서 괄목할 만한 성장을 이룬다. 기존 반도체 메모리 사업의 세계 1위 달성, 일본 전자 산업을 타도하고 LCD TV 시장 1위, 애플의 스마트폰에 대응하여 갤럭시폰으로 세계 시장 1위와 같은 도저히 상상할 수 없었던 일들이 현실로 다가왔다. 20여 년에 걸친 변화와 혁신의 신경영 여정은 눈이 휘둥그레질 정도의 효과를 가져왔다. 양보다 질을 중시한 결과, 외형 성장이 아닌 내실을 기한 결과 이익의 증가율이 훨씬 더 높아졌다.

그러나 이러한 격동적인 변화와 함께 폭증한 내부 복잡도를 해소하기 위해 1995년부터 일하는 방식을 바꾸는 프로세스 혁신과 정보화를 추진하였다. 조직 내부의 업무의 통합과 글로벌 서플라이 체인의 통합으로 차별화된 제조 경쟁력 확보, 신속한 의사결정을 통해 혁신의 성과를 가속화시키면서 초일류 기업으로 계속 성장해 가고 있다.

우리나라 정부의 경우도 비슷한 현상을 보이고 있다. 아래 그림 16은 1964년 경제개발 5개년 계획을 시작하여 오늘날까지 우리나라의 예산이 얼마나 빠른 속도로 증가했는지를 보여준다. 정부는 기업과 같이 이익을 추구하는 조직은 아니지만 세금으로 거두어 들이는 일년 예산의 규모를 기업의 매출 규모와 같이 비교할 수 있기에 비교하고자 한다.

1975년에 처음으로 1조를 달성한 정부 예산은 우리 경제의 고도 성장기를 거치면서 그야말로 기하 급수적으로 증가하게 된다. 2021년도 정부 예산은 515조에 달한다. 여기서 의문이 생기게 된다. 나라의 살림살이가 이렇게 빠르게 늘어난 것은 인구도 증가하여 세금도 늘었지만 정부 조직도 인력의 증가 및 부처의 신설, 산하기관의 확장 등으로 인하여 조직의 내부 복잡도가 증가하였을 것이다. 이러한 급속한 조직의 성

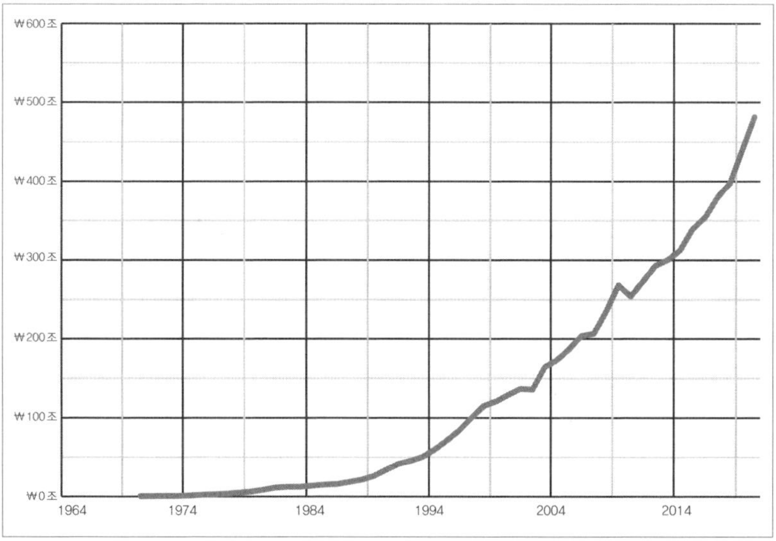

그림 16 연도별 정부예산 그래프 (출처: 통계청)

장에 대비하여 어떤 조치를 취하였을까?

국민들이 일반적으로 정부에 대하여 가지고 있는 불만은 공무원들은 하는 일이 없다, 관료적이고 권위적이다, 놀고 있는 공무원들이 많다는 것이다. 일반 기업들은 항상 변화하는 환경변화를 수시로 감시하면서 주기적으로 다가오는 경기 변동에 민감하게 대응한다. 불황이 예상되면 원가 절감 활동을 전개하면서 움츠려 들 것을 대비하고 호황이 오면 적기에 사세를 확장하는 노력을 계속하고 있다. 관리를 잘하기로 유명한 회사들은 호황 때 불황을 대비해야 한다면서 호시절에도 끊임없이 긴장을 하게 만든다.

이런 활동과 비교해보면 공무원 사회는 변화에 둔감하고 세상과는 동떨어져서 생활한다는 인상을 지울 수 없다. 예산이 모자라면 증세를 하고 그것도 모자라면 채권을 발행하여 부족한 부분을 채우는 땅 짚고 헤엄 치기식의 정부 운영을 하고 있는 모습을 떠올린다. 이렇게 아무런 조치 없이 정부 조직이 비대해지면 불황으로 인해 경제가 어려워 지고 기업들이 도산하고 개인들은 지출을 못하게 될 경우 예산을 삭감해야 하는데, 다시 말해 매출이 줄어들게 되는데 어떻게 대응할 수 있을지 불안해진다.

경제 성장에 따라 정부의 내부 조직만 커진 것이 아니다. 우리 사회도 이전과 달리 매우 세분화되고 전문화되고 있으면 그로 인한 다양성의 증가로 과거와 같이 일방적인 지시로 일사불란하게 움직이거나 불만이 있어도 참지를 않고 민원을 제기한다. 그런데 공무원들의 대응은 이런 다양성에 대응할 만큼 준비되어 있지 않다. 중앙 집중화된 행정으로 온 국민의 다양한 소리를 해결한다는 것은 불가능하다. 공무원들의 전문성이 사회의 다양성을 좇아 가질 못한다.

전문성을 갖춘 시민들의 시각에서 공무원들의 민원 대응을 보면 답답할 수밖에 없다. 그러나 힘을 가지고 있는 곳은 관공서이다 보니 울며 겨자 먹기식으로 공무원이 요구하는 서류, 행정처리를 감내하고 있는 것이다. 불만의 골은 깊어 간다.

사회혁신을 추진하는 시민단체들의 방향을 보면 문제를 풀어갈 해법이 보인다. 주민자치를 강조하고 있다. 그동안 주민들에게 필요한 서비스를 공급하고 군림하는 공무원이 아닌 주민과 함께 공동으로 서비스를 생산하는 자로써 역할을 해야 한다. 지역 주민들의 상황은 지역 주민들이 가장 잘 알고 있으므로 주민들 스스로 지역에 필요한 서비스를 생산할 수 있도록 공무원들이 도와 주면서 협력자 또는 조력자로서 함께 협력해야 한다는 것이다.

관료주의에 사로 잡혀 민생현장도 방문하지 않고 책상에 앉아 펜을 굴리며 일종의 소설을 쓰던 공무원들이 현장에 다가가 주민들과 함께 머리를 맞대고 고민을 한다면 공무원들의 전문성을 보완할 수 있고 실행력을 강화할 수 있기에 누이 좋고 매부 좋은 사례를 만들 수 있다. 주민 또한 막연하게 다른 지역과 비교하여 우리가 천대받는 것 같으니 우리 지역에도 동일한 투자를 해달라는 것을 지양하고 지역에 불요불급한 것들은 제외하고 실제로 필요한 것들을 찾아 내어 함께 해결한다면 살기 좋은 마을을 만들 수 있다. 낭비되던 예산도 줄일 수 있게 되고 절감된 예산은 필요한 복지예산에 전용하면 추가로 증세를 하지 않아도 복지 국가를 실현에 필요한 재원을 마련할 수 있다.

앞에서 설명했던 '아산 지중해마을 거리 활성화 사업'의 사례에서 어떻게 주민과 공무원이 협업을 하여 성과를 낼 수 있었는지 소개하고자 한다. 다음 그림은 일반적으로 관련 부서나 이해 관계자들이 서로 어떤

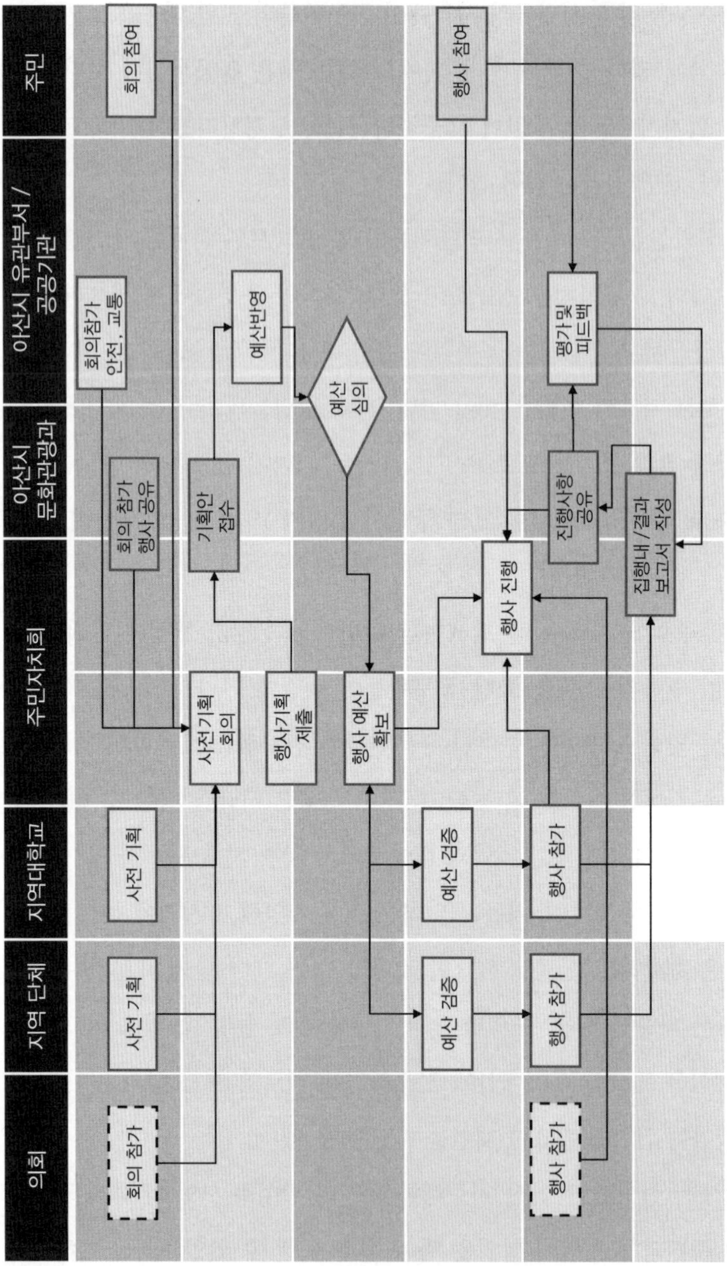

그림 17 주민자치 이해 관계자 상호 협력 사례

순서로 어떻게 협력하여 중복을 제거하고 신속하게 업무를 처리할 수 있는 방법을 찾을 때 현재 진행되고 있는 방법을 토대로 어떻게 바꾸어야 하는지 육안으로 확인하면서 소통을 원활히 할 수 있는 방법이다. 서로 상호 간 협력하여 일하는 업무흐름 지도라고 할 수 있으며 영어로는 Cross Functional Process Map이라고 부른다.

작은 지방 소도시에서 진행되는 자그마한 마을의 사업이지만 관련된 단체나 기관들이 많이 등장한다. 소통이 되지 않으면 서로 다른 이해 관계를 잘 조율하는 것이 쉽지 않을 것이며 시간도 무한정 소요되고 결론이 나지 않을 가능성이 높아진다. 그러나 핵심은 고객인 주민과 이들을 대변하는 주민자치회 그리고 협력자이면서 제공자인 지방 정부와 공무원이다. 다른 시민단체나 지방의회 등은 2차 협력자들이다.

관이 주도하는 공모 사업의 대부분은 지방정부와 지역단체, 지역 대학교, 그리고 외부 업자들 간 진행되는 경우가 많다. 주민이 직접 참여하는 경우는 드물다. 그러므로 주민 입장에서는 무슨 일이 왜 그리고 어떻게 진행되었는지 알지 못하면서 행사가 진행되면 관람객으로서 잠시 방문했다 자리를 떠난다. 행사가 효과적으로 진행되었는지 확인하기 어렵다. 왜냐하면 주민을 위한 행상에서 주민이 빠져 있으니 물어 볼 대상이 없기 때문이다.

소통을 강화하기 위하여 주민 자치회는 처음 시작단계부터 관련 이해관계자들과 사전 미팅을 자주하고 사업의 범위 및 목표에 대하여 공유를 하였다. 같이 참여하는 공무원들도 흥미를 가지기 시작하였다. 자신이 직접 관여하고 함께 추진한 일이므로 주인의식도 고취된다. 진행 중 문제가 생기면 같이 머리를 맞대고 해결 방안을 찾는다. 행사를 진행함에 있어 전문적인 기능을 요하는 문제에 부딪히면 과거의 경우 자치단체에서 추가로 용역을 발주하거나 비용을 부담하며 기간이 지연되었지만 주민자치회 구성원들의 전문성을 활용하여 문제를 쉽게 그리고 신속히 해결할 수 있었다.

이 부분을 주의 깊게 보아야 한다. 주민들의 전문성을 활용하게 되면 행정의 처리 속도를 줄이고, 비용을 절감하고, 주민들의 만족도를 동시에 향상시킬 수 있다. 주민과 행정이 협치를 해야 하는 중요한 이유다. 서로 사용하는 말이 다르고 행동이 달라 번역기가 필요하다고 등 돌리고 있는 주민과 공무원이 아니라 같은 용어와 동일한 사고로 행동하며 머리를 맞대고 문제를 해결해 나갈 수 있기 때문이다.

기업에서 혁신을 추진할 때 제일 먼저 하는 작업이 용어의 통일이자 표준화이다. 소통을 시작하기 위함이다. 같은 용어지만 의미를 다르게 해석할 경우 이해했다고 한 후 서로 다른 결과를 만들어낼 수 있기 때문이다. "아! 그게 그런 뜻이었어?" 하고 뒤늦게 깨닫는 경우가 자주 발생한다. '아' 다르고 '어' 다른 우리말의 뜻을 오해하지 않기 위해 통일된 용어를 갖고 자주 만나면서 서로의 생각을 공유하다 보면 소통은 자연스럽게 이루어진다.

급속한 경제의 성장과 함께 사회의 복잡도가 증가하는 것에 대해 국가 행정의 고도화에 대한 대비가 부족했던 것이 아쉬운 부분이다. 우리 사회의 복잡하고 다양한 형태의 사회적 갈등이 난무하고 있는 것도 사전 대비가 부족했기 때문이다. 복잡해진 사회환경에 대응을 못하는 행정조직, 관료사회를 계속 방치할 수 없다. 행정혁신이 필요한 이유가 된다. 먼저 시작한 사회혁신이 행정혁신의 마중물이 되어 시민이 요구하고 공무원은 협조하여 행정의 변화를 이끌어 가야 한다.

|청년세대 주민자치 참여로 미래 행정 전문가, 정치 지도자 발굴|

우리 사회는 학생이 되기 시작하면 모든 것은 공부에 최우선 순위를 두게 된다. 특히 부모 및 주변 사람들이 더욱 그러한 분위기를 형성한다. 마치 대한민국 성인 남자들이 군대에 가게 되면 군인으로 호칭되면서 어느 순간 사람에서 제외되는 것과 같다. 바깥에서 사람들이 모여가는 상황을 설명할 때 "저기 남자 두 명, 여자 한 명 그리고 군인 하나가 걸어간다." 식으로 남자도 아니고 여자도 아니고 아이도 아닌 군인으로 취급된다.

학생들도 비슷한 대접을 받는다. 그래서인지 과거에는 학생이라고 하면 많은(?) 혜택을 보기도 했다. 공부하느라 애쓴다면서 뭔가 하나라도 더 주려고 하는 어른들의 선심을 받는 경우가 있었다. 반면 사람으로서 누려야 할 당연한 권리들은 묻혀버린다. 오로지 공부에만 전념해야 한다.

이런 과정은 초등학교 6년, 중고등학교 6년, 그리고 대학 4년이 포함되면 최소 16년의 긴 시간이 지나간다. 졸업과 함께 사회 생활을 시작하면서 세상 살아가는 법을 하나씩 배우게 된다. 그런데 어느 날 성인이 되었다고 참정권이 주어진다. 만 18세부터 투표권을 행사하는 기회를 갖는다.

문제는 사회에 대하여 별반 지식도 없는 상태에서 어떤 사람을 뽑아야 하는지 심지어 국회의원이 무엇을 하는지, 자치단체장은 또 어떤 사람들인지 잘 알지도 못하면서 집안의 분위기 또는 지인들의 추천 등을 참조해 한 표를 행사한다. 정치라는 것을 배울 기회도 없고 정치에 어떻게 참여해야 하는지도 모르면서 지나간다. 그러니 젊은 사람들에게는 하루 쉬는 공휴일로서 인식이 강해지고 투표 보다는 놀러 가기 바빠진다. 일부 정당들은 속성상 젊은 세대들의 저항 본능을 이용하여 표를 얻으려는 얄팍한 선거운동을 하기도 한다.

왜 우리는 청소년 시절부터 정치에 참여하는 것을 금기 시 하는가? 어리다는 핑계로 공부나 할 것을 요구하는 것은 문제가 없는지 되새겨 봐야 한다. 정치는 정치인들만 하는 고유의 직업이 아니다. 사람들이 살아가면서 자신들의 꿈과 의지를 관철하면서 행동하는 삶의 일부이다. 그러나 아쉽게도 우리에게는 민주화 운동하던 사람들이나 특정 정치인들 휘하에서 생활해왔던 사람들만이 할 수 있는 것으로 착각하게 만들었다. 특히 뭔가 따지고 사람들과 힘을 합해서 무언가를 하고자 하면 "당신은 너무 정치적이야" 하는 식으로 따돌리기 일수다.

원래 민주주의 국가는 주권은 국민에게 있다고 헌법에 명시하고 있다. 하지만 특정 계층들이 자신들의 전유물처럼 분위기를 형성하고 일반 대중들은 무관심하게 만들다 보니 기득권 세력으로 등장하게 되었다. 가뜩이나 법을 만드는 권력을 가진 국회의원들의 경우 7선, 8선이나 하는 고참 국회의원들까지 등장한다. 8선이면 32년을 누려온 것이다. 거의 종신 직업이나 마찬가지이다. 자연스럽게 국민 위에 군림하게 된다. 선거철 한 때만 표를 얻기 위해 한시적으로 굽실거리는 것처럼 보여주면서 당선되고 나면 본색을 드러낸다.

모든 제도나 조직은 아무리 좋은 취지를 갖고 만들어져도 시간이 흐르면서 그 제도나 조직에서 혜택을 보는 계층들이 생기면서 기득권화되고 이를 유지하기 위해서 초기의 목적과 다르게 변질되기 시작한다.

타락으로 이어지는 것이다. 물론 이러한 타락도 시간이 되면 몰락으로 연결되며 무너지고 새로운 것이 등장하게 된다.

지역구 국회의원들의 경우를 보면 자치단체의 기초 의회를 교묘하게 장악하고 있다. 법에도 없는 기초 의회 의원들의 공천권을 확보하게 되었다. 결국 자신들의 지지자들을 공천하여 지역을 장악하고 선거 때 이들을 활용하여 표를 확보해 간다. 물론 국민들이 심판하여 탈락시키기도 하지만 잘못 뽑으면 다시 4년을 기다려야 한다. 대의 민주주의의 한계를 드러내지만 선뜻 고치지 못하고 있다.

선거철만 되면 뽑을 사람이 없다. 정치 신인이 안 보인다고 하소연한다. 눈 가리고 아웅하는 격이다. 자신들의 아성을 구축한 후 이를 유지하기 위해 이미 필요한 사람들을 확보해 놓고서 새로운 인물이 진입할 수 없도록 진입 장벽을 쳐놓고 립서비스 차원에서 영혼 없는 말을 하고 있다는 것을 이제는 많은 사람들이 확인하고 있다.

이렇게 구축된 세력들은 '우리가 남이가' 한마디로 모든 것이 정리가 된다. 문제가 있어도 덮어 두고 넘어간다. 줄서기나 줄잡기가 만연하는 조직은 발전이 없다. 실력보다는 충성도가 선정의 기준이 되기 때문에 자신들의 세력을 공고히 하는 것에만 관심이 있을 뿐 민생에 대해서는 신경 쓰는 흉내만 낸다. 피해는 고스란히 잘못 선택한 국민들의 몫이 된다. 힘들게 세금 내고 사회가 좋아지기를 바랐건만 엉뚱한 사람들 나눠먹기로 없어져 가는 것을 보면서 한탄하며 소주나 마시고 술자리에서만 세상 모든 문제를 어떻게 해결해야 한다고 언성을 높인다. 정작 해당 정치인들에게 묻고 따질 수 있는 기회도 없다. 감히 만날 수도 없고 만나 주지도 않는다.

판을 바꿔야 한다. 게임의 룰을 바꾸지 않는 한 조커를 가진 사람을 이기기 힘들다. 과거와 달리 요즘 청년들은 학교에서 배우거나 인터넷 등을 통해 과거 세대들이 접할 수 있었던 것보다 훨씬 많은 지식을 습득하고 실력도 비교가 안 된다. 스스로 판단하고 결정할 수 있는 능력이 있다. 이런 청년들이 지역의 살림살이에 참여하면서 각자 살고 있는 시, 도 등의 행정을 경험할 수 있도록 해야 한다. 행정을 변화시키기 위해 무엇을 고민해야 하는지 어떻게 해야 하는지를 청년시절부터 체험하게 된다면 선거철이 다가올 때마다 어떤 사람을 선택해야 하는지 명확해지게 되며 바람직한 경우는 청년들이 직접 비전을 가지고 출마하는 것이다. 바로 정치 신인들이 등장하게 되는 것이다.

이미 핀란드, 스웨덴과 같은 북유럽의 국가들은 청소년들의 정치 참여를 허용하고 있다. 얼마 전 핀란드의 30대 여성 총리가 탄생한 것을 보고 우리 사고방식으로 하는 말 "어떻게 나이도 어린 사람이 국가를 경영할 수 있다는 것이냐!" 식의 의문을 갖는 것이었다. 그러나 여성 총리는 이미 청소년 시절부터 정치를 경험하였기에 충분히 국정을 운영할 역량이 있었던 것이다. 21세기를 살아가기 위해 우리 정치에 필요한 것이 바로 이런 것이다. 불가능한 것이 아니다. 이미 다른 나라들은 일상적으로 하고 있는 것이다. 단지, 기존의 기득권 세력들이 거부하면서 변화에 저항하기 때문에 진행하지 못하는 것이다. 시민들의 참여가 높아질수록, 압력이 거세어질수록 정치인들은 수용할 수밖에 없게 된다. 2000년도 넘은 오래전 그리스의 철학자 아리스토텔레스가 정답을 얘기했다. "정치에 무관심하게 되면 무능한자들에게 통치 당하게 된다."고 하였다.

정치에 관심을 갖고 적극 참여하여 무능한 정치인들을 솎아내고 유능한 리더를 선출하여 미래를 개척해 나가야 한다. 청년들에게 이런 기회를 주어 자신들의 미래를 만들어 갈 수 있도록 여건을 조성해줘야 한다.

청년들의 미래를 책임지지도 못하면서 기성세대들의 사고방식과 경험만을 고집하는 것은 무책임한 일이다. 미래 세대를 위한 환경 문제, 국가 재정문제 등에 청년들을 포함시키지 않는 것은 부여받지도 않은 권한을 남용하는 것이다. 가정에서도 부모들이 방만한 살림으로 빚만 남기고 떠날 경우 상속을 거부할 수 있듯이 기성세대들이 만들어 놓은 비참한 미래를 아마도 청년 세대들이 거부하는 일도 충분히 예상할 수 있다.

많은 사람들과 기업들이 혁신에 대해 거부감을 갖고 저항해왔다. 하지만 혁신에 성공한 기업들의 경우 그들은 재무적인 경영 성과 외에 보이지 않는 큰 자산을 갖게 되었다. 미국의 GE, 대한민국의 삼성의 경우를 보면 혁신의 여정을 지나면서 교육과 학습을 통해 인재를 양성하고 발굴한 것이다. GE의 경우 이 과정에서 선발되는 미래의 사장 후보들에게 10년간 회사를 이끌어가도록 권한과 책임을 부여한다. 엄격한 자체 검증을 통해 준비된 사장을 확보한다.

주민자치를 통한 행정혁신이라는 긴 여정을 내다볼 때 현재 청년들이 같이 참여하는 과정에서 미래의 잠재적 행정 전문가나 정치 지도자를 찾아내야 한다. 공무원 시험 준비와 같은 특정 과목들만 공부하고 뒤늦게 행정을 경험하는 인재보다는 실제로 현장에서 행정을 경험한 인재들을 등용하는 것이 더 효과적이고 반드시 해야 할 일이다.

|주권재민 실천하여 정치, 경제, 사회, 문화를 선도하는 국가 만들자|

문명이 발달하고 경제가 성장하면서 정보화 사회로 진입한 오늘날을 과거와 비교해보면 많은 것이 달라졌지만 일반 대중을 대상으로 하였을 때 변화의 범위와 효과 측면에서 보면 가장 큰 변화를 가져온 분야는 교육 분야라고 할 수 있다. 봉건시대에는 거의 소수의 귀족과 노예들로 구성된 사회였기에 글자도 모르는 문맹이 거의 대부분이었고 이를 가르치려는 곳도 없었다.

하지만 산업혁명이 일어나고 시민계급이 등장하면서 더 높은 경제 성장을 통한 부를 축적하기 위해 대규모의 노동력이 필요하게 되자 기업과 정부는 대량 생산과 같은 대규모 노동력을 키우기 위해 학교를 건립하고 글자를 가르치게 된다. 학교 졸업과 함께 산업체에서 즉시 일할 수 있는 인력을 양성하는 것이 우선 목표였기 때문이다.

덕분에 경제개발을 이룩하는 국가들은 문맹률이 계속 떨어지게 되었고 수준 높은 교육을 받은 사람은 고소득의 일자리가 보장되므로 고등교육기관에 입학하여 졸업 후 졸업장과 함께 질 좋은 직장을 찾아 나서게 되었다. 이는 연쇄적으로 대중의 지식 수준을 높이는 결과를 가져왔다. 산업화 시대까지는 지식이 전문가들의 영역으로 치부되면서 높은 교육을 받은 사람들이 정보를 독점하고 저학력 사람들은 발언권도 변변치 않게 살아왔다.

컴퓨터와 인터넷의 발전은 많은 정보들을 일반인들에게 제공하는 기폭제 역할을 하고 있다. 각종 포탈 및 전문 사이트에는 집단지성이라 불리는 온라인 정보제공 사이트들이 다양하게 존재하여 손쉽게 궁금한 것을 확인할 수 있도록 한다. 세계 유수의 대학들은 자신들의 교육 프로그램마저도 무료로 인터넷에 공개하여 세상 누구나 손쉽게 고급 대학 교육들을 공부할 수 있게 하고 있다.

인공지능AI까지 발달하게 되면 기계가 인간의 육체적 노동을 대신하고, 자동화 기계는 생산직 근로자들의 노동력을 대신하였으며 컴퓨터의 등장은 사무직 근로자의 역할까지 없애는데 기여하였듯이 의사, 변호사, 교수 등 전문직으로 남아있는 인력들의 노동력을 대체하게 될 것이다. 누구나가 쉽게 예상할 수 있는 변화의 모습이다. 단지 인정을 하지 않거나 지연시키기 위해 부정하는 것일 뿐이다.

이렇게 일반 대중들이 과거보다 똑똑해 지고 교육 수준도 높아지면서 SNS 상에 다양한 형태로 자신들의 취미, 의견 등을 제시하고 있다. 실시간으로 방송을 하면서 사람들을 모으기도 하고 많은 사람을 모은 진행자는 여론을 형성하면서 영향력을 발휘하기도 한다. 스마트폰의 보급률이 높아지면서 간단한 앱으로 다수의 사람들의 의견을 접수하고 결과를 신속히 공유할 수 있게 되었다. 이미 아파트 주민 자치회 등 일부 조직에서는 전자투표 방식을 이용하여 의견을 묻고 결정을 내리고 있다. 기술적으로는 국가 차원의 선거를 전자투표로 대체할 수 있다. 단지 기술적 결함을 노리는 일부 해킹 세력들의 등장으로 공정성이 보장되지 않을 경우 때문에 시행하지 않고 있다. 그러나 머지않은 미래에 도입할 확률은 높아지고 있다.

실시간 의견 청취 및 의사 결정이 가능해지다 보니 대의 민주정치가 위협받고 있다. 국민들을 대표해서 정치를 해달라고 뽑았건만 유권자들이 큰 관심을 갖지 않자 자신들의 이해 득실에 따라 엉뚱한 정치를 하는 문제들이 발생하고 있다. 이는 마치 기업 경영에 있어서 '대리인 비용'을 연상시키는 결과를 가져온 것이다. 회사의 경영을 책임지고 수행해 달라고 전문 경영인을 채용하지만 전문 경영인이 자신의 이익을 우선시하면서 경영을 할 경우 손실을 가져오는 것을 말한다. 의도적으로 자신의 봉급을 높게 책정해 가져 갈 수도 있고 은퇴 프로그램을 유리하게 고쳐 퇴임 후까지도 기업의 실적과 관계없이 고소득을 가져가는 등 문제를 유발하는 상황을 이르는 용어이다.

정치인들에게서도 똑같은 패턴의 행동을 볼 수 있다. 국회의원들이 하는 일은 없다고 비난을 받지만 개의치 않는다. 집권당에 반대한다면서 거리로 나서거나 회의에 참석하지 않고 무노동이지만 세비는 꼬박꼬박 챙겨가면서 욕을 먹고 있지만 자신들의 연금을 올리거나 세비를 인상할 때는 '우리가 남이가' 정신으로 대동 단결하여 신속히 결정을 한다. 전형적인 대리인 비용의 재판이다.

이런 불합리한 행동과 사고방식에 심판을 내릴 수 있게 된다. 직접 민주주의가 가능해지고 있는 여건이다. 국가 차원의 선거에 직접 투표를 적용하는 것은 나중에 하더라도 시민들의 삶과 직결되는 지역 생활과 생활 서비스를 제공하는 행정 부처와의 관계에 시민들이 직접 참여하여 의견을 개진하고 예산도 확보하여 주민 스스로 지역 예산을 확보하고 집행하는 시민운동이 진행되고 있다.

지역의 현안과 문제는 지역주민들이 더 잘 알고 있기에 실제 필요한 예산이나 중복 예산을 필터링 할 수 있다. 공무원들은 현장에 잘 나오지 않기 때문에 알 수 없고 특정인의 민원이 들어오면 자유롭지 못하게 된다. 하지만 지역 주민들의 의견이 수렴되면 한결 부담을 덜게 된다. 헌법에 명시된 '대한민국의 주권은 국민에게 있다.'를 실현할 수 있게 되었다.

지역 문제에서부터 시작하여 직접 참여하는 정치를 실습하면서 지방 선거, 국회의원 선거, 대통령 선거에까지 직접 참여하게 되면 이제 행정부나 국회도 견제할 수 있게 된다. 일방적으로 군림하던 관료들도 생각을 바꿔야 한다. 선거철만 허리 굽히고 다니던 정치인들도 이제는 설 자리가 없다. 자신의 공약을 명확히 하고 공약 이행 과정을 공개하지 않으면 낙선할 수밖에 없다. 민주주의의 가장 큰 장점인 투표를 통해 집권자들을 심판할 수 있는 길이 열리고 있다. 국민들이 계속해서 스마트해지고 합리적으로 성장하면 된다.

우리의 농악 놀이를 보면 서양과 다른 독창성이 보인다. 서양의 오케스트라는 지휘자의 지도 아래 각자 맡은 역할을 정확히 수행해야 한다. 이것이 정확히 수행되었을 때 그들은 조화를 이루었다고 말한다. 우리 농악 놀이는 매우 다르다. 혼자서 강력하게 이끄는 리더가 없어도 문제가 없다. 서로 각자가 자신의 역량에 맞춰 흥겹게 재주를 부린다. 그러면서 농악대가 가는 방향대로 흘러간다. 개인의 창의력과 역량 발휘가 자연스럽게 보장된다.

산업화를 거치면서 서구식 방법에 억눌려 발현하지 못하고 있던 DNA를 끄집어 낼 때가 되었다. 한류 스타들의 노래와 동시에 이루어지는 칼 군무를 보라. 다른 나라 사람들은 도저히 동시에 할 수 없는 퍼포먼스를 보여주기에 열광한다. 인공지능AI이 판치는 세상이 다가올수록 우리 민족 고유의 끼와 잠재력은 더욱 빛을 발하게 될 것이다. 인공지능AI이 할 수 없는 영역을 가장 잘할 수 있는 우리이기 때문이다.

스스로 문제를 해결하고 필요한 지원 사항을 요청하고 지역의 복잡다단한 문제들을 숙의를 통해서 해결하는 성숙한 시민의식을 발휘하게 될 때 우리는 정치, 경제, 사회, 문화 측면에서 세계에 자랑할 수 있는 선진국이 될 것이다. 한강의 기적에 이은 제2, 제3의 한강의 기적이 얼마든지 가능하다. 지구상 어느 민족보다도 우수한 역량을 가진 우리 민족의 잠재력을 발현시킬 때다.

| 21세기 요구되는 역량은 창의성, 수평적 협업, 포용성 |

전 세계인이 즐기는 축제 중 하나가 하계 올림픽이다. 동계 스포츠는 추운 계절이 존재하는 나라들에게만 대중적으로 즐길 수 있는 제약 때문에 사실 전 세계 모든 국가가 참여하지 못한다. 뭔가 불공평하다. 그러다 보니 동계 올림픽은 대부분 잘 사는 나라들이 주로 참여하고 경쟁을 한다. 반면 하계 올림픽은 종목도 다양하여 모든 국가들이 우수한 선수만 있으면 출전을 하고 참여하는데 의의를 두었다. 출전하는 선수들 역시 아마추어 선수들만 참여할 수 있었다.

그래서인지 프로 스포츠가 활성화된 선진국들이 구기 종목에서 좋은 성적을 거두지 못했었다. 미국의 프로농구, 유럽의 프로축구 등 월등한 실력을 가지고 있지만 아마추어로 구성된 팀에 있어서는 세계 경쟁력을 갖지 못했다. 올림픽 조직위원회가 흥행을 올리기 위하여 프로 선수들이 일부 참가할 수 있도록 규정을 개정하기 시작하였다.

미국이 농구 종목에 있어 종주국으로서 금메달을 따겠다고 야심 차게 이름도 드림 팀이 부르며 대표팀을 구성하고 참가하였다. 그런데 결과는 저조했다. 세계 최고의 선수들로 팀을 구성해서 우승은 예약된 것이라고 했는데 꿈을 이루지 못했다. 처음엔 운이 따르지 않은 것으로 생각했다. 이변이 일어났다고 하였다. 그런데 이후 대회에서도 좋은 성적을 거두지 못했다. 원인이 무엇인지 파악하느라 분주해졌다.

원인 중 대표적인 것이 세계화에 있다고 분석하였다. 세계 각국에서 농구에 재능이 있는 선수들이 미국 프로농구로 스카우트 되어 온다. 천문학적 연봉과 함께 자신들의 재능을 발휘한다. 미국 프로농구는 나날이 발전했다. 꿈의 무대가 되었고 미국의 농구가 세계 최고라고 자부심을 가졌다. 미국 프로농구에서 활동하는 해외 국적의 선수들의 증가로 인해 해당 국가의 농구 실력도 향상되는 결과를 가져왔다.

올림픽은 국가 대항전 성격으로 치러진다. 선수들이 각자의 나라 유니폼을 입고 출전하여 미국 대표 선수들과 시합을 한다. 미국 대표팀이 게임에서 진다. 미국 프로농구에서 같이 뛰던 선수들이 자국의 유니폼으로 갈아 입고 상대를 하게 되니 실력이 크게 차이가 나질 않는다. 국가별 수준 차이가 크게 났었지만 세계화로 인하여 선수들의 실력 차이가 국가별로 차이가 없는 거의 동등한 수준으로 평평하게 상향 평준화 되었다.

다음 요인은 농구 경기 역시 단체 경기이다. 선수들 간의 협력이 필요한 경기이다. 그러나 미국은 개인주의가 우선 시 되는 문화를 가지고 있다. 그래서 운동도 스타 플레이어를 더 중요시 하고 영웅 시 한다. 반면 아시아나 유럽의 문화는 팀워크를 더 중요하게 여긴다. 어린 시절부터 축구 같은 단체 운동을 즐기며 생활했기 때문에 서로 협력하는 것은 미국 선수들보다 잘한다. 미국이 약한 부분이 이런 협동심이 부족한 것이다.

프로 농구 경기에서도 스타 플레이어들로만 팀을 구성할 경우 어떤 팀이고 우승할 것이라는 일반 생각과 달리 팀의 승률이 높지 않은 것으로 드러난다. 60% 정도의 스타 플레이어로 구성했을 때가 가장 팀의 성적이 좋다고 한다. 모두가 스타플레이어인 팀은 모두가 자신의 기량을 뽐내려고 하지 서로 도우려는 팀 플레이가 실종되기 때문이다. 나머지 40%의 평범한 선수들의 헌신이 팀 플레이의 시너지를 만들기 때문에 좋은 결과를 낼 수 있다는 것이다.

지금까지 인류가 이루어 왔던 1, 2, 3차 산업혁명은 수직적인 질서 아래 막대한 자본과 기술을 가진 선진국의 기업들이 세계를 이끌어 왔다. 그러나 정보화 혁명이 진행되면서 산업화도 막바지에 다다른 오늘날 산업화의 대명사였던 제조업의 수준이 프로 스포츠와 같이 평평해져 가고 있다. 후발 국가들의 추격이 위협적이다.

반면 새롭게 대두되는 4차 산업혁명에서는 게임의 룰이 달라지고 있다. 기업들의 산업 간 경계가 무너지고 있다. 과거와 같은 특정 산업을 지배적으로 끌고 가던 기업들을 찾아 보기 힘들다. 구글, 애플 같은 컴퓨터 기업이 자율주행 자동차를 만들겠다고 한다. 제조업 기술이 평평해지다 보니 누구나 할 수 있게 진입 장벽이 낮아지고 있으며 정보기술의 발달로 자동차의 부품들이 전자 부품화 되면서 정보기업이 강점을 갖게 되기도 한다.

정보기술을 활용하여 플랫폼을 공유하면서 수평적 협업을 통해 비즈니스를 영위하는 환경으로 전환되고 있다. 에너지 자체도 채굴과 전환 시 대규모 자본을 필요로 하던 석유, 석탄과 같은 화석연료의 사용이 에너지 효율과 환경 파괴 측면에서 소외되면서 재생 에너지 중심으로 전환되고 있다. 재생 에너지는 대규모 자본이 필요하지 않다. 지역마다 필요한 만큼 생산해서 소비할 수 있다. 전기 송전과정에서 발생하는 전력 낭비를 걱정 안 해도 된다. 에너지 효율이 매우 높고 환경 파괴도 없다.

사회 구조가 수평적 협업으로 변하게 되면 일하는 방식도 달라진다. 수직적 구조 조직은 관료주의화 되어 비대해지고 의사결정이 느리게 된다. 수평적 구조는 민주적이고 신속한 의사결정이 가능해진다. 정부의 구조도 관료적 행정에서 민주적 행정으로 변경되도록 사회적 압력을 받게 될 것이다.

기술이 경쟁력이던 과거와 달리 인공지능AI, 로봇으로 대체되는 사회에서는 사람들의 창의력이 경쟁력이 될 수밖에 없다. 다시 말해 하드웨어는 별반 큰 차이 없이 비슷해진다. 그러나 이를 구동하는 소프트웨어는 무형의 지식이다. 사람들이 만들어 낸다. 딥러닝deep learning으로 인공지능 스스로 학습하는 기능이 있긴 하지만 완벽히 사람처럼 생각하기에는 아직 이르다.

컴퓨터 프로그램 코딩 기술은 소프트웨어보다는 하드웨어에 가깝다. 남들이 정리한 알고리듬에 따라 로직이 정해지면 일종의 '노동' 작업을 하는 것으로 비유할 수 있다. 이 부분은 오히려 인공지능AI이 대체할 수 있는 영역이다. 시스템 분석이라고 하는 개념을 설계하고 프로그램의 구조와 타 시스템과의 통합 같은 알고리듬을 만드는 작업이 인간의 두뇌에 의존하고 있으며 창의적인 설계와 구조물을 만들기 위해 공학적 요소뿐 아니라 인문학적 요소가 융합이 되어야 가능한 영역이다.

기업용 프로그램인 ERP를 보면 예전에는 ERP의 기능의 상당 부분을 직접 코딩하여 필요한 기능을 개발해야 했지만 최근의 ERP는 코딩이 거의 필요 없게 되었다. 기업에서 진행되는 다양한 업무(프로세스)들이 이미 코딩이 끝난 프로그램 상태로 내재되어 있어 각 기업이 하고 있는 일에 맞추어 취사선택을 하면 거의 모든 작업이 끝난다. 곧바로 사용이 가능하다. 일부 기업에 특화된 기능을 만들기 위해서 코딩을 통해 추가 개발을 하면 된다.

그런데 코딩이 중요하다고 하면 프로그래밍 학원으로 달려간다. 모든 것을 거의 개인들이 자기계발 차원에서 책임지고 역량을 키운다. 그러려면 학교는 왜 다녀야 하는지 되묻고 싶고 엄청난 교육비 예산을 책정하고 사용하는지 따져봐야 한다.

인공지능AI을 만들기 위해 코딩에 올인 하는 것은 인도와 같은 저임금 근로자들에게 추월을 당하는 실수를 반복하게 된다. 인공지능을 활용하여 새로운 창의적인 시스템을 개발할 것을 연구하는 것이 더 고부가가치이고 경쟁력을 확보하는 것이다. 실리콘밸리의 천재들이 하고 있는 작업이다. 이 역시 창의적이고 협조적인 천재들이 협업을 통해 새로운 서비스를 창출하고 있다. 다시금 우리의 교육 환경이 4차 산업시대를 대비하지 못하고 있음을 실감하게 된다.

창의력을 키우는 방법은 자유로운 생각과 사고가 절대적으로 필요하다. 위계적이고 강압적인 수직적 사고 분위기에서는 발전하기 힘들다. 수직적 사고는 본격적인 21세기를 맞이하면서, 4차 산업시대를 준비하면서 버려야 할 과거의 유산이 되고 있다.

우리의 교육 현실을 직시해보자. 미래를 준비하기보다는 대학입시를 위한 교육이 수직적 사고를 근간으로 주입식 교육으로 이루어 지고 있다. 미래를 위해 청산해야 하는 유산들을 아직도 최고의 가치로 신봉하고 있다. 국가의 미래를 위한 고민은 볼 수 없다. 정보화에 적극적으로 대처하지 못해 실패를 했던 핀란드 같은 국가들은 교육 개혁을 통해 미래 환경에 필요한 인재들을 양성하고 있으며 재기를 기다리고 있다.

과거 초등, 중등교육 의무화를 통해 문맹률을 떨어뜨리고 경공업, 중화학 공업에 필요한 인재들을 양성하여 국가 발전의 초석을 다졌었다. 향후 본격 전개될 환경, 바이오, 에너지 산업 등을 위해 필요한 인재를 양성하기 위한 국가의 교육 개혁은 보이지 않는다. 무엇을 해야 하는지 답은 알고 있다. 독일, 핀란드 등 유럽 국가들이 보여주고 있다. 그러나 기존 기득권의 저항에 부딪혀 교육 개혁을 못하고 있는 것이다.

모든 일은 타이밍이 중요하다. 타이밍을 놓치면 실패는 확실히 보장되고 가끔 어설픈 절반의 성공으로 끝나게 된다. 아무리 빨리빨리 문화를 가지고 있다 하여도 따라잡기 힘들다. 경쟁자들도 빨라지고 있기 때문이다. 절대 속도가 아니라 상대 속도가 중요하다.

| 억눌렸던 고유의 DNA를 발현시키자 |

사람을 만나면서 그 사람이 어떤 사람인지 알고 싶을 때 그 사람의 학력, 재력, 권력 등 거창한 것을 보고 알 수 있는 것은 한계가 있다. 화려함에 가리워진 내면을 보기 힘들기 때문이다. 오히려 평상시에 하는 행동이나 습관을 보면서 그 사람의 진가를 확인할 수 있다. 그러므로 가까이 지내기 전에는 진실한 모습을 보기 어렵다.

한 나라의 국민성 또한 비슷하게 적용된다. 국민소득, 행복도, 경제규모 등 외형적인 수치만 보고서는 진정으로 국민들 속에 내재해 있는 사고 방식을 보기 힘들다. 그래서 다른 국가를 여행할 때도 서민들의 삶이 묻어 있는 장소나 생활 속에 밀착해서 경험을 해보는 것이 그 나라를 진정으로 이해할 수 있다고 한다. 우리나라의 경우 우리의 일상 속에 묻어 있는 우리 고유의 DNA가 어떤 것이 있는지 알아보자. 일단 다른 나라와 비교해 보는 것이 이해하기 쉬울 것이다.

공항이나 공공장소를 가보면 서양은 들어오는 문, 나가는 문이 서로 구분되어 있다. 입구, 출구가 분리되어 있고 사람들은 용도에 맞게 드나든다. 그러나 우리나라의 경우는 '출입구'라고 적혀 있다. 하나의 문을 가지고 들어오고 나가고 다한다. 서양 사람들은 부딪히고 충돌하여 순서를 기다리게 된다. 그러나 우리는 알아서 충돌을 피해가면서 들어가고 나오는 것을 자연스럽게 한다. 비빔밥의 경우를 보아도 우리는 한 그릇에 모든 것을 집어 넣고 비빈 후 서로 다른 재료들의 조화를 느끼면서 간편하게 먹는다. 반면 서양은 음식들도 먹는 순서에 따라 차례로 나온다. 한 상에 다 나오지 않는다. 융합을 말하기에는 우리나라의 정서가 훨씬 더 유리할 것이다.

가방도 서양의 경우는 용도에 따라 각각 규격이 정해져 있다. 큰 가방, 작은 가방, 손 가방 등 다양하다. 그러나 우리의 보자기를 보자. 보자기 하나로 크기에 구애받지 않고 사용이 가능하다. 묶으면 된다. 물건이 작을 경우 여분의 공간이 남으면 막대기에 매어 어깨에 걸머지고 다닐 수도 있다.

우리의 고가구들을 보면 서랍의 경우도 틈이 있다. 딱 들어맞지 않는다. 반면 일본이나 독일 같은 나라들의 제품은 빈틈이 없이 규격대로 딱 들어맞게 되어 있다. 그래서 우스운 소리로 제품이 어딘가 모르게 빈틈이 보이고 덜렁거리는 소리가 나면 이는 필히 국산품이라는 증거라고 말한 적도 있었다. 지금은 글로벌 제품을 만들어야 하니 규격에 맞지 않으면 큰일난다.

이렇듯 우리의 정서에는 틀에 박히거나 정해진 대로 행동하는 것을 무척이나 자연스럽지 않게 생각한다. 그래서 적당히 하라는 단어도 자주 사용했다. 논리적으로 따지고 생각하는 것도 싫어했다. 그러나 우리 주위를 둘러싼 환경이 이를 용납하지 않았다. 산업화를 추진하려고 하니 제품은 규격대로 만들어야 했고 규격을 벗어나면 불량품이 되어 판매할 수 없게 된다. 그래서 제품의 품질을 높이기 위해 수많은 개선 활동을 했고 이를 표준으로 작성하여 지키도록 요구했다. 대충 일하는 것이 몸에 밴 사람들에게 자로 잰 듯 정확하게 표준을 준수하면서 일하도록 하니 저항 또한 심했다. 표준을 만들어도 안 지킨다. 자기 방식대로 자기 고집대로 원위치시켜 일을 한다. 개선 효과가 없어진다.

그런데 재미있는 것은 편하게 일하려고 하는 소위 잔머리 굴리는 것은 매우 잘한다. 표준을 지키면서 수작업으로 하는 것은 불편하지만 컴퓨터를 활용하여 자동으로 처리하도록 하는 것을 무척이나 좋아했다. 외국의 작업자들은 수동이든 자동이든 정해진 작업표준에 따라 불만 없이 일을 한다. 그러나 우리나라 작업자들은 수시로 시스템으로 만들어 달라고 요구한다. 전산시스템화 하면 유리한 점은 과거의 방법으로 되돌아 가지 못하는 것이다. 전산시스템에서 요구하는 절차대로 일을 진행해야 하기 때문이다. 개선의 효과가 유지되기 시작하였다.

표준을 지키기는 싫지만 전산화 해서 자동으로 처리해 주면 편하다는 생각과 주장이 결국은 IT 강국을 만든 원동력이 되었고 전자정부, 기업들의 스피드 경쟁력확보를 가져다 주었다. 2020년 코로나19사태에 따라 각국 정부들이 전국민들에게 재난 지원금을 지급한 과정을 보자. 일본은 아직도 수작업으로 대상을 분류하고 우편을 보내 회신을 받으면서 다시 수작업으로 처리하는 낙후된 사회 시스템을 보았다. 미국 역시 첨단기술의 강국이지만 대부분 우편을 통해서 업무가 처리된다.

반면 우리나라의 경우는 평소 연말정산을 통해 국민들이 자신들의 소득을 전산으로 처리하고 세금을 내는 절차가 전산화 되어 있었으며 세금 절약을 위해 신용카드 소득공제, 현금 영수증 공제 등 다양한 전산화된 제도들이 운영되고 있었다. 대상자 선별도 오래 걸리지 않고 각 신용카드사와 전산으로 연결되어 있기에 재난 지원금을 전 국민에게 지급하는데 한 달도 걸리지 않았다. 오히려 지급받은 돈으로 거의 한 달 내에 소비를 하는 빨리빨리 문화의 진수를 보여주기도 했다.

여기서 한 가지 의문이 생긴다. 원래 우리가 가지고 있던 고유의 문화는 더 이상 쓸모가 없고 버려야 하는 것인지 궁금해진다. 일종의 우리 민족의 정체성하고도 관련이 있다. 산업화 시대까지는 우리 고유의 DNA가 억눌려 있었다. 서양의 논리적이고 체계적인 생각과 일 처리가 유형의 제품을 만드는 데 있어 생산성이 높았다. 그래서 우리 몸에 맞지 않는 것에 우리의 몸을 맞추느라 고생을 한 것이다. 기업에서 혁신을 추진할 때마다 공통적으로 공감하는 부분이었다.

그러나 이제 세상은 변하고 있다. 2차, 3차 산업혁명으로 이어진 산업화 시대가 정보화 시대를 맞으면서 4차 산업혁명을 바라보고 있다. 4차 산업혁명은 물질과 자본보다는 생명과 문화를 더 중시하는 시대가 될 것으로 많은 사람들이 예측하고 있다. 환경문제를 해결하기 위한 재생에너지 사용, 생태계 보존, 바이오 등 함께 살아가는 공동체를 중심으로 하는 생명화 시대가 도래할 것으로 보고 있다.

물질 만능의 시대에서 사람 중심의 시대로 전환되면 분리된 규격과 논리적 사고보다는 융합과 조화 및 이성적 사고가 중요해지게 될 것이다. 드디어 우리의 정서가 힘을 발휘할 수 있는 시기가 도래하고 있다. 어딘가 빈틈이 있고, 생각보다는 행동이 앞서고 그러면서 문제를 그때그때 해결해 가는 사고, 강력한 지도자의 통제보다는 서로 알아서 협력하는 자조 정신 등이 강점을 보이게 될 것이다.

한류 아이돌 스타들의 현란한 춤과 노래를 보면서 외국인들은 도저히 흉내낼 수 없기에 감탄하면서 부러워한다. 군대식 경직된 문화의 단점을 칼 군무로 변화시켰으며 동시에 춤을 추면서 노래를 한다. 호흡이 가빠서도 하기 힘든데 우리 가수들은 훌륭하게 해낸다. 춤 역시 '막춤'에서 유래를 한다고 본다. 서양의 볼룸 댄스처럼 정해진 박자와 리듬과 자세를 중요시 하는 것이 아니고 각자 흥에 겨워 음악과 리듬에 맞추어 춘다. 관광버스 안에서, 나이트 클럽에서 자기 멋대로 추던 춤이 전 세계인을 사로잡는 대중의 춤으로 화려하게 변신을 했다. 한강의 기적으로 경제적 기반을 갖추고 나자 우리의 후손들은 억눌렸던 우리 민족 고유의

'끼'를 마음껏 발산하고 있는 것이다.

과거 이면우 교수가 '신바람' 이론을 주장한 적이 있었다. 신바람이 나면 남이 시키지 않아도 우리는 알아서 즐겁게 일을 한다. 시너지 효과를 먼저 보여준 문화이다. 신바람이 바로 우리 민족 고유의 DNA였다. 하지만 당시에는 경제적 뒷받침이 부족했기에 산업화에 더 매진할 수밖에 없었고 신바람은 반짝 등장 후 사라졌다. 이제 다시 꺼내야 한다.

정치적으로나 경제적 사회적으로 수평적 협업이 필요한 시기이다. 누구나가 리더로서 자질을 갖추고 상황에 따라 누구나 리더가 되는 조직운영이 필요하다. 기러기가 먼 길을 가면서 차례대로 선두에서 비행을 하며 뒤따라 오는 기러기들의 체력 안배를 조절하는 것처럼 서로 도와가면서 협력하는 리더십이 필요한 시기이다.

농악 놀이도 보면 기러기의 비행과 유사한 점을 찾을 수 있다. 각자 자신의 역할을 하면서 장단에 맞춰 앞으로 나간다. 대열이 유지된다. 볼수록 신기하다. 누구나 리더가 될 수 있다. 이런 DNA를 살리면 우리는 촛불혁명으로 민주정치의 수준을 한 단계 끌어 올린 국가에서 주민의 직접 참여를 통한 행정과 정치를 통해 직접 민주주의를 가장 먼저 구현하는 나라로 발전시킬 잠재력을 갖고 있다. 정치와 경제 그리고 사회가 발전하면 새로운 시대의 문화로까지 성장시킬 수 있다. 억눌렸던 신바람 DNA를 발현시켜 문화 강국으로 발전시키자.

V. 에필로그

코로나19 팬데믹이 설마 설마 하다 어느덧 1년이 넘어갔다. 그 동안 학습한 경험이 있어서 초기의 공포는 사라졌지만 낮은 치사율과 누적된 피로도의 증가로 인해 긴장감이 사라지면서 강한 전파력을 잊고 단순 유행성 독감처럼 인지하는 경향이 강해지고 있다. 서둘러 종전과 같은 일상으로 돌아가고 싶어하지만 예전과 같은 세상으로 돌아가는 것은 요원하다고 주장하는 사람들도 많다. 사람들과의 접촉은 줄어들 수밖에 없고 비대면이 주를 이루면서 우리의 생활방식을 바꿀 것이라고 말하기도 한다.

코로나19 이전에도 사람들은 모두 미래를 알고 싶어했다. 아마도 모르기 때문에 더 궁금해서 그럴 수 있다. 고대 이래 점성술사, 예언가, 점쟁이 등 다양한 형태로 관련 직업이 존재해 왔고 21세기인 오늘날에도 대부분 답답하고 암울할 때 자신들의 앞날이 어떻게 될지 물어보고자 철학관, 상담소 등 다양한 이름으로 변모한 점 보는 집을 찾아 간다.

그러나 이들과는 다르게 미래를 예견하지만 점쟁이라는 소리를 듣지 않고 미래학자라고 불리는 사람들이 있다. 이 사람들은 사회의 흐름, 환경의 변화 등을 놓고 학술적인 근거와 과학적인 연구를 거쳐 방법론에 기반을 두고 나름대로의 미래 사회의 변화 모습을 제시한다. 터무니 없는 얘기가 아니고 하나의 학문으로서 대우받으면서 존재한다.

대표적인 미래학자 한 분을 거론한다면 지금은 고인이 된 앨빈 토플러(Alvin Toffler, 1928~2016)를 말하고 싶다. 제3의 물결, 권력이동, 부의 미래를 연거푸 출간하면서 산업사회에 이은 정보화 사회의 출현을 예측하였고 정보화 사회의 진입과 함께 정보를 가진 자가 부를 이루게 되는 권력의 이동과 정보화로 인하여 산업사회 시절에는 소비자로만 존재하던 개인들이 생산도 하고 소비도 하는 프로슈머의 등장을 예견하였다. SNS가 발달한 현재를 보면 온라인상에서 개인방송을 하거나 블로그를 통해 개인들이 생산자가 되고 소비도 하는 것을 보면서 놀라운 혜안에 감탄하게 된다.

그런데 언제부터인가 벤처 신화를 통해 부를 축적한 유명 CEO들이 등장하면서 이들이 주장하는 내용들이 미래사회의 모습인 것처럼 언론에 보도되고 있다. 엄격히 말하면 이들은 학자가 아니다. 기업가들이다. 속된 말로 표현하면 장사꾼들이다. 자신들의 욕망을 마케팅 도구로 포장하여 미래의 사회의 모습을 세뇌시키고 있는 것이다.

인공지능AI, 로봇, 자율주행차, 무인 공장, 무인 물류센터 등 기술적인 내용만을 주장한다. 사람 사는 세상에 주인공인 사람이 사라지고 기술과 자본을 등장시키면서 인류의 생활을 황폐하게 만들려고 한다. 오로지 주가에만 관심이 있는 대중들을 유인하여 자신들의 상술에 투자하게 하고 자신들이 거의 모든 부를 가져간다. 그로 인한 환경파괴, 자연훼손, 환경오염, 지구온난화, 양극화 등의 문제들은 책임을 지지 않고 공공의 문제로 변환시켜 빠져나간다. 특히 지구의 환경을 파괴하고 오염시켰으면서 복원할 생각은 없고 화성으로 이주해 가겠다고 한다. 우주마저도 오염시키려고 한다.

인류가 살기 힘든 세상을 만들고자 하는 사람들을 미래학자라고 칭송하며 구세주처럼 떠받드는 것을 중단해야 한다. 더 이상 물질문명과 자본주의의 압력에 종속되지 말고 우리의 정신을 되살려 지금까지 파괴된 영혼과 자연을 되살리는 일을 시작해야 한다. 코로나19가 우리에게 경고와 함께 교훈을 던져주고 있다. 격리되고, 차단되고, 움직이지 못하는 현실이 갑갑하고 미칠 것 같지만 지금은 잠시 멈추는 시간이라고 받아들이자. 인간이 잠시 멈추니까 파괴되었던 자연이 되살아나는 것을 우리는 지난 1년간 눈으로 확인했다. '멈추면 비로소 보이는 것들'을 체험하게 해 주었다. 더 이상 자연을 훼손시키기 말라고 100년 만에 전 지구적인 팬데믹을 일으키며 강하게 경고하고 있다.

이제 기술을 위한 기술의 발전에 현혹되지 말자. 자연을 살리고 생명을 살리며 함께 사람이 살아가는 세상을 만들어 가야 한다. 생명자본주의라고 부르는 사람도 있고 생명화 시대라고 부르는 사람도 있다. 최대 생산, 최대 소비에 의한 천연자원의 낭비와 부산물로서 폐기물을 양산하는 생활에서 벗어나 적정한 생산과 적정한 소비를 통해 지원을 보존하고 폐기물을 줄여 깨끗한 환경을 유지하여 환경 재난으로부터 생존이라는 급박한 대처가 아닌 환경 재난으로부터 안전해지는 사회를 만들어 가야 한다. 환경을 보존하고 무너진 생태계를 복원하는 새로운 기회가 처음에는 돈이 되지 않을 것 같아 망설이고 있지만 사람사는 세상이 정상적으로 돌아가게 되면 새로운 경제와 사회 및 문화가 구축되면서 인류의 삶이 풍요로워 질 것이다.

이를 실천하기 위해서 공감과 소통을 통해 우리는 함께 사는 공동체부터 복원하는 노력을 해야 한다. 1981년 세계적인 성악가 플래시도 도밍고와 미국의 대중 음악가수인 존 덴버가 함께 'Perhaps Love'라는 곡을 불렀다. 이목이 집중되었다. 왜냐하면 당시만 해도 클래식 음악과 대중 음악은 격이 다르고 함께 할 수 없다는 풍조가 만연해 있던 시절이었다. 현재와 비교하면 이해하기 힘든 사고방식이다.

이 여파가 우리나라에도 반영되어 1988년 한국의 성악가 박인수 교수와 대중음악가 이동원 씨가 정지용 시인의 '향수'에 곡을 붙여 노래를 함께 불렀다. 외국보다 더 폐쇄적이었던 우리나라의 경우 클래식 음악계에서 클래식의 격을 떨어뜨렸다고 난리가 났고 급기야 박인수 교수를 재임용에서 탈락시키는 일까지 벌어졌다고 한다. 지금은 상상할 수 없는 일들이 일어났었다.

이후 1986년 루치아노 파바로티와 루치오 달라의 '카루소' 노래를 통해 대중가요와 클래식 성악이 결합된 '팝페라' 장르가 새로 등장하면서 화려한 불꽃을 피운다. 이어서 서로 다른 음악의 경계를 넘나드는 '크로스오버' 음악가들이 등장하면서 클래식 음악이 더 이상 고립된 영역이 아닌 대중과 융합하는 시대를 맞이한다. 국내의 경우를 보더라도 클래식 성악을 전공한 음악인들이 대중가요 시장에 진출하면서 클래식 특유의 깊은 울림과 대중가요 고유의 한과 정서를 접목하여 색다른 감동과 즐거움을 선사하고 있으며 전에 없던 새로운 시장이 형성되었다.

이 두 사건에서 보듯이 상대를 이해하고 함께 공감할 줄 모르는 사회에서는 동반성장을 이룩하기 힘들다. 한쪽은 기존의 기득권을 현상 유지하거나 반대쪽은 침체되거나 수축되어 고전을 하게 된다. 자신들만이 고상하고 품격이 있으며 일반 대중들의 희로애락이 깃든 음악들은 천박한 것으로 무시하고 스스로 자신들을 고립시키는 집단 이기주의는 발전에 한계가 있고 퇴보만이 기다리는 것이다. 오늘날 물질문명에만 치우쳐 양극화를 심화시키고 있는 자본주의의 미래 모습도 유추해 볼 수 있다.

그런데 재미있는 일들이 개인들의 일상 생활에서도 일어난다. 클래식만이 유일한 음악이고 심신을 안정시키고 치유할 수 있다고 주장하며 대중 음악은 거들떠 보지도 않던 음악인들이 서로 이성을 사귀다가 실연을 당하면 갑자기 생각이 달라진다는 것이다. 대중 음악의 수많은 사랑타령을 들으면서 마치 자신의 감정을 그대로 표현하고 있다고 하면서 빠져 드는 것이다. 특별한 사람들이라고 강조했던 집단이지만, 다른 사람들과의 공감과 소통을 스스로 차단했던 사람들이었지만 우연한 기회에 자신들의 한계가 드러나고 상대를 이해하게 되었을 때 새로운 세상이 열리면서 자신들 또한 성장하고 발전할 수 있다는 것을 깨닫게 되는 것이다.

양극화가 도처에 심화되고 있는 작금의 현실 속에서 해결에 대한 실마리를 찾아 볼 수 있을 것이다. 계급화된 사회, 좌우 대립, 폐쇄적인 문화, 가운데 균형을 잃어버린 양극화 등 이분법적 사고와 행동은 상승효과를 포기하고 하향평준화를 통한 쇠퇴를 가져올 뿐이다. 서로 다르다고 벽을 쌓기보다는 서로 공통되는 부분을 찾고 확대해 나가야 공감과 소통을 통해 방법을 찾을 수 있다. 갈등과 분열에서 이해와 협동으로 전환하는 정신적 성숙과 함께 사람이 중심이 되어 살아가는 세상을 만들기 위한 준비를 해야 한다.

헬조선이라는 신조어가 궁금하여 조사하기 시작하면서 시작된 연구를 통해 헬조선이 단순히 청년 계층에만 국한된 문제가 아니고 전 국민 누구에게도 일어날 가능성이 높은 현실임을 확인하게 되었다. 하지만 이 문제는 사회 구성원 개인들이 해결하기에는 구조적인 문제와 서로 얽혀 있는 복합적인 문제 그리고 우리 사회가 압축 성장하면서 축적된 문제이기에 해결 방법이 요원해 보였다. 방법을 고심하던 중 기업들이 지속성장을 하기 위해 꾸준히 추진하는 혁신의 사고와 기법을 활용하는 방안을 생각하게 되었다.

우연이면서도 다행인 것은 기업의 혁신 방법론이 사회 혁신에도 적용할 수 있음을 찾은 것이다. 눈에 보이지 않는 행동을 정형화 시켜 개선방법을 찾아내는 프로세스 개념, 프로세스의 범위를 확대하여 기존에 숨어 있던 근본적인 원인들을 재고해 보는 방법들을 제시하여 현상과 문제들에 대한 이미지화 또는 상징화를 통해 소통을 개선할 수 있는 가능성을 정리하였다.

문제를 개선하기 위한 리스트들만 나열하고 작심삼일로 끝나는 관행을 극복하기 위해 리스트들의 선행, 후행관계를 정리하여 우선순위를 확인하고 단기적으로 해야 할 일, 중장기적으로 해야 할 일들을 구분하여 과정을 관리할 수 있도록 전략지도 개념을 소개하였다. 또한 중장기적으로 추진하는 과정에 있어서도 4단계로 분류하여 중간 점검의 필요성과 중요함을 사례를 들어 설명하였다.

혁신이 성공하기 위해서는 리더십, 인재 양성, 적합한 방법이 있어야 한다. 방법에 대해서는 이미 설명하였고 리더십과 인재 양성에 있어서 시민이 중심이 되어 자신들의 문제를 찾아내고 해결하여 개선시키는 관리 사이클을 운영할 수 있으면 성공은 보장된다. 시민이 독단적으로 자신들끼리 하는 것을 의하는 것은 아니다. 정부와 함께 서로 협력하면서 추진하는 것을 제안하는 것이다. 단, 시민이 주도적으로 추진하는 것이 가장 좋은 방법이라는 것을 강조하고 싶다.

성공회 대학교 유창복 교수의 사회혁신 경험을 담은 『도시에서 행복한 마을은 가능한가』에 소개된 유창복 교수의 경험을 토대로 '마을살이 사회혁신 단계'를 정리하였고 필자가 기업에서 업무혁신을 추진하면서 정리했던 '기업 업무혁신 단계'를 비교하였다. 기업 업무혁신 추진과정과 매우 유사함을 확인하고 기업혁신의 경험을 사회혁신이나 행정혁신에도 적용할 수 있는 가능성을 한 번 확신하게 되었다.

3장 혁신정책의 성공을 위한 4단계를 좀더 구체화시킨 단계별 추진 과정을 소개하고자 한다.

비교적 체계적이면서 전략적이고 톱다운(하향식) 방식으로 전개되는 기업의 혁신추진과정과 경험위주, 시행착오 중심으로 전개되는 바텀업(상향식) 방식의 시민운동이지만 서로가 같은 경험을 하면서 동일한 성과를 만들어 내고 있다. 두 가지 방법을 융합시킨다면 서로가 경험했던 시행착오를 줄이고 좀 더 본질에 접근하면서 앞으로 해야 할 행정혁신,

단계	마을살이 사회혁신 단계	기업 업무혁신 단계
시작	마을문제 고민	새로운 전략 필요
	새로운 일을 도모	업무 재정립
	담당자, 운영위원회 등 역할 정비	업무역량 역량 강화
안정화	실전 돌입	새로운 업무 적용
	생각지 않은 문제 터짐, 하찮은 일로 틈 벌어짐	새로운 업무방식에 불만 상승
	상승 에너지 꺾여 수평이 되나 하강으로 착각	익숙해 지기 시작함
내재화	제 탓으로 오해, 하고 싶어하는 사람이 견딤	새로운 업무 운영 룰 확보
	Pull 전략, 매력으로 끌어들이는 전략 구사	경영진의 리더십 발휘
	시행착오 끝에 하나씩 성공, "아, 그런 거였어?"	혁신의 성과 보이기 시작
체질화	아저씨들의 사고치기, 아줌마들의 사태 수습 반복	내재화로 핵심역량 확보
	이걸 해보자	경영진의 화두 던지기
	다양한 조건과 형편에서 참여, 경과적 실천 누적	업무 혁신의 일상화

표 2 기업혁신 추진과정과 사회혁신 추진과정의 공통점

사회혁신, 지방분권에 따른 시민과의 협치의 추진을 가속화시킬 수 있을 것이다.

지방분권이 본격적으로 진행이 될 경우 사실 가장 큰 변화와 압박을 받을 곳이 바로 지방정부가 될 것이다. 말이 좋아 분권이지 중앙정부가 하던 일을 지방정부로 떠넘기게 될 것이다. 업무량이 증가하지만 공무원도 같이 증가되지는 않는다. 탈출구를 찾아야 한다. 기존 업무에 증가된 업무까지 포함하여 시민들이 스스로 해결할 수 있는 일들을 찾아내고 함께할 수 있다면 업무 부담이 줄어들 것이다. 공무원과 시민의 협력은 피할 수 없는 운명이 될 것이다. 이렇게 시작하는 것이 혁신의 출발이라고 볼 수도 있다. 거창한 계획 세우느라 시간과 자원 낭비하고 방법을 이해하지 못해 방황하지 않고 우선 할 수 있는 것부터 먼저 해결해 나가는 것이 혁신을 일상업무 수준으로 부담 없이 추진할 수 있는 최선의 방법이다.

압축 성장과 함께 '선망국'의 길을 먼저간 대한민국이었기에 '헬조선'이라는 불명예를 가져왔다. 그러나 문제의 본질을 이해하고 원인을 정확히 파악했다면 이미 절반의 성공은 거둔 셈이다. 나머지 절반인 인식의 전환과 개선 및 실행이 남아 있다. 특히 인식의 전환은 우리 사회가 1968년도 전 세계적 변화의 바람을 경험하지 못하고 지나친 아쉬운 부분이 있기에 반드시 실천해야 한다.

인권 감수성, 억압으로부터의 해방, 비판의식 함양, 강한 자아 지향, 균등하게 교육받을 권리, 주입식 교육 금지, 과도한 경쟁 지양, 성적 억압 금지, 윤리적 평가 금지, 복지국가 지향, 교양 사회라고 하는 11가지 항목이다. 53년이 지난 오늘날 각각의 항목에 대해 진단해 보면 어느 것 하나 잘하고 있다고 할 수 있는 것이 없다. 냉혹하게 말하면 사람 살기 힘든 사회에서 몸부림 치고 있다고 할 수 있다. 양극화와 헬조선을 초래한 근본 원인이라고 얘기할 수 있다. 더 이상 버틸 수 없다. 생각이 바뀌어야 새로운 세상을 전개해 나갈 수 있다. '세상만사 마음먹기 달렸다'는 표현과 같이 생각과 마음을 새롭게 다잡고 행동에 옮기면 된다. 특히 우리의 빨리빨리 속성을 다시 한번 활용하면 가속화시킬 수 있다.

프로축구단 전북 현대의 최강희 전 감독의 유명한 말 '닥치고 공격'이 생각난다. 나이키의 'Just Do It'도 있다. 일단 시작하자!

참고문헌

구본형(1999), 익숙한 것과 결별, 생각의 나무

구본형(2007), 낯선 곳에서의 아침, 을유문화사

김경일(2001), 공자가 죽어야 나라가 산다, 바다출판사

김누리(2020), 당신의 불행은 당연하지 않습니다, 해냄

김민주(2008), 하인리히 법칙, 토네이도

손동원(2007), 기업 생로병사의 비밀, 삼성경제연구소

송재용(2017), 미라클 경영, 자의누리

유창복(2014), 도시에서 행복한 마을은 가능한가, 휴머니스트

유창복(2018), 마을정부를 말하다, 행복한책읽기

윤희숙(2020), 정책의 배신, 21세기북스

이성우(2014), 동의보감, 주역에서 찾은 경영이야기, 안티쿠스

이성우(2016), 경영, 사람을 벤치마킹하다, 안티쿠스

이어령(2013), 생명이 자본이다, 마로니에북스

이용숙(2010), 일본을 파는 여자, 중앙일보시사미디어

전병유·신진욱 엮음(2016), 다중격차, 한국사회 불평등 구조

전성환 외3, 영국협동조합 자치제 모델을 통해 본 서울시 공공서비스 혁신방향, 서울연구원

정헌석(2000), 기업은 왜 망하는가, 명경사

조귀동(2020), 세습 중산층 사회, 생각의힘

조세희(2000), 난장이가 쏘아 올린 작은 공, 이성과힘

서울특별시장(2014), 협동조합 토크 콘서트, 서울특별시

오긍, 김원중 옮김(2007), 정관정요, 휴머니스트

데이비드 베인브리지, 이은주 옮김(2013), 중년의 발견, 청림출판

데이비드 호킨스, 백영미 옮김(2011), 판미동

로버트 트리버스, 이한은 역(2013), 우리는 왜 자신을 속이도록 진화했을까, 살림출판사
마이케 반 덴 붐, 장혜경 역(2016), 행복한 나라 조건, 푸른숲
마이클 쿠수마노, 정성묵 옮김(2011), 영속 성장 기업의 비밀 6, 21세기북스
마이클 해머, 박나영, 한상석 옮김(2010), 빨리, 싸게, 멋지게, 타임비즈
스튜어트 크레이너, 송일 옮김(2001), 75가지 위대한 결정, 더난출판사
앤드류 그로브, 유영수 옮김(1998), 편집광만이 살아남는다, 한국경제신문
제프 멀건, 김영수 옮김(2011), 사회혁신이란 무엇이며, 왜 필요하며, 어떻게 추진하는가, 희망제작소 기획
짐 로저스, 전경아 옮김(2020), 위기의 시대 돈의 미래, 리더스북
짐 콜린스, 이무열 옮김(2002), 좋은 기업을 넘어 위대한 기업으로, 김영사
짐 콜린스, 김명철 옮김(2009), 위대한 기업은 다 어디로 갔을까, 김영사
카를로 로베리(2019), 시간은 흐르지 않는다, 쌤앤파커스
토마 피케티, 장경덕 옮김(2015), 21세기 자본, 글항아리
폴 피어슨, 제이콥 해커, 조자현 역(2012), 부자들은 왜 우리를 힘들게 하는가?: 승자독식의 정치학, 21세기북스

Built to Last, James Collins, Jerry Porras, Harper Business, 1994
Robert Kaplan, David Norton, The Balanced Scorecard, Harvard Business School Press, 1996
Mikel Harry, Richard Schroeder, Six Sigma, Currency, 2000

김낙년, 한국의 소득분재, 서울대학교 경제연구소, 경제논집, Vol 52, 2013
백성호, 백성호의 우문현답: 알고 보니 아빠가 이재철, 중앙일보, 2021.1.26

찾아보기

ㅇ

ㅈ

ㅊ